大明王朝之谜

蒋建平　编著

文匯出版社

序

施宣圆

不久前，蒋建平先生来访，他说去年文汇出版社约他撰写一本《大明王朝之谜》，他花了一年多时间，终于完成了，请我为这本书写一篇序言。我和建平相识于上世纪80年代初，至今大约有20多年了，他曾经为我们主编的《中国文化之谜》、《千古之谜——中国文化史500疑案》撰写过不少稿件。因此，我乐意为他写序。

所谓“历史之谜”，是指历史上遗留下来的那些五花八门的“疑团”和“公案”。中国历史悠久，幅员辽阔，由于朝代兴衰、社会动乱以及自然灾害，给文化典籍造成很大的破坏和损失。同时，统治阶级也往往按照他们的政治需要篡改、歪曲历史，于是就给后人留下一个个说不清的谜案。虽然，历代都有一批有识之士，或爬山涉水，披荆斩棘，去寻找谜案的踪迹；或穷年累月，埋首古籍，去揭开“疑团”、“公案”的奥秘。但是，由于历史文献资料的不存和不全，直至今天，还有许许多多的历史人物和历史事件，我们仍然难以看到他们的真面目。就说明王朝的历史吧，建平兄从明太祖朱元璋，到晚明永历皇帝，列出近百个“历史之谜”，如朱元璋为何定都金陵（南京）？为何分封诸王？为何杀功臣？为何大兴文字狱？又如建文帝的下落、明成祖的身世、明仁宗的猝死，还有徐达的病亡、沈万三的致富、于谦的被害、史可法的下落、李自成的归宿、钱谦益的变节、郑成功的死因……这些问题，前人和今人都曾经做过考证、探讨，依然是众说纷纭，莫衷一是。现在，建平兄把关于这些问题的各种不同说法归纳起来，写成一篇篇“谜文”，集为一书。这样的“谜书”，我想读者是会欢迎的。这样体裁、这样内容的“谜书”，过去没有出版过，直至上世纪80年代中期，我们出版了《中国文化之谜》（1—4辑），尤其是90年代初，我们在河南中州古籍出版社出版了《千古之谜——中国文化史500疑案》和后来的《千古之谜——中国文化史500疑案（续编）》，类似的“谜书”才开始面世。这两部《千古之谜》所收的“谜题”有1 000多道，共200多万字，内容新鲜、有趣，所以出版后一版再版，畅销不衰，于是出现了盗版书。有的出版社看到此类图书有利可图，相继推出了一些“历史疑案”、“历史悬案”、“未解之谜”的图书，但翻开一看，似曾相识，与《千古之谜》大有异曲同工之妙！

前几年，文汇出版社出版了一批“文化之谜”和“历史之谜”，我觉得有新的创意、新的特点。如果说，我们两大册《千古之谜》具有开创性、完整性、系统性；那么，文汇版的“谜书”每本近百篇，分门别类，单独出版，形成了自己的品牌，如已经出版的《中国历代帝王之谜》、《大清王朝之谜》和这本《大明王朝之谜》等。我认为，它是《千古之谜》的补充，扩大了“谜书”的影响。

建平兄是上海电视台的资深记者、主任编辑，毕业于华东师范大学，上世纪80年代初进入上海电视台，当过编辑、记者，《道德与法律》责任编辑、《财经报道》主编和新闻综合频道责任编辑。他在版面设计、节目统筹、选题策划等方面做了大量工作，使上海电视台的财经节目收视率逐月上升，在数量、质量、时效、播出时间和版面设计等方面，当时都在全国同行前茅，他也多次获得各种各样的奖项。

建平兄兴趣广泛，勤奋好学，在繁忙的采访和编辑之余，不仅写出一批和他工作有关的财经方面的论文，而且钻研文史。我在编辑《中国文化之谜》和《千古之谜》的时候，他是在投稿中为我发现的，于是我们由相识而相知。他为我撰写了一批“谜文”，还在多种报刊杂志上发表了许多读书心得和论文，这是很不容易的。这次，他撰写《大明王朝之谜》，从明王朝建立直至灭亡近三百年间，“谜题”涉及明朝历史的方方面面，需要查阅各种各样的资料，为此，他买了许多明史书籍，还常常到上海图书馆查阅资料。我作为第一位读者，觉得这本书融学术性、知识性和可读性于一体，不仅为文史爱好者提供了丰富的文史知识，而且对于文史研究的专家学者来说，也能从中得到一些有用的资料和线索。作为老朋友，我祝贺他的成功。

2004 年 5 月

目录

出身贫寒

朱元璋当和尚之谜

中国古代有一位曾经当过和尚的皇帝，他就是明太祖朱元璋。历史上有关朱元璋与和尚的传说和故事特别多，据说，朱元璋统一天下后，决定建都南京，就是受了碧峰和尚的暗示。

中国历史上，有一位曾经当过和尚的皇帝，这就是人所周知的明太祖朱元璋。

据记载，明太祖朱元璋父亲共生养他们兄弟4人，他排行第三。据说，朱元璋出生后，多日不肯吃乳，父亲在求医途中，遇一僧人对他说："不须找医，今夜子时，自然会吃的。"说后僧人忽然不见。夜半子时，小儿果然开始吮乳。这种说法当然是后人编造的，有人由此认为，朱元璋少年时当和尚，可能与此有关。

朱元璋小时多病，他的父亲要送他出家，母亲陈氏不肯。到了17岁那年，他的父母和三个兄弟都不幸相继去世，他变得孤苦伶仃，无依无靠，穷苦不能自立，只能到皇觉寺出家当了一名小沙弥。皇觉寺长老高彬见朱元璋年轻，正好当个劳力使用，就收留了他。他剃了光头，穿上破衲衣，但是没有受戒，实际上是当了老和尚的小仆人。每天扫地、上香、打钟击鼓、烧饭洗衣,累得晕头转向,有时还不免受老和尚的训斥。

不久,灾情愈来愈严重,皇觉寺也维持不下去了,当家和尚就把寺里的许多和尚,一个个打发去"云游"。朱元璋,也踏上了云游的道路。三年来,他历经安徽、河南邻接地区的名川大邑,到处乞讨,受尽风霜之苦,但同时也了解到民间疾苦,增长了社会见识。

有人认为,这三年的流浪生活,对朱元璋以后所走的人生道路影响甚大。当时,正是元末农民起义风起云涌的时候,农民起义队伍的早期领导者之一彭莹玉,当时就在淮西一带利用宗教秘密进行宣传和组织农民活动。彭莹玉所崇奉的神叫弥勒佛和明王,他宣传说:天下将要大乱,等弥勒佛和明王出世,穷人就有出头之日了。与此同时,北方秘密宗教白莲教的首领韩山童,也进行同样的宣传。白莲教、弥勒教和明教原来是三个不同的教派,这时逐渐掺合起来了,教徒大多数是穷苦的农民、小手工业者、城市贫民以及游民。在三年云游中,朱元璋目睹国事日非,人民生活日益恶化,也了解到一些弥勒教等在下层群众中进行的活动,预感到弥勒教宣传的天下大乱的时候快要来到了。

1348 年(元至正八年)年底,朱元璋回到故乡的皇觉寺。他回寺后"立志勤学",读书、结交朋友。1351 年(元至正十一年),全国性的反元大起义开始了。几年前,黄河一再决口,千百万人因此流离失所。这一年,元顺帝下令征发十五万民工,来修复黄河故道,监工官吏克扣口粮,虐待民工,民工怨声连天。河南、河北等地广大人民生活在水深火热之中,他们除了反抗,已没有别的出路。韩山童和教内另一首领刘福通,在韩的家乡广平府永年县(今河北永年)乘机发动起义。起义军共推韩山童为明王,他们用红巾裹头,因此称红巾军。起义那一天,不防被永年县官带兵进行突然袭击,韩山童被捕遇害。后来就由刘福通辅佐韩山童的儿子小明王韩林儿，指挥红巾军打仗，各地农民纷纷举旗起义，响应红巾军，朱元璋的家乡也翻腾了起来。

1352 年春，钟离和南面的定远一带农村中，有几万农民拿起了武器。钟离县是濠州州治所在地。2 月 27 日夜里，定远人郭子兴和孙德崖等人率领一支几千人的农民队伍，冲进州城，杀了州官，占领了濠州城。元将彻里不花率领官兵前来镇压，不敢同起义军开战，却经常捉拿老百姓充作被俘的红巾军，向上级邀功请赏。这一来老百姓人人自危，许多人索性投奔濠州城内的起义军。

当官军在乡间乱捕百姓时，朱元璋想，老呆在寺院里，随时有被官军抓去杀头的危险，与其等死，不如去参加红巾军，于是就投奔了郭子兴。这一年，朱元璋 25 岁。后来朱元璋继承了郭子兴的霸业，把那些据地称雄为帝为王的陈友谅、张士诚、徐寿辉、明玉珍、韩林儿等，都一一消灭了。

由于朱元璋少年时当过和尚，因此有关他与和尚关系的传说和故事也比较多，如有一次渡江时，有人对他说："欲定天下，碧峰和尚不可不见。"朱元璋到宣州，去看碧峰禅师，只见他跏趺危坐，不理不睬，朱元璋见这和尚如此无理，于是生气地怒叱他，碧峰禅师也叱声以对，朱元璋手握宝剑，怒容满面喝道："你曾见过杀人的将军么？"碧峰禅师也大声地喝道："你曾见过不怕死的和尚么？"朱元璋看这和尚如此威武不屈，赶快释剑，以礼相见。碧峰禅师答礼后，徐徐地说了一句："建康有地可王。"据说，后来朱元璋统一天下，建都南京，就是受了碧峰禅师的暗示。

另外，据说峨眉山有两个和尚，一个叫宝昙禅师，另一个叫明济禅师，少年时曾与朱元璋一起在皇觉寺当过小沙弥。朱元璋当上皇帝后，知道了他们的下落，特召进京。宝昙见诏，打点行囊，便匆匆随钦差入宫，朱元璋与故人重逢，喜出望外，劝宝昙说："师父黄卷青灯，委实清苦，不如弃山进宫，共享荣华富贵，以乐天年。"宝昙向朱元璋奏道："贫僧早已六根清净，万象皆空，圣上心有好生之德，僧只有菩提之树，愿赐以清净禅院，为圣上祈万年之福！”朱元璋见状，只得从其夙愿，拨银为其重建光相寺。

明济和尚却是另一种态度，他在皇觉寺时与朱元璋两人，一个是火头僧，一个是司水和尚，职务相近，他深知朱元璋的为人，心想：“朱元璋已为万民之尊，可出身寒微，怕人知其底细，于己不利，莫非是召我进京，诛杀以灭人口！”便从龙兴寺逃往峨眉山后牛心寺避祸，并改法名广济，从此隐姓埋名。朱元璋派人查访到他，广济先是装疯卖傻，后又以生病为由，辞谢京都之行，终年缄默，死于后牛心寺。

史料记载，明朝初年就掀起了造神运动，一会儿说朱元璋离开娘胎时，“屋上红光烛天”，皇觉寺的和尚看了大吃一惊，以为是失火了，第二天才知道是朱元璋出世；一会儿说朱元璋当了小和尚后经常捅漏子，当家和尚忍无可忍，下令把他捆起来，丢在台阶下。没想到朱元璋居然做了一首诗，大声念道：“天为罗帐地为毡，日月星辰伴我眠。夜间不敢长伸脚，恐踏山河社稷穿。”其实，这时候的朱元璋，斗大的字不识几个，怎能做诗？更神的是，当时江淮大地上流言四起，盛传要接新天子，朱元璋好奇，也站在一块石碑倒地的石龟背上眺望远方，石龟居然向前爬了十几步！如此等等，这种神化实际上是对朱元璋早年贫困生活的粉饰。

一般人认为，由于朱元璋少年时生活贫困，他对低层百姓应该有着一定的感情，但是实际上，朱元璋毫不买他们的账。在朱的眼中，游民是百姓中的渣滓、社会的蠹虫，这种人“村无恒产，市无铺面”，又“绝无本作行商”，只能做坏事。朱元璋做皇帝后对这等人决不手软，多次予以严厉打击，并采取严密的控制手段。朱元璋当过云游和尚，知道流动的人群颠覆能量甚大，即使是和尚、道士、商人、学子以及一些在农村或城镇丧失了生产和生活资料的人们，朱元璋也用各种手段，把他们控制起来，使其流动范围缩小到最小范围之内。例如和尚、道士，不许他们游方挂单，而是固定在寺庙中。读书士子不许他们在寺庙借居(这是历朝历代都允许的)。商人流动要由基层政权组织开路条。对于那些胆敢擅自流动者或游手好闲者,人人皆可绑缚送官。这是早年当过和尚的皇帝朱元璋从贫困生活经历中吸取的教训。

数祖忘典

朱元璋祖籍之谜

屹立于世界东方将近300年之久的大明王朝，其皇族并没有什么高贵显耀的血统，相反，它来源于一个平凡而普通的家族——凤阳朱氏，一个世世代代以耕地为生的农民家族。

元朝末年，天下大乱，草泽群英纷纷而起。安徽汉子朱元璋在风云际会中挫败群雄，逐鹿中原，终于一统天下，建立大明江山。从一个云游四方的和尚，登上宝座，成为大明王朝的开国皇帝。有意思的是，屹立于世界东方将近300年之久的大明王朝，其皇族并没有什么高贵显耀的血统，相反，它来源于一个平凡而普通的家族——凤阳朱氏，一个世世代代以耕地为生的农民家族。

朱元璋当上皇帝后，立即在他的家乡安徽凤阳建造皇城，规模样式仿照南京，将凤阳作为陪都，号称中都，甚至有一段时间他还考虑过迁都凤阳。凤阳朱氏，从此也成为天下第一尊显的“国姓”家族，虽历经动乱仍繁衍不息。

但是，近年来有学者认为，朱元璋的出生地或许是安徽凤阳，但他的祖籍并非凤阳。查阅《明史》、《明实录》、《天潢玉牒》等史籍，可以发现，其有史可考的最早发源地能追溯到金陵句容朱家巷。朱家巷位于句容城西，距今江宁区的土桥镇不足十公里。据记载，朱元璋第五代祖朱仲八是南宋晚期句容朱家巷人，世代务农，家境贫寒，娶陈氏，育有三子：六二、十二、百六。其中，第三子朱百六就是朱元璋的高祖，大概是从朱百六开始，从句容迁往安徽凤阳，后来朱元璋做了皇帝，他被追尊为玄皇帝，庙号德祖。朱百六有两个儿子：四五、四九，其中，次子朱四九是朱元璋的曾祖父，后被追尊为恒皇帝，庙号懿祖。朱四九生了四个儿子：初一、初二、初五、初十，其中，长子朱初一，就是朱元璋的祖父，后被追尊为裕皇帝，庙号熙祖。朱元璋当和尚时，曾特地从凤阳云游至朱家巷，与自己的本家"同序长幼之节"。后来他当上皇帝后，曾下令在朱家巷边开过一条河，将它与秦淮水相通，他还派专人在那里找过祖坟的"龙脉"，并因此免去当地百姓的劳役。又立石追封祖先于句容，此石就是著名的"朱氏功德之碑"。在朱元璋亲自撰写的《朱氏世德碑记》中说："本宗朱氏出自金陵之句容，地名朱巷，有通德乡。上世以来，服勤农桑。"可见，明朝皇族原本是金陵句容县朱家巷通德乡的一个农民家族。

也有人认为，朱元璋的祖籍是江苏沛县，与汉高祖刘邦是同乡，当年朱元璋起事时也曾以刘邦老乡为荣。沛县因此而有"千古龙飞地，一代帝王乡"之美誉。在今天的沛县县文化馆的西面隔路相望有一座泗水亭公园，进门回首，大门内侧飞檐下题"千古龙飞地"。据说就是纪念刘邦和朱元璋的。沛县在民间中一直以"明先世家"享誉神州，但是史书对此记载不详，因此有学者认为，朱元璋的祖籍在江苏沛县，后迁句容，到他祖父、父亲时又几经迁徙，最后才定居安徽凤阳。

那么，作为明皇族凤阳朱氏前身句容朱家巷朱氏，是从何时何地迁移到句容的呢？为什么在正史上都没有详细记载呢？

有人认为，由于句容朱氏只是一个世代耕地、栽桑织布的普通农家，祖上并没有什么值得炫耀的显赫历史，再加上族人文化素质普遍不高，对宗族的历史也就不甚重视和了解。甚至就连开创大明天下的朱元璋本人也不清楚句容朱氏出自何方，所以当年朱元璋夺取天下后，为了像历代王朝创建者一样有一个高贵的血统，他一度想认宋代大圣人朱熹做祖先。有人劝他说，陛下拥有天下，其地位至尊无上，何必还要硬去认一个地位比自己逊色的朱熹来做祖先呢？

也有学者认为，朱元璋虽不是朱熹的后代，但句容朱氏却确实与朱熹的紫阳朱氏有一定关系。朱元璋当年想认朱熹为祖，并非完全无稽臆断。据茶院府君第30世孙明朝南京御史朱吾弼所撰《（丰城）社山朱氏世考》记载，金陵句容朱氏确源出朱熹所在的婺源茶院朱氏，句容县朱家巷朱氏，与朱熹同属婺源朱氏一宗，共祖茶院第三代朱昭元；句容朱家巷朱氏始祖朱惟节，是朱熹第六代祖朱惟甫之弟，大约在北宋早期自今江西婺源东迁至今江苏句容县，卜居北街巷，后改名为朱家巷。

有些学者认为，句容朱氏在两宋时的情况，史书缺载，谱牒也语焉不详，今已无法稽考，尽管句容朱氏族姓繁衍迅速，人口兴旺，宗族规模比较大，所以才会形成朱家巷这个地名，但就其宗族势力、社会地位而言，句容朱氏还只是一个极其普通的世代务农的平凡宗族，终宋一代三百来年，它从未产生过什么著名的人物，无论是达官显宦，还是学者名儒，甚至找不出一个举人来。在宗族中似乎也没有发生过值得记载的大事。嘉靖十一年，一位南京籍的御史旧事重提，上书皇帝，建议对朱家巷进行“崇封”。嘉靖很是重视，特地派出四位钦差前往进行考察。此事轰动了整个南京城，人们纷纷跟随前往。但钦差们反复勘察，只查得当地有“龙爪树”一棵、老井一口、古庙一所、书有“句容朱安”等字的旧画一张、刻有“朱乡社二十八户置”等字的石香炉一只。因此，在明王朝皇族史上，至今仍然存在着一段有待探索、开拓的空白。

不足为凭

明教与明国号关系之谜

元朝末年，各地农民起义不断，郭子兴、陈友谅、张士诚、徐寿辉、明玉珍、朱元璋、韩山童和彭莹玉等群雄相争。后来，朱元璋把这些据地称雄为帝为王的势力都一一消灭，自立国号为“明”，由此一些演义小说和民间传说认为，“明”国号与明教有关。明教究竟是一种什么样的宗教？明朝真的与明教有关吗？

元末明初，高手云集，群雄相争，这些英雄都与明教有关，一些演义小说和民间传说也把元末明初的一些真实的风云人物，如郭子兴、陈友谅、朱元璋、韩山童和彭莹玉等，均列入了明教信徒行列。朱元璋执政后，国号称“明”，似乎也与明教有关。那么，明教究竟是一种什么样的宗教？明教对推翻元朝起到了什么作用？朱元璋是否真正参加过明教？

明教，即为历史上源于波斯，曾经流行一时的摩尼教。据白寿彝主编的《中国通史》记载：“摩尼教是在唐代传入中国的，安史之乱后传入漠北回鹘汗国……公元840年回鹘西迁以后，回鹘人把摩尼教带入今吐鲁番一带地区。内地的摩尼教虽遭唐政府禁断，但并未绝灭，主要在东南沿海一带的民间流传。因为摩尼教崇拜光明，所以又称为明教。”从此以后，明教成为秘密的民间宗教。五代时陈州摩尼教徒曾聚徒起义，北宋的方腊起义也属明教的组织策动。

但是从比较确切的史料来看，元末红巾起义最初源于“白莲会烧香惑众”，从元到清，白莲教“或充医卜，或充贸易，遍历各村”，是最为普及和活跃的民间宗教组织。白莲教具有佛教性质，莲花和弥勒佛都是佛教的象征，“明王出世”的宣传，韩林儿的“小明王”称号，均可用佛教经典解释。这样说来，白莲教似乎与明教无关。

但是一些专家认为，从教义上看，白莲教和明教有很多相似之处，据白莲教的解释，世界上存在着明暗“两宗”相互斗争的势力，明就是光明，代表善良和真理；暗就是黑暗，代表罪恶与不合理。这两方面，过去、现在和将来都在不断地进行斗争。弥勒佛降世后，光明就最终战胜黑暗。而这所谓“两宗三际”说（三际为青阳、弘阳、白阳），恰恰又是明教的基本教义，只不过抽象的“光明之父”被实体化了的弥勒佛所替代。此外，白莲教教徒日常要求礼拜，“教首常于夜间聚众拜灯，念灵文”，非常接近明教仪式。很可能是明教为图生存而攀附佛道，或者是白莲教借鉴了明教的教义，这两种教派同一目标，逐渐融合一体。

此外，当时还有一派与白莲教相呼应，名为弥勒教的秘密民间组织，也就是纵横两湖的红巾军徐寿辉、彭莹玉部，其教义也大体类似。基本可以说，三教教义有众多共同点，元末大暴动与此三教密切相关。

明太祖朱元璋年轻时做过和尚，曾经云游四方，期间曾与白莲教或者弥勒教组织接触，甚至可能参与这些组织的活动。至正十一年五月，“明王”韩山童遇害，刘福通起兵造反，次年春二月，郭子兴与孙德崖等在濠州响应，朱元璋就在那个时候投奔过去的，说他参加过明教，或者曾经是明教的信徒也许并不为错。

但是也有人认为，朱元璋造反的最初目的只是求“自存”，信奉弥勒教是在走投无路情况下的一种选择。朱元璋年轻时做过和尚，也并不是由于信仰，仅仅是用以解决吃饭问题的临时措施。当朱元璋参加红巾军造反活动时，还是个游方和尚，而这时以明教为旗帜的造反活动已经有了相当的规模，如果要生存和发展，投靠红巾军是一个较好的选择。所以，说朱元璋参加过明教有点勉强，他当时只是身不由己地投入造反大潮中的百万之众中的一员罢了。另外，从朱元璋的经历来看，在至正二十四年以前，他虽然一直尊奉明教领袖韩林儿的“宋”朝，北面为臣，但实际更像是相互呼应的同盟，朱元璋与韩宋政权在政治、军事、人事上均无行政的关系，毕竟逐鹿天下靠的是智慧和实力，朱元璋的江山是他凭多年的奋斗和卓越的政治、军事能力打下来的，与其是否遵从过白莲教或明教无关。明建国后，朱元璋于洪武三年下旨禁“左道”，明教与白莲教同被禁止。朱元璋自己好像也从来没有承认过曾经是明教的信徒，白莲教或明教仅仅是为其走上帝王宝座提供了阶梯而已。

人修天定

陈友谅败于朱元璋之谜

元朝末年，朱元璋和陈友谅两支队伍为了争夺天下，在长江中下游多次进行过交战。若论军事实力，陈友谅远远超过朱元璋，结果朱元璋以少胜多，取得全胜。那么，为什么朱元璋会取得最终的胜利呢？

元朝末年，群雄逐鹿，争夺天下，各路大军互相吞并，最后只剩下两支势均力敌的部队：一支是以陈友谅为首的队伍，占据着以江州(九江)为中心的湖广、江西等区域；另一支是以朱元璋为首的部队，占据着以集庆(今南京)为中心的江苏、安徽一带的地域。两支队伍为了争夺天下，在长江中下游多次进行过交战。

陈友谅，沔阳玉沙县人，世业渔。少读书，略通文义，曾担任过县衙小吏。蕲黄起义爆发后，他慨然投奔红巾军，为倪文俊统军元帅府的簿掾。至正十七年(公元1357)九月，倪文俊谋弑天完帝徐寿辉不果，逃奔黄州，陈友谅乘机杀之，其部众尽归友谅，陈友谅自称宣慰使，不久称平章政事。

至正十九年十二月，徐寿辉引兵发汉阳，决定徙都南昌，路经江州，友谅伪装出迎，阴伏兵于城西门外，待寿辉入城，将城门紧闭，尽杀寿辉部属于城外。于是以江州为天完都城，挟寿辉号令各部，自称汉王。后来干脆将徐寿辉杀死，自称皇帝，改国号汉，改元大义。

汉政权建立后，元朝在南方的势力越来越小，所以陈友谅主要精力用在东线与朱元璋争雄上，他倾尽全力，意图全歼朱元璋军，达到称霸南方的目的。但最后的结果却导致他自己的覆灭。

若论军事实力，陈友谅远远超过朱元璋，尤其是最后一役，也就是决定两人最后胜负的一战，是在元至正二十三年，陈友谅亲率 60 万人马乘艨艟巨舰来到鄱阳湖围攻朱军，朱元璋则率 20 万军队前来解围。陈友谅调转船头迎战朱元璋，两军相遇于鄱阳湖上的康郎山，结果朱元璋以少胜多，取得全胜。那么，为什么朱元璋会取得最终的胜利呢？

一些学者认为，陈友谅取徐寿辉自立之后，匆匆称帝封妃，遭到其他一些割据政权领袖的强烈反感。夏王明玉珍在四川切齿而言："（吾）与友谅俱臣徐氏，顾悖逆如此。"命以兵塞瞿塘，绝不与通。在与陈友谅绝交的同时，却遣使与朱元璋通好。朱元璋欣然，自后信使往返不绝。陈友谅与朱元璋兵戎相见，大战鄱阳前夕，尝遣使相约东吴张士诚夹攻朱元璋，张士诚当面满口答应，背地却按兵不动，守境坐观其变。陈友谅孤掌难鸣，能不败乎。

一些学者还认为，陈友谅是一个猜忌成性、惟私欲是图的人。为了达到篡权目的，不惜杀害战友、故主，手段之残忍令部众胆战心惊，于是"人各一心，上下猜疑"，加上才略低下，举措失当，军事上终于一败再败，导致覆灭。陈朱双方虽然实力悬殊，但他"唯知巨舰，未知军心恇怯"（《明太祖实录》卷一二）。而朱元璋的部队上下一心，士气高涨，准备决一死战。而且，战争的胜负还决定于战场上的指挥能力，陈友谅战舰虽大，但用铁索连在一起，转动不便。朱元璋战船虽小，但机动灵活，战争一开始，朱元璋就决定用火攻破敌。七月二十日，双方舟师相会于鄱阳湖中康郎山，陈友谅舰高船坚，占有优势。

朱元璋下令分舟师为11队，用火器、弓弩攻击。二十一日，朱元璋命俞通海乘风发火炮，焚陈友谅舰20余艘，杀溺者甚众。二十二日，朱元璋命敢死勇士驾满载火药等易燃物的小舟，冲向敌舰，使陈友谅水寨中数百艘船被焚，"烟焰涨天，湖水尽赤，死者大半"，陈友谅弟友仁、友贵、平章陈普略等都被焚死。

还有的学者认为，陈友谅目光短浅，贪图享乐，也是失败的原因之一。他自恃力量强大，不把朱元璋放在眼里，就在大战前夕，还特地在距南昌滕王阁不远的章江门外建成一座鹿囿，养上百头名贵驯鹿，赐题"娱鹿山庄"。每次来游，必使百鹿身披大红彩缎，颈套各色花环，命百里挑一的妙龄佳丽骑鹿追逐相嬉，凡驾驭妙者，必获厚赏，赏赐高于争城夺地之功，时谚有云："拼死争城夺地，不如骑鹿献戏！"使将士离心。而当朱元璋打败陈友谅，接受南昌守将胡廷瑞归降，在滕王阁大宴功臣、犒赏三军时，降将胡廷瑞有心献媚朱元璋，跪进"鹿（禄）在其中"节目，令佳丽在滕王阁下骑鹿追逐，朱元璋未被胜利冲昏头脑，立即命令停"演"，他意味深长地说："友谅被淫乐奢靡迷了心窍，只知观丽人逐鹿散心，却放松了与我'逐鹿中原'的大事，浑浑噩噩，寻欢作乐，焉有不败之理乎？"宴罢，朱元璋下旨拆毁鹿囿，将鹿群驱往西山，还归自然。

也有学者认为，陈友谅的失败在于他拒纳忠言，刚愎自用。当时陈友谅势力雄壮，他亲督汉师，欲取应天（南京）。消息传来，朱元璋大惊失色。群臣胆怯，说和说逃，各说不一。军师刘基临危不惧，献上妙计，朱元璋急召陈友谅旧交、部将康茂才面授机宜。康茂才还营后，急就"降书"一纸，重托守门老仆（曾为陈友谅当差者）连夜悄谒陈友谅。陈友谅展读来书，大喜，叮嘱复命，来夜往袭，当以三呼"康公"为记。太尉张定边力谏不可，陈友谅不听，于次夜亲统大军往袭，直奔江东桥，连喊三声"康公"，无人出应，始知中计，早被朱元璋四面伏兵团团困住，全军顷刻土崩瓦解，片甲无存。这一仗奠定了陈友谅的败局。鄱阳湖大战时，陈友谅阵亡，汉军大溃，太子陈善儿也被杀。

太尉张定边连夜载陈友谅尸体并护送陈友谅次子陈理遁还武昌。陈理嗣位，力图再起。在朱元璋大军兵临城下之际，陈理见大势已去，乃出降。至应天后，被朱元璋封为归德侯。数年之后，朱元璋将其送往高丽定居。

陈友谅亡后，葬武昌蛇山。翌年，朱元璋挥兵西向，亲临墓前致祭，并书“人修天定”四字于墓前。应该说，朱元璋对陈友谅的兵败身亡认识还是深刻的，“天定”在其次，“人修”当为首因。

迹近弑君

朱元璋害死“小明王”之谜

元至正十五年，刘福通立韩林儿为帝，国号宋，建元龙凤。元至正二十六年，韩林儿应朱元璋之请南下，途中舟覆而死。后人论史，提及“小明王”韩林儿之死，大多认定是朱元璋下的毒手。那么，“小明王”韩林儿是不是朱元璋派人害死的呢？

元朝末年，天下大乱，群雄并起。元至正十五年，刘福通立韩林儿为帝，国号宋，建元龙凤。一时应者云集，韩林儿任命郭子兴儿子郭天叙为都元帅（郭子兴此时已死），张天祐、朱元璋为左右副元帅。元至正二十六年，韩林儿应朱元璋之请南下，途中舟覆而死。《明史·列传10（郭子兴、韩林儿）》说：“太祖命廖永忠迎林儿归应天，至瓜步，覆舟沉于江。”后人论史，提及“小明王”韩林儿之死，大多认定是朱元璋下的毒手。

那么，“小明王”韩林儿是不是朱元璋派人害死的呢？朱元璋这样做的目的是什么呢？很多学者对此有不同看法。

有学者认为，朱元璋以前一直向小明王称臣，让小明王去抵挡元军的进攻，自己却经营江南，因此理论上小明王是朱的合法君主，当朱控制江南时，小明王却被元军主力打垮而寄人篱下。朱元璋派大将廖永安接小明王来南京,半途小明王沉舟身亡,连封建正统文人都感慨朱此举“迹近弑君”。一些学者认为,朱元璋在自己的势力逐渐强大起来以后,觉得留着小明王对他是个障碍。因而将他害死,为自己当皇帝扫清了障碍,联系到朱元璋后来大肆屠戮功臣的毒辣和残忍,这样做是完全有可能的。

但是也有学者不同意这种看法,他们认为,朱元璋出自郭子兴麾下,属红巾军一系,名义上算韩林儿部下,其实是一种战略上的考虑。十二年来,朱元璋并没有对韩林儿称臣,也更不曾倚仗过他,除了共用一个“龙凤”年号,两者不过遥遥有政治上的呼应而已,连军事上的同盟都谈不上。当然,客观而言,也正因为刘福通“横据中原,纵兵蹂躏,蔽遮江、淮十有余年”,让元朝疲于应对,才给了朱元璋壮大实力,从容平定东南的机会。正当朱元璋稳扎稳打,事业蒸蒸日上的时候,曾经风光一时的韩宋却是江河日下,刘福通胃口太大,又是北伐,又是西进,有一路人马甚至横扫辽东,一直打到了高丽。兵力分散之后,“兵虽盛,威令不行”。被元军反击之后,连根据地都难保了。元至正二十三年,张士诚遣部将吕珍来袭,围攻安丰,刘福通势单力孤,岌岌可危,只得向朱元璋求援。其实朱元璋要摆脱这个空头上司,坐而不救是最佳策略,但朱元璋却不顾刘伯温劝阻,执意援救,说明朱元璋的江湖豪气尚在,还未被赤裸裸的功利权术完全湮灭。

刘福通死后,韩林儿既无政治上的影响力,更谈不上军事上的号召力,只会慢慢被人淡忘。那时的朱元璋,连方国珍降后尚且能容,都“授广西行省左丞,食禄不之官”。这样的一个韩林儿,随时可以让他“禅让”,至正二十四年,陈友谅子陈理败降,朱元璋进吴王位。又两年,张士诚、方国珍、明玉珍相继败服,朱元璋即帝位。这一切都顺势而行,如水到渠成。所以要除去他,既无必要,也毫无意义。

也有学者认为,朱元璋下毒手害死“小明王”可能是受军师刘基的影响，刘基一直反对朱元璋尊奉小明王。他认为，在群雄纷争之际，要成大业，必须摆脱别人牵制，自己掌握命运，因此至正二十一年（公元1361年）农历正月，朱元璋在金陵中书省设御座，率文武僚属遥拜小明王、行庆贺礼时，刘基独独站在一边不拜。朱元璋召问为何不拜，刘基回答："他不过是个牧童罢了，为什么要尊奉他？"接着向朱元璋陈说应该摆脱小明王，自己争夺天下的道理，朱元璋听后很是悟彻。至正二十三年（公元1363年），张士诚部将吕珍攻韩林儿于安庆（今安徽寿县），刘福通要朱元璋发兵救援。刘基劝朱元璋不要往救，他说，现在陈友谅、张士诚正虎视眈眈伺机进攻我们，这种时候怎能分散兵力去管别人呢？再说，假使将小明王救了出来，又准备如何安置他？朱元璋不听，亲自率军往救。陈友谅果然趁虚而入，率领几十万军队袭击朱军辖下的江西重镇洪都（今江西南昌）。为解围，朱元璋星夜兼程回赶，疲于奔命。事后，朱元璋感慨地对刘基说："不听您的话，几乎误了大事。幸亏陈友谅攻的是洪都而不是金陵，否则真是不堪设想了。"不多久，朱元璋彻底抛弃了韩林儿，将他杀害。应该说，这是刘基长期影响朱元璋的结果。

有的学者坚持认为，朱元璋不可能害死"小明王"，那么如何解释韩林儿翻船而亡的事实呢？据朱元璋自己说，这是他的手下廖永忠为邀功的一次擅自行动，《明史·列传17》记载："初，韩林儿在滁州，太祖遣永忠迎归应天，至瓜步覆其舟死，帝以咎永忠。及大封功臣，谕诸将曰：'永忠战鄱阳时，忘躯拒敌，可谓奇男子。然使所善儒生窥朕意，徼封爵，故止封侯而不公。'"这些话是欲盖弥彰，还是真如朱元璋所言，是廖永忠为邀功的擅自行动？有人认为，擅自行动的可能性大，若为朱元璋授意，要么早早灭口，要么授以公位稳其心，现在的做法反而不合情理。韩林儿对朱元璋的妨碍，仅仅是一个名分和"龙凤"年号，构不成登基的阻力，只要威逼利诱一下，就可让韩林儿屈服，或不予理睬，直接将其撇到一边，随便封个王养起来也无不可，毕竟韩林儿连方国珍都不如,根本没有翻身之术。真的要除去他,也是易如反掌,完全可以做到不露痕迹,何必制造如此张扬的翻船事故。但这些猜度多为书生之言,不足为凭。

看来“小明王”韩林儿究竟是不是朱元璋派人害死的,至今还是个谜。

废兴有数

明初定都南京之谜

公元 1368 年，朱元璋登上皇帝宝座，国号大明，下令以应天府为“南京”。公元 1378 年，改南京为京师，历洪武、建文、永乐三帝，前后 53 年。直到 1402 年，朱棣发动“靖难之役”，夺取皇位，后将国都迁至北京，南京才失去首都的地位。

南京是中国著名古都，世界历史文化名城。公元 229 年，三国东吴迁都于此，始创建业城，而后，东晋、宋、齐、梁、陈、五代南唐先后在此定都，六朝金粉之地，留下了吴宫花草、晋代衣冠和明祖殿堂。历史上先后称为冶城、越城、金陵、秣陵、石头城、建业、建康、白下、上元、升州、江宁、集庆、应天等。

公元 1368 年，朱元璋登上皇帝宝座，国号大明，下令以应天府为“南京”，南京的名称就是从这个时候开始。公元 1378 年，改南京为京师，明初建都南京，历洪武、建文、永乐三帝，前后 53 年。公元 1421 年，明成祖朱棣迁都北京，以南京为“留都”，仍保留着皇宫，设五府、六部、都察院等中央机构。

朱元璋称帝的前两年，即公元 1366 年，下令新建宫城和改筑应天府城。历时 21 年，筑成号称方圆 96 里（实测为

33.676公里)的砖城。南京城在现存的古城垣中,不仅是我国第一,而且是世界之最。明代南京皇宫位于城的东部,建筑宏伟壮丽。明成祖迁都北京,建造北京皇宫时,就是以南京皇宫为蓝图的。南京在明朝时期,尤其是明初的53年间,经济、文化发展很快,成为全国最大的城市。当时城内有100多个工商行业,其中与丝织业有关的达20多个,官营的丝织业以织造高级的锦缎、素缎和绫、罗、纱、绢为主,尤以织金锦和金银线织成的彩色妆花缎最为精工,单是织锦工匠集中的地点就有3个坊。明代南京的建筑业和造船业是两项规模巨大的官营工业,雕版印刷业亦闻名全国。

一些学者认为,明朝初年,首都地点的选择是经过相当长时间的考虑和反复的,可以说,从政权建立起便将巨大的精力投放在这个方面,这在中国历史上可以说是绝无仅有,也反映出当时政治、经济和军事各个方面复杂的相互关系。那么,为什么明初选都决定在南京呢?

有学者认为,这应该从朱元璋当时政治、军事活动的范围说起,从元至正二十四年(公元1364年),朱元璋称吴王开始,南京就是其统治区域的中心,无论是从军事上、经济上,还是从意识形态上,都可以较好地完成其支撑一个地方政权的使命。首先,南京地理位置十分险要。南京坐落在长江下游,西据长江之险,东南宁镇山脉环绕,龙盘虎踞。“据形势以临四方”,可以“拓江广以自资,进则越两淮规中原而取天下,退则保全方面以自守”。其次,南京位于中国富庶的鱼米之乡江南地区,经济条件自然是十分优越,所谓“财赋出于东南,而金陵为其会”,在经济上有可靠的保障。

还有一些学者认为,明初定都南京,有一个不能忽略的理由是,将国号和国都相统一。明的国号取自白莲教关于“明王出世”的传说,又可以按照儒家的学说来解释成光明,也就是火。南方属火,属阳,神为祝融,颜色为赤,南京又是祝融故墟,这样的安排恐怕不是巧合能解释的。

还有一些学者认为，朱元璋决定将国都放在南京的一个重要原因，就是朱元璋的祖籍地在南京。一般认为，朱元璋的祖籍是安徽凤阳，但是安徽凤阳朱氏是从金陵句容朱氏迁徙而来。查阅《明史》、《明实录》、《天潢玉牒》等史籍，可以发现，明朝皇族朱氏属于沛国郡这一大宗，但其有史可考的最早发源地却能追溯到金陵句容朱家巷。南京定为首都可能与此有关。

但是一些学者指出，随着统一战争的进行，南京的缺陷开始暴露出来。军事中心开始北移到黄河流域，南京"去中原颇远，控制良难"，而且朱元璋对南京过去的六朝金粉、齐梁故事也有所忌讳。因此，在洪武元年（公元 1368 年）朱元璋正式称帝的时候，他并没有正式下诏，换句话说，南京这个首都的地位还没有得到皇帝诏书的批准，从这时候开始，直到洪武三十年（公元 1398 年）明太祖去世为止，首都的选择问题萦绕了他的全部皇帝生涯。

这些学者认为，朱元璋考虑过迁都，首先考虑的是开封，"言者皆谓君天下者宜居中土"，明太祖也认为这里"四方朝贡，道里均适"，但是这里"民生凋敝，水陆转运艰辛"，由淮入汴已经不能顺利通航，漕运没有保证，建都从何谈起？而且是个"四面受敌之地"，因此他并不十分满意。随后是临濠，这里是朱元璋的故乡，是他从小生长的地方，也是他心目中最完美的"中都"，然而这里也是令他最为伤感的地方，从洪武二年（公元 1369 年）"命有司建置城池宫阙为京师之制"，到洪武八年（公元 1375 年）"罢中都役做"，明王朝抽调了大量人力物力，进行大规模的营造活动，招致了营建工匠对工役繁重表示不满，更暴露了淮西勋臣势力膨胀产生的恶果，使朱元璋意识到乡土观念对皇权的危害，于是放弃了这个念头。

然而事情并没有完全结束，由于对北元残余势力的侵扰感到鞭长莫及，还有南京皇城在堪舆上的缺陷，朱元璋也考虑过古都西安，洪武二十四年（公元 1391 年），他派皇太子朱标出巡陕西，察看关洛形势。不料太子出巡回来便一病不起，并于第二年四月去世，这就彻底打消了迁都的念头。

经过多年的劳苦奔波,明太祖最终也没有找到合适的都城,伤感之下,他无奈地说道:“朕经营天下数十年,事事按古有绪,惟宫城前昂后洼,形势不称。本欲迁都,今朕年老,精力已疲。又天下新定,不欲劳民。且废兴有数,只得听天!”一直到 1402 年,他的第四个儿子燕王,也就是明成祖朱棣发动“靖难之役”成功,夺取侄子建文帝的皇位,将国都迁至北京,南京才失去了首都的地位。不过有明一代,南京始终是中央政府的陪都,府部犹存,地位仍然十分重要。

皇皇巨典

明初制定仪礼制度之谜

朱元璋登上帝位后，敕中书省传令全国各地，举荐"素志高洁、博通古今、练达时宜之士年四十以上者，礼送至京，参考古今制度以定一代之典"。那么，贫民出身的朱元璋文化程度不高，为何对制定仪礼制度大感兴趣？

公元1368年，朱元璋在应天府登上皇帝宝座，下令以应天府为"南京"。登极大典于1月23日举行。礼仪开始是由皇帝在郊区的祭坛分别向天地献祭，登极文告上达给神明，然后宣布王朝国号为大明，皇帝登上宝座。李善长率领着百官和国宾敬献正式的贺辞，接着，皇帝率亲随前往太庙献上表文和玉玺，追尊他的前四代祖先。朱元璋在禁城内奉天殿接受文武百官朝贺，然后向天下发布登位诏书。

朱元璋登上帝位后，并不以此为满足，紧接着又部署制定一整套的礼仪制度。据《明实录》记载，洪武二年（公元1369年）八月，明太祖以"国家创业之初，礼制未备"为由，敕中书省传令全国各地，举荐"素志高洁、博通古今、练达时宜之士年四十以上者，礼送至京，参考古今制度以定一代之典"。于是，"儒士徐一夔、梁寅、刘于、周子谅、胡行简、刘余弼、董彝、蔡深、滕公琰至京"，入局参修礼书。当时恰逢《元史》馆第一次散局，被征入史局的新淦名儒曾鲁“将乞身还山”，在宋濂等人的举荐下，明太祖“因命与诸儒同纂修”礼书。到洪武三年（公元1370年）九月，礼书修成，明太祖赐名曰《大明集礼》。同时，“授曾鲁、徐一夔、周子谅、董彝以官，惟梁寅等六人以疾赐还乡里，俱赏赐有差”。至此，这部包括吉、嘉、宾、军、凶五种礼仪，共50卷、26子目的“一代皇皇巨典”，大功告成。

有学者提出，贫民出身的朱元璋文化程度不高，为何对制定仪礼制度大感兴趣？这是因为朱元璋虽然“以游丐起事，目不知书”，但是其在政治上比当时一些割据地方的军阀具有高明远见卓识，在参加起义军并独树一帜以后，他曾认真总结元朝政权倾覆的原因，其中一条就是元朝统治者缺少严格的礼仪制度，致使“主荒臣专，威福下移，由是法度不行，人心涣散，遂使天下骚动”。就连郭子兴等各股起义军队伍的先后失败，朱元璋也认为是由于“皆无礼法，恣情任私，纵为暴乱，由不知驭下之道，是以卒至于亡”。他认为，若想推翻元室，建立起稳固的新政权，就必须要有详备、严格的礼仪制度。因而，当群雄割据、干戈扰攘之际，他就做好了制定礼仪制度的思想准备。元至正二十四年（公元1364年）正月，朱元璋初登吴王位，便立即告谕群臣：“礼法，国之纪纲。礼法立则民志定、上下安。建国之初，此为先务。”但当时朱元璋的淮右集团正处于陈友谅、张士诚的左右夹击之中，东征西讨，无暇顾及议定礼仪。到了吴元年（公元1367年），陈友谅余部彻底覆灭，困守于苏、杭、嘉、湖地区的张士诚已力渐不支，朱元璋即将统一江南半壁时，一边准备北伐中原彻底推翻元朝政权，一边做着登极称帝的各种准备。明太祖在登极后不久，即征召数十位在野儒士进京，会同朝中儒臣考礼、议礼，修纂了《大明集礼》，为恢复明朝初期的封建秩序和巩固明朝封建统治发挥了重要作用。

还有的学者认为，朱元璋制定礼仪制度的用意在于消除元代旧习，利用合法化的象征以提高、强化朱明新王朝统治者的地位，打消那些忠于元朝政权的人们的疑虑，强调封建等级制度，尽快恢复由于元末农民战争而被削弱的封建秩序。朱元璋认为,要使天下民众名安其位,各尽其职,仅靠严刑峻法是不够的,必须辅以礼仪教化。即所"刑、政二者不过辅礼乐为治耳,苟徒务刑政而遗礼乐,在上者虽有威严之政,必无和平之风。故礼乐者治平之膏粱也"。当天下平定之后,作为最高统治者,必然要尽快把全国臣民的思想言行规范在严格的礼仪制度之下,使之接受新政权统治者的控制。因此,议定礼仪就成了朱元璋登极之初的一件头等大事。

明太祖登极后一年之内,曾数次诏令朝臣议定各项礼仪。仅见于《明太祖实录》的记载,元年(公元 1368 年)闰七月,诏定军礼。"命中书省会诸儒臣议古者天子亲征、遣将、出师告庙、奏凯献俘,及论功行赏诸礼仪。历考旧章,定为成法以进"。九月,定正旦朝贺之仪,又定中宫朝贺之仪。十一月二十六日,议耕耤礼。二十七日,定皇后、太子妃嫔、百官命妇冠服之制。二十九日,定太子及品官庶人冠礼。十二月初五日,"诏中书省会礼官定官民丧服之制"及"三师朝贺东宫仪"。初七日,诏令礼部及翰林诸儒臣议定皇太子、亲王及士庶婚制。十七日,诏令礼部尚书崔亮等议定中外官员亲属冠服之制,"凡内外官员父兄伯叔、子孙弟侄等所用冠服均有定制,不得僭越"。二十三日,颁社稷坛之制。在明太祖的诏令催促之下,当时朝中博通经史、谙习历代掌故的儒臣,如李善长、刘基、钱用壬、崔亮、朱升、陶安、詹同等人,几乎都参加了议礼工作。此外,翰林学士朱升议定了宗庙时享、斋戒之礼,刘基议定了百官朝会礼,詹同议定了裕禘礼。实际上,由于朱元璋早有准备,明初的议礼工作到洪武二年(公元 1369 年)八月诏开礼局前已由朝中儒臣基本完成。

另外,也有学者认为,明太祖朱元璋将议礼作为一种笼络、收买知识分子的手段,经过十多年的艰苦努力,终于使参加议礼的在野名儒有三分之二左右参加了明朝政权,这些风云一时的理学家和文坛领袖,由拒绝出仕,经过"合作"终于被明太祖的"恢廓宏度"所感召,放弃了故元遗民的立场,出仕明朝,其中有的人还为朱明政权的巩固和发展作出了巨大贡献。朱元璋明白，要建立并巩固自己的封建政权，除了强大的武装力量以外，还须“修明治术，兴起教化”，用儒家思想制定礼仪制度，使之成为维护封建秩序、巩固君主专制的强有力的思想武器，对全国臣民的思想言行进行有效控制。

自南宋以来，朱熹理学兴起，并逐渐在学术界占据了统治地位。从南宋晚期到元末，诸多儒生以接续朱学道统为己任，他们当中许多人一生“不事科举，一意经学”，有的虽曾踏入仕途，但并不热衷于官场，多半时间“僻居乡陋，孜孜于理学”。尤其是元末政治黑暗、社会动荡，知识分子鉴于仕途凶险，遂埋头治学，更促进了理学的发展。到了明初，金华、徽州、江西等地出现了一大批卓有成就的理学家。明太祖征召这些人参与议礼，不仅表示对理学的推崇，使之成为显学，同时也可使理学思想渗透到各项礼仪制度之中，以期达到“讲道道德，兴起教化”的目的。尤其是对名望高、影响大的文士，朱元璋以极大的虚心和耐心进行笼络收买，为天下士人树立起一个思贤若渴、屈己待人、恢廓宏度的“圣主”形象。

对于朱元璋来说，以议礼、修礼为名征召在野名儒，意在扩大朱明政权在士大夫缙绅中的影响，争取在野士绅对明王朝的承认与支持，而一些名儒的出山入仕不仅仅扩大了明朝的官僚队伍，充实了各级统治机构，更大的意义还在于通过这些缙绅阶层中的上层分子的归附，使朱元璋进一步获得了地主阶级的承认与支持，扩大了朱明政权的社会基础。这不能不说是明太祖知识分子政策的成功，议礼、修礼工作发挥了巨大的政治作用，收到了预期的效果。

恢复唐制

“明人衣冠”样式之谜

明朝夺取政权后，对整顿和恢复汉族礼仪非常重视，明太祖朱元璋登基后，即着手消除元朝胡服左衽的影响，废弃元朝服制，欲以汉文化来影响服饰和时尚，希望从服饰上体现出尊卑有序的社会状态。

中华几千年的服饰史，很长时间是以汉族的服饰为主，元朝灭宋后，将蒙古族的服饰样式渐渐带入全国。由于蒙古族原先生活在北方寒冷地区，虽有布帛，但服装多以皮制为主。尤其是冬天，无论富贵贫贱，都穿皮毛服装，衣、帽、裤、袜都用兽皮制成，以挡风寒，这反映了地理环境和气候对服饰的影响。明朝夺取政权后，对整顿和恢复汉族礼仪非常重视，明太祖朱元璋登基后，废弃了元朝服制，并根据汉族人民的习俗，重新规定服饰制度。

据一些学者考证，朱元璋刚当上皇帝不久，即着手消除元朝胡服左衽的影响，恢复唐制，欲以汉文化来影响服饰和时尚，希望从服饰上体现出尊卑有序的社会状态。

首先是制定皇帝礼服。朱元璋认为，古代五冕之礼太繁，决定“祭天地、宗庙，服衮冕；社稷等祀，服通天冠，绛纱袍。余不用”。冕，前圆后方，前后各十二旒。皇帝服饰有冕服、通天冠、皮弁服(弁为男子戴的一种帽子)、武弁服、常服等。皇帝穿常服时戴乌纱折上巾,其样式与乌纱帽基本相同,惟独左右二角折之向上,竖于纱帽之后。明代皇帝的常服,样式为盘领、窄袖、前后及两肩绣有金盘龙纹样,玉带皮靴。以黄色的绫罗为料,上绣龙、翟纹及十二章纹。龙的图案从上古发展到明代,经历了无数次变化。总的看来,先秦的龙纹形象比较质朴粗犷,大部分没有肢爪,近似爬虫类动物。秦汉时期的龙纹多呈兽形,肢爪齐全,但无鳞甲,常绘成行走状,给人以虚无缥缈的感觉。明代的龙形象更加完善,它集中了各种动物的局部特征,头如牛、身如蛇、角如鹿、眼如虾、鼻如狮、嘴如驴、耳如猫、爪如鹰、尾如鱼等。在图的构造和组织上也很有特色,除传统的行龙、云龙之外,还有团龙、正龙、坐龙、升龙、降龙等名目。

除此之外,明朝上下层社会的服饰均有明显等级。上层社会的官服是权力的象征,历来受到统治阶级的重视。明代穿公服的官吏,其制为盘领右衽,袖宽三尺。袍服所用的纹样及颜色,因级别而异:一至四品,用绯色;五至七品,用青色;八至九品,用绿色。纹样也不一样,一品用大朵花,径五寸;二品用小朵花,径三寸;三品用散花,无枝叶,径二寸;四品、五品用小朵花,径一寸五分;六品、七品用小朵花,径一寸;八品以下,无花纹。以上服饰,与展脚幞头搭配,多用于重大朝会。最有特色的是用"补子"表示品级。补子是一块约四五十厘米见方的绸料,绣上不同纹样,再缝缀到官服上,胸背各一。文官的补子用鸟类,武官用走兽,各分九等。平常穿的圆领袍衫则凭衣服长短和袖子大小区分身份,长大者为尊。这种补子官服对以后清代官服也有影响,清代官服主要品种为长袍马褂。马褂为加于袍的外褂,因起源于骑马短衣而得名,这与明代官服不同,但补子的鸟兽纹样和等级顺序与明朝大同小异。

明代官员的主要首服沿袭宋元幞头而稍有不同。皇帝戴乌纱折上巾,帽翅自后部向上竖起。官员朝服戴展翅漆纱幞头,常服戴乌纱帽。受到诰封的官员妻、母,也有以纹、饰区别等级的红色大袖礼服和各式霞披。明代普通百姓的服装或长或短、或衫或裙，基本上承袭了旧传统，且品种十分丰富。服饰用色方面，平民妻女只能衣紫、绿、桃红等色，以免与官服正色相混，劳动大众只许用褐色。一般人的帽子，除唐宋以来旧样依然流行外，朱元璋又亲自制订两种，颁行全国，士庶通用。一种是方桶状黑漆纱帽，称四方平定巾；一种是由六片合成的半球形小帽，称六合一统帽，取意四海升平、天下归一。后者留传下来，俗称瓜皮帽，系用黑色绒、缎等制成。明代男子多戴网巾，网巾是一种系束发髻的网罩，多以黑色细绳、马尾、棕丝编织而成。网巾的作用除了约发以外，还是男子成年的标志，一般衬在冠帽之内，也可直接露在外面。

有的学者认为，明代服饰说是恢复唐制，但也并不尽然，在服饰的色彩上，汉族视青、红、皂、白、黄等五种颜色为“正色”。不同朝代也各有崇尚，一般是夏黑、商白、周赤、秦黑、汉赤，唐服色黄，旗帜赤。自唐宋以降，龙袍和黄色为王室所专用。百官公服自南北朝开始以紫色为贵，到了唐朝，一二品大员才能穿紫袍。到了明代，因为皇帝姓朱，朱色即赤色，定以赤色为正色，又因《论语》有“恶紫之夺朱也”，紫色自官服中废除不用。明代服饰的装饰纹样上，多采用动物、植物和几何纹样。图案的表现方式，注重于写实手法，各种动物、植物往往被刻画得细腻、逼真，栩栩如生，与唐宋服装相比更为美观，充分显示了当时人民的智慧。

骨肉可靠

朱元璋分封诸王之谜

公元1370年5月，朱元璋授予他10个儿子中的9个儿子（太子除外）以亲王头衔和藩国。1373年，朱元璋颁发《昭鉴祖训录》，它概括了诸侯王的权力和责任，其中有节制诸亲王权力的条令，也赋予他们在国家周边担任军事要职的责任。那么，朱元璋为什么如此起劲地分封儿子为诸王？

朱元璋在当上皇帝后的第三年（公元1370年），下了一封诏书："天下之大，必建藩屏，上卫国家，下安生民。今诸子既长。宜各有爵封，分镇诸国。朕非私其亲，乃遵古先哲王之制，为久安长治之计。"诏书的意思很清楚，朱元璋准备对自己的几个儿子分封诸王，所谓"遵古先哲王之制"，无非是仿效前朝历代分封诸王的制度。

朱元璋要在汉代的分封诸王制度的基础上，创造出一套自己的分封制度，既能使作为诸侯王的子子孙孙在各地成为强有力的藩卫，又能避免诸侯王对中央政权造成威胁的弊端。他设计了这样一种制度：让诸侯王能够统率自己的军事部队，同时又和汉代以来所用的皇权官僚行政体制结合在一起。

公元1370年5月，朱元璋授予他10个儿子中的9个儿子（太子除外）以亲王头衔和藩国。其中第二子为秦王，第三子为晋王，第四子为燕王，第五子为吴王，第六子为楚王，第七子为齐王，第八子为潭王，第九子为赵王，第十子为鲁王。虽然诸王子有几年没有就国，但朱元璋要使他们担负重大国防责任的计划已是很清楚的了。诸子中，主要的是次子、三子和四子，即秦王朱樉、晋王朱㭎和燕王朱棣，他们的首府分别在西安、太原和北京。当这些王子再过 10 年，成年之后，他们奉父皇之命担任镇守边疆的重任。

由于诸侯王拥有这么重要的地位，朱元璋不厌其烦地给每个皇子配备儒士作师傅，教授他们忠诚孝道和屏藩皇室之理。但是他不久就知道，这些皇子都骄狂无礼，不服管束。

为了约束这些品行不端的皇子，朱元璋在 1373 年命令宋濂和礼部尚书陶凯编纂一部关于历代亲王的历史教训的教材。宋濂邀集了五六个王府师傅参与其事。于是，陶凯的文本和宋濂等人的文本拼合在一起，就成了《宗藩昭鉴录》，这本书被颁发给诸皇子。宋濂在书中解释："天子如首，诸王如手足，故可称为同气一体。"

公元 1373 年，朱元璋又颁发《昭鉴祖训录》，它概括了诸侯王的权力和责任。其中有节制诸亲王权力的条令，并赋予他们在帝国周边担任军事要职的责任。

朱元璋为什么如此起劲地分封儿子为诸王？当然，将天下看作是朱姓一家的观念是主要的，另外他也从元朝兴衰变迁中吸取了教训。他认为，元朝之所以经常发生宫廷政变，主要原因就在于没有早立太子，因此他一称帝就要解决这个问题。他还看到当元末农民起义四处爆发的时候，元王朝在各地缺少强有力的藩卫。有鉴于此，他早早就作了封藩的安排，把各个小儿子封到各地当藩王。

按照朱元璋制定的制度，皇子封为亲王都授予金册金宝，年食禄米万石。其护卫"少者三千人，多者至万九千人"，像北边防御蒙古的几个藩王，所统兵上都超过此数，例如，在大宁的宁王"带甲八万，革车六千"。这些藩王的府第、服饰和车旗等，"下天子一等"，公侯大臣见了他们都要"伏而拜谒"。

藩王的嫡长子立为世子，即藩王的未来接班人，10 岁时就授予金册金宝。其他诸子则授予涂金的银册银宝，封为郡王。以后各世子孙都有封爵，自六世孙以下封为奉国中尉。他们生的时候要向宗人府请名，年龄大了要请婚。但他们不能从事士农工商之类的行当，只是坐糜俸禄。长此以往，皇室成员的俸禄成了国家沉重的包袱。

藩王们有权为自己的司署征聘文武官员，而且对这些下属的行为也能行使完全的司法权。王子们可以按照训示使用粗暴的刑罚，迫使人民执行他们的命令。在宫内，王子们在朝见皇上时可以就座，还可以参加宫廷盛大宴会。

对分封的弊端，一些有远见的大臣早就看出来了，只是很少有人敢公开说。著名的文士解缙率直敢言，他“数上封事，所言分封势重，万一不幸，必有厉长、吴潞濞之虞”。说得最直率的大概就是平遥县的训导叶伯巨了。洪武九年（公元 1376 年），叶伯巨上书言事，认为“诸王各有分地，盖惩宋、元孤立，宗室不竞之弊。而秦、晋、燕、齐、梁、楚、吴、蜀诸国，无不连邑数十，城廓宫室亚于天子之都，优之以甲兵卫士之盛。臣恐数世之后，尾大不掉，然则削其地而夺之权，则必生觖望，甚者缘间而起，防之无及矣。议者曰，诸王皆天子骨肉，分地虽广，立法虽侈，岂有抗衡之理？臣窃以为不然。何不观于汉、晋之事乎？孝景，高帝之孙也，七国诸王，认为帝之同祖父兄弟子孙也，一削其地，则遽构兵西向。晋之诸王，皆武帝亲子孙也，易世之后，迭相攻伐，遂成刘、石之患。由此言之，分封逾制，祸患立生，援古证今，昭昭然矣”。

朱元璋见疏大怒，认为这是离间他们一家骨肉，要亲手射杀他。叶伯巨终于为此事死在狱中。

朱元璋认为，军事权只有交给子孙藩王才信得过。朝廷调地方军队，地方守镇官要得到当地藩王旨令后才能调动。遇有战事，即使元勋宿将也要听藩王节制。但是藩王没有行政权，地方上的行政、司法各项权利由政府行政系统管理。朱元璋认为他这套制度比以往历代都严密,大明江山从此可以长治久安了。但是就在他刚死不久,大明王朝就爆发了长达三年的燕王朱棣向侄子建文皇帝争夺皇位的“靖难之役”。这是朱元璋万万没有料到的。

遭受猜忌

刘伯温被害之谜

公元1360年，朱元璋率领大军下金华、定括苍，仰慕刘基的名声，盛情邀请他出山，从此他成了朱元璋的主要谋士。明朝建立后不久，他因刚正不阿，敢于直言，得罪了丞相李善长、胡惟庸等人，遂请求告老还乡。但几年后，他仍遭胡惟庸暗算，不明不白地死去。

刘基（公元1311—1375年），字伯温，是我国历史上著名的军事谋略家、政治家、文学家和哲学家。自幼聪敏，博览群书，兵书医卜、诗词歌赋，无不涉及，因而满腹经纶才誉天下。刘基少年时就胸怀救时济世之志，于23岁考中进士，投身仕途。可是，在元代民族歧视严重的官场上，并不得志。他26岁出任江西高安县丞，长期充任江西行省椽史、江浙行省儒学副提举、浙东元帅府都事、行省枢密院经历之类从七品、七品小官，后来虽小有迁升，一度当上从五品的行省郎中，但不久仍以七品资格改授处州路总管府判，浩然之气受到抑制。元朝末年，各地农民起义风起云涌，刘基面对现实，逐渐认识到元朝灭亡、改朝换代已成必然之势，于是在48岁那年弃官，回家乡武阳隐居，著有想像诡异，寓意深远的《郁离子》以及《天文秘略》、《观象玩占》、《玉洞金书》、《注灵棋经》和《解皇极经世稽览图》等书。

朱元璋在统一全国的战争中,依靠了一批英勇善战的将领争城夺地,也吸纳了一些谋士,帮他出谋划策。在这些谋士中,刘基是最出色的一个。元至正二十年(公元1360年),朱元璋率领大军下金华,定括苍,因仰慕刘基的名声,盛情邀请他出山。这时刘基已50岁,被朱元璋聘至应天(南京)充任谋臣。刘基针对当时形势,上陈时务18策,为朱元璋提供了一系列关键性的军事策略,深得朱元璋信任,专设礼贤馆款待,从此成了朱元璋的主要谋士,宏才大略得到施展。以后朱元璋先后攻灭各地割据势力,尤其在消灭陈友谅政权时基本上都是按刘基的谋略行事。著名学者、小说家蔡东藩认为:"朱氏之得胜,又全属刘基之功……史传多归美元璋,此系善则称君之常例。"此外,刘基对大明历法、律令的制订,南京皇宫的修筑设计也作出了巨大贡献。

有学者认为,刘基在举荐贤能,帮助朱元璋选用人才方面尤其识高见著。朱元璋曾有免去李善长丞相的打算,并征求刘基的看法。刘基认为,实现吏治关键在丞相,所谓"国之大事,莫大乎置相",尽管李善长常在暗中排斥他,但他认为,李善长是朱元璋的勋旧,资望甚重,能起到调和诸将的作用,应该是合适的人选。朱元璋不解地问,李善长几次想害你,你还为他说话?刘基回答说:"换相就像换大厦的柱子,必须是栋梁之材才行,如果用几根小木头捆在一起充当梁柱,即使换上去了,也马上就会倒下。"不久,李善长辞位,朱元璋想让与刘基私交很好的杨宪接任,刘基却不赞成。他对朱元璋说:"杨宪有当丞相的才能,但无当丞相的器量。当丞相要持心如水,以礼义为处事的标准,不能有私心。"朱元璋问汪广洋如何,刘基说也不行,他比杨宪更褊浅小器。又问胡惟庸,刘基答"更不行",当相好比驾车,胡惟庸非但驾不好车,恐怕连辕木都会被他毁掉。朱元璋见自己考虑的三人都被刘基否定了,就说,看样子只好请你出来了。刘基连忙说:"不行不行,我这个人疾恶太甚,又不能胜任繁剧的事务,当了宰相会辜负您的期望和重托的,天下哪会没有贤才呢,只要您悉心召求就可以发现了。”刘基为人的光明磊落、曲直分明和公正无私可见一斑。

刘基是大明王朝的开国元勋之一，但朱元璋大封功臣时，刘基却不求名利，不以功臣自居，一再谦让，故官爵比其他功臣低，授御史中丞兼太史令、弘文馆学士、开国翊运守正文臣、资善大夫、上护军，封诚意伯。年俸禄240石，也比其他受封伯爵的大臣低。但即便如此，由于他嫉恶如仇，刚正不阿，敢于直言，不久便得罪了丞相李善长、胡惟庸等人，并逐渐失去朱元璋的信任。洪武四年（公元1371年），刘基请求告老还乡，退出政治舞台，时年61岁。

刘基还乡后，从不与地方官来往，也从来不讲自己的功劳，惟以棋酒诗文自娱，行为十分谨慎，但最终仍遭胡惟庸的暗算，有学者认为，这是刘基致死的原因。刘伯温的儿子刘琏任谈洋节度使时，得罪了一些贪官污吏，胡惟庸乘机插手，买通地痞流氓和贪官污吏，捏造罪名，说谈洋一带经风水先生看过，聚有王气，有人找到正穴，可出帝王数代！刘伯温让其子刘琏在这里为自己建造墓穴，是想夺取朱氏天下，改朝换代。朱元璋一听，立即召见来京告状的谈洋官吏，并命胡惟庸带人去刘基老家浙江青田捉拿刘基归案。他们一进青田，就撞见一队出殡的队伍，为首的哭主披麻戴孝，正是刘基的儿子刘琏，说是刘基死去已七天了。胡惟庸便悻悻地带着人马回京复命。三年后，刘基见风声已过，稍有松懈，不料胡惟庸扮作云游道人登上斜山，终于认出山野樵夫装扮的刘基。刘基为避杀头灭门之祸，只得带着儿子刘琏赶往京师谢罪。之后，刘基怕再受诬陷，索性就留在南京，不想在京积忧成疾。胡惟庸一看这是个报复的好机会，花重金买通了给刘基治病的御医，下药时换了相克之剂。刘伯温吃了药，觉得病情日渐沉重，知道自己命在旦夕，于是在病榻上写了三首“藏头诗”留给朱元璋，预言在他死后，胡惟庸将谋反。

刘伯温死后，胡惟庸又当上了左丞相。洪武十二年秋，他果然谋反称帝，野心毕露，被朱元璋诛杀。此时，朱元璋追忆刘基的预言，不禁懊悔莫及，又想起他平时至诚正直，慷慨大度，是位难得的忠臣，于是下诏，其子孙世代承袭诚意伯爵位。

也有学者认为，刘基之死从表面上看，是吃了胡惟庸送来的药所致，但实际上并不那么简单，很可能是受朱元璋指使而为。朱元璋对文化人有一种内心的反感，尽管他对刘伯温"每恭己以听，常呼为老先生而不名"，但那不过是一种姿态而已。由于刘基"博通经史，于书无不窥，尤精象纬之学"，才华盖世，胸有韬略，而且是性情中人，心地至诚，性格正直刚烈，嫉恶如仇，更为朱元璋猜忌。明统一天下后，朱元璋便大杀功臣，刘基当然首当其冲。朱元璋故意挑拨刘基与丞相李善长的关系，而刘基并不因与李有私恶而落井下石，于是好猜忌的朱元璋下了毒手，指使新任丞相胡惟庸派御医上门为刘基治病，暗中下了毒药，使一代忠臣刘伯温死于慢性毒药。

不过民间还有一种传说，刘伯温并没有被害死，他看到朱元璋残害功臣，心灰意冷，忧愤成疾，就来到华山隐居并在此终老，现在华山上的伯温洞据说就是刘伯温当年隐居修行的地方。华山一带至今还传有刘伯温《太华》诗一首：

石屏御道鸟飞回，汉帝新封玉简来。
灏气满空清似水，芙蓉直上九天开。

当然，这种传说可能只是民间百姓的一种美好愿望而已。

威高震主

胡惟庸谋反之谜

洪武十三年，发生了明朝历史上著名的“胡惟庸案”，任相达七年之久、大权独揽的胡惟庸被杀，不仅屠灭三族，而且受株连而死者达3万余人。有人说胡惟庸是因谋反而致祸，也有人说是朱元璋害怕那些曾经跟着他打天下的文臣宿将爵高位显，功高震主，于是有计划地屠戮功臣。

胡惟庸，凤阳定远（今属安徽）人，元至正十五年（公元1355年）在和州随朱元璋起事。尔后，任宁国县主簿，进知县，做宁国县令。当时，太师李善长掌握权柄，胡惟庸以黄金二百两行贿，从此青云直上，先迁吉安通判，至正二十四年（公元1364年），又擢为湖广佥事。朱元璋称吴王时，由于李善长的推荐，胡惟庸被召为太常少卿，不久升为太常寺卿。明朝建国后，更是飞黄腾达，洪武三年入中书省，拜中书参知政事。洪武六年（公元1373年）正月，右丞相汪广洋因“无所建白”出迁广东参政，胡惟庸以中书左丞“独尊省事”数月，七月代替汪广洋升为右丞相。洪武十年九月，又迁左丞相，汪广洋仍为右丞相。从洪武六年汪广洋第一次罢相后，中书省的大权实际上由胡惟庸一人独揽，到洪武十三年（公元1380年）正月被杀为止，任相达七年之久。

大权独揽的胡惟庸为何被杀，而且被诛三族？不少史书记载，胡惟庸是因谋反事泄被朝廷正法的。但历史上也存在着不同看法，学术界对此也是各抒己见，有学者认为，胡惟庸因谋反被诛是可信的。胡惟庸的谋反有一个发展过程，他的起家与李善长有很大关系，出任丞相后，又"以兄女妻其从子佑"，这样两家又有了亲戚关系，来往更为密切。李善长是淮西集团的领袖，位列勋臣第一，虽然在洪武四年致仕，但李家的权势很大。洪武九年，朱元璋将女儿临安公主嫁给李善长的儿子李琪，李家遂为帝亲。朱元璋曾有任杨宪为相的意图，杨宪也"数言李善长无大材"。因此胡惟庸对李善长说："杨宪为相，我等淮人不得为大官矣。"在以李善长为首的淮西集团的倾轧下，杨宪不久被处以极刑，罪名是"劾汪广洋不公不法"。杨宪被诛以后，朱元璋"以惟庸为才，宠任之。惟庸亦自励，尝以曲谨当上意，宠遇日盛"。在明初"无一日无过之人"的年代，竟能"独相数岁"，这对胡惟庸来说也是不容易的，说明他颇为朱元璋认可。但是胡惟庸赢得了朱元璋的宠信后，骄恣渐露，在朝中有恃无恐，特别在刘基死后"益无所忌"，"生杀黜陟，或不奏径行，内外诸司上封事，必先取阅，害己者，辄匿不以闻。四方躁进之徒及功臣武夫失职者，争走其门，馈遗金帛、名马、玩好，不可胜数"，丞相的权势炙手可热，威高震主，对君权构成了极大的威胁。

朱元璋对此深感不安，他必须考虑如何防止大权旁落。首先进行地方行政体制改革，洪武九年六月，"改行中书省为承宣布政使司……悉罢行省平章政事左右丞等官，设布政使一员"，另设按察使司、都指挥使司，各司对六部和皇帝负责。这样，中书省便失去了基础，成了空架子，丞相的权力也因此被削弱。接着，在洪武十一年三月，"命奏事毋关白中书省"。这两项举措非同小可，丞相的行政权力差不多已经被削夺殆尽，这对胡惟庸来说是危险的信号。

对这种杀机步步迫近的威胁，胡惟庸不可能无动于衷，他非常熟悉朱元璋嗜杀成性的残忍本性，要么坐以待毙，要么铤而走险。以胡惟庸的凶狡和他在政治上经营多年的基础，他选择了后者。据说，这时胡惟庸定远旧宅的井中,忽生石笋,高出水面数尺,又有人报胡家三代祖坟上夜间有火光烛天,阿谀奉承之辈纷纷将这些说成是瑞兆。胡惟庸知道后“益喜自负,有异谋矣”。

一些学者还认为,胡惟庸手中无军队,欲借倭寇之力以逞其谋,乃密谋于宁波卫指挥林贤。佯奏林贤之罪,免去其职,密令赴日本广为交结。林贤至北九州,与怀良亲王一派发生联系,欲借兵回国伺机起事。洪武十三年(公元1380年)胡惟庸子乘车出游,不慎坠车死,胡惟庸怒杀辊者。朱元璋察知其事,大怒,胡惟庸谋叛益急。洪武十四(公元1381年)正月,同党涂节见起事无成功希望,出首告发。这时,怀良遣如瑶率兵卒四百余人,诈称入贡,将火药、刀剑藏巨烛中,待面君时乘机杀死朱元璋。如瑶七月至明,胡惟庸已死,朱元璋又以无国书而拒纳其贡,所以如瑶助胡惟庸谋反之事未泄。洪武二十年(公元1387年),林贤借日兵助胡惟庸谋反事件方始被揭露,朱元璋怒诛林贤一族。至此,朱元璋深恶日本,遂绝日本贸易,严海禁,遣将剿御倭寇。

另外有一种说法是,洪武十三年,胡惟庸谋反。他谎称家中的井里涌出美酒,请皇上去观赏。胡家的府第在西华门附近,守西华门的内使云奇知道了胡的阴谋,他奔跑着冲向皇帝的仪仗队,拉着朱元璋的马勒子想报告那里的情况,由于紧张,气太急,一时说不出话来,朱元璋怪罪他太不恭敬。左右随从就把他拉下去一阵乱打,云奇的右臂被打断了,临死前,始终竖着一根指头,指着胡惟庸的府第,一直不肯收回去。朱元璋明白了他的意思,登上城楼往下俯看,看见胡惟庸府第内,屏障围幕间,有刀枪戈矛,兵丁埋伏了好几层,马上派人捉拿胡惟庸,胡惟庸及其党羽都伏罪被诛杀。

也有学者不同意这种说法,认为这种说法太富有戏剧性,不合情理,漏洞很多,令人难以置信。首先,从洪武十二年九月到十三年正月,朱元璋和丞相之间的矛盾斗争已经愈演愈烈,废除丞相已是势在必然,案发之前数日杀汪广洋就很清楚地表明了这一点。君臣之间不是彼此无猜，而是关系异常紧张，怎么可能“邀帝临幸”而又竟然“帝许之”呢！其次，朱元璋身为皇帝，出行不可能如此草率随便，在没有预先了解清楚的情况下，“井出醴泉”之类的话岂能轻易相信，应不会轻举妄动。再则，洪武初年，大明帝国刚刚建立不久，政务繁多，朱元璋“忧危积心，日勤不怠”，哪有如此的闲情逸致。

一些学者认为，有些故事可能是朱元璋为达到自己的目的而编造出来的，历史上常常有这样的先例，当权人物决心除去某人时，自会有人告发他谋反。御史中丞涂节告发胡惟庸谋反，朱元璋把胡惟庸磔死，屠灭三族，又说涂节告发太迟，也将他处死，这会不会是杀人灭口？那些跟着朱元璋打天下的文臣宿将爵高位显，权尊势重，朱元璋害怕这些人功高震主，于是有计划地屠戮功臣，宰相胡惟庸“谋反”一案，先后有3万余人被杀。平心而论，胡惟庸身为宰辅，已位极人臣，他怎敢觊觎天子宝座！要夺大明江山，证据不足。

对于这种看法，有学者认为，胡惟庸谋反一案，从实据上来看是有不足之处，还有些扑朔迷离。但从双方政治斗争的逻辑上分析，应该说胡惟庸谋反的企图是可信的，说胡惟庸没有谋反，谋反一案完全是朱元璋所罗织的，更缺乏依据。

专制集权

明太祖废“相”权之谜

宰相是我国封建社会主管国家政事的最高行政长官，其职务是辅助帝王总揽国政，统率群僚。可以说，中国自有帝王始，就有辅佐朝政，处理国家事务，掌握次高权力的宰相，可称为“天下第二人”。但是，在中国历史上已有一千多年历史的宰相制度，到了明代，却被朱元璋废除了。

宰相是我国封建社会主管国家政事的最高行政长官，其职务是辅助帝王总揽国政，统率群僚。可以说，中国自有帝王始，就有辅佐朝政，处理国家事务，掌握次高权力的宰相，可称为“天下第二人”。

但是，在中国历史上已有一千多年历史的宰相制度，到了明代，却被朱元璋废除了。朱元璋为什么要这样做？

最初，他对设立宰相也是一如前代，并无疑虑。早在他称吴王的时候，便已经设立丞相的职位。明朝建立后，中枢机构沿袭宋元旧制，以中书省总揽全国行政，设左右丞相，下设六部。丞相不仅参与国家政务的决策，而且有权发号施令，指挥六部及其他机关，使得相权和皇权的矛盾日趋尖锐。

明初的中书省组织庞大，职权很重，这一部门远承古代的宰相（丞相）制度，近袭元朝中书省“录军国重事”旧制。

吏、户、礼、兵、刑、工六部仅是中书省下属的机构，六部的领导人尚书、侍郎等不过是丞相的属员。当时的中书省不但有“综理机务”的职权，而且全国各级各部门给皇帝上的奏报，也规定要“先白中书省”，一切以皇帝名义发出的诏令谕旨，也经中书省再下达，俨然是设置在皇帝和国家机关中间的一级权力部门，是必要的中转站。明初，由李善长、徐达二人任左右相国（丞相），李是文臣之首，徐是军队之帅，其余担任过丞相职务的李文忠、汪广洋、胡惟庸等人，也全是勋贵之臣，这更说明中书省的位尊权重。

李善长是朱元璋还在当郭子兴部将时共事的朋友，相交极厚，彼此非常相得。李善长其人，史称“少读书，有智计，习法家言，策事多中”。朱元璋用人行政以至开国定制，都委托李善长与儒臣谋议。建国后，1370 年，朱元璋大封功臣，以功勋大小封公、侯、伯等爵号，封国公者六人，李善长位列第一，封韩国公，朱元璋常常将他与汉代的萧何相比。

然而，以后不久，朱李开始逐步相离。李善长“外宽和而内岐刻”，任相时敢于任事，当机立断的惯例并未有所收敛，这在身处皇位而又疑心极重的朱元璋看来，未免目中无人，次数一多，更觉忍无可忍。他对李善长的不满，便是由此开始，只不过隐忍不发而已。洪武四年，机会恰好到来。李善长患病在家，自觉多日未能前往中书省治事，心有未安，便上疏恳请致仕（退休）。他这样做也是想试探皇帝对他究竟如何看待，这是历代大臣惯用的一招。出乎他意外的是，朱元璋得奏之后，并没有下旨挽留，而是顺其所请立即钦准。当然，朱元璋心里还是有一些歉意的，所以对李善长的家人特加恩礼，到洪武九年，更将幼女临安公主下嫁李善长的长子李棋为妻。

当时徐达北伐，中书省无人，朱元璋就提拔了追随多年的旧人汪广洋。汪为人谨慎小心，廉明持重，与李的专断截然不同，可以令朱元璋放心。但汪却没有丞相之才，办事乏力，事事请示，又令他日渐失望。所以李善长将胡惟庸荐入中书省，汪则例升左相。胡惟庸很早便以精明干练受知于李善长，曾多次受到其推荐和提拔，情谊日渐深厚，后来更成了亲戚，胡惟庸的侄女嫁给李善长弟弟李存义的儿子李佑。胡惟庸精明强干，又得李善长的指点和旧部配合，使汪广洋相形见绌，终被朱元璋以“无所建白”贬去广东。

朱元璋对胡惟庸虽基本满意，但并不放心，始终暗地里察访胡惟庸的言行。而胡惟庸挤走汪广洋之后，不由无所顾忌，趾高气扬起来。他得专相权，接纳四方贿赂，朝中企图升迁的官员都阿附于胡，这并未瞒住朱元璋。于是洪武十年又将汪广洋调回中书省，以钳制胡惟庸。不过这一着失败了，汪广洋本庸才，重任后更是小心翼翼，不敢得罪胡惟庸，反使胡更加恣纵起来。后刘基(伯温)暴卒，有人怀疑是胡惟庸下毒手害死的，朱元璋本想借汪广洋整倒胡惟庸，而汪广洋却胆怯畏缩，朱元璋一怒之下将其再次贬谪，后余怒未息，又下诏书，遣专使前往宣诏，汪广洋被赐死于途中。

朱元璋认为胡惟庸擅权植党，威胁到皇权统治，决心除胡惟庸，夺回相权。御史中丞涂节迎合朱元璋意，多方罗织罪状，告胡惟庸与御史大夫陈宁谋反。洪武十三年(公元1380年)正月，朱元璋亲自审讯胡惟庸，斩胡惟庸、陈宁，诛其三族。又以涂节告发，必曾参与其事，也一并斩首。朱元璋随即撤销中书省，不再设丞相，六部直接统属于皇帝，又追查依附胡惟庸的六部官属，大小官员被处死者多至15 000余人，朝野为之震动。

同年，朱元璋宣布改革中央官制：一、撤销中书省，永远废除丞相一职。朱元璋特别强调自古以来丞相制度的“弊端”，“自秦始制丞相，不旋踵而亡。汉、唐、宋虽有贤相，然其中多少人专权乱政”。他规定，废除丞相之后，“事权归于朝廷”，“嗣君不许复立丞相，臣下敢以请者，置重典”。二、提高六部官秩职权，直接由皇帝领导指挥。三、将统领军权的大都督府分为中、左、右、前、后五军都督府。这样的变动，实质上由皇权完全兼并了军权，皇帝实际上是总尚书；在军事统率上，则是瓜分了臣下的指挥权，皇帝实际上也是总都督。

后来，胡惟庸的罪证一直在查证之中，并时有所得，比如通倭，甚至牵涉到李善长家的诸多不法事情，比较有名的就是洪武十八年蓝玉一案。李家失势后墙倒众人推，李善长弟李存义，娶胡惟庸侄女为子媳，胡惟庸被杀，1385 年，有人告发李存义也是胡惟庸一党，朱元璋诏免死，流放到崇明安置。1390 年，朱元璋又逮捕李存义父子，审讯胡惟庸与李善长的交谊，朱元璋指斥李善长“知逆谋不发举，狐疑观望，怀两端，大逆不道”，终被赐死。李善长年已 77 岁，奉诏自缢而死，妻女弟侄等家族七十余人被杀。此案又涉及陆仲亨等封侯功臣七人，都以胡惟庸党罪名处死。朱元璋还命刑部将涉及此案治罪的都督以上至公侯 20 人名氏，汇为“奸党录”昭示天下。工部郎中王国用上书，为李善长申辩说：“故太师李善长与陛下一死生，毕谋智，以得天下，为勋臣第一”，现在说他辅佐胡惟庸，万一成事，也不过是勋臣第一，并无重福，却必有重祸。他现在已七十多岁，老迈不堪。平居安闲，忽然发生此事，臣不能不怀疑。最后说：“善长已经不幸失刑。臣还愿陛下作戒于将来。”此疏由著名文士解缙代为起草，传诵一时。明太祖无辞以对。但是两年之后，仍又兴起大狱。这一场大屠杀连同清除余党，牵连广泛，历时数年，史称戮诛共三万余人。

废除宰相制，皇帝直统六部，一切权力集中于皇帝之手，君主专政至此发展到了顶端。朱元璋的意图是一劳永逸地解决历史上长期存在的皇权与相权、帅权的矛盾，希望王朝统治安如磐石。但是，事情的发展难以尽符主观愿望。首先，以一个人的时间精力来驾驭一个封建王朝国家机器的运转，是极难做到的。仅洪武十七年(公元 1384 年)九月十四日到二十一日，八日之间，收到中央和地方各部门的奏件就有 1 660 份，其中反映的事件共有 3 391 件。要求皇帝一一亲自批答如此浩繁的章奏，裁决如此众多的事件，显然是不可能的。但是他宁可自己受累，宁可许多事情拖着不办，也不肯恢复宰相。

其次，对朱元璋的子子孙孙也未必有好处。在明代十六位皇帝中，于童年即位的有好几位，另外还有几位长年避居深宫，很少临朝问政，权倾一朝的太监倒不乏其人。正因为缺乏督促和得力的助手，朱元璋以后的明代皇帝没有几个值得称许的，大多是碌碌无为之辈，或治理乏术，或醉心享乐，或刚愎自用，猜忌残忍，终至内外交困以亡国。这又是一心想增加帝权，使江山稳固的朱元璋始料不及的。

自卑暴虐

朱元璋大兴文字狱之谜

明太祖朱元璋在坐稳皇位后，屡次大兴文字狱，许多读书人莫名其妙死于非命。朱元璋为什么如此憎恨读书人，屡兴文字狱呢？

明太祖朱元璋在坐稳皇位后，屡次大兴文字狱，许多读书人莫名其妙死于非命。文字狱属于诏狱的一种，其罪状由当权人物对文字的歪曲解释而起，证据也由当权人物对文字的歪曲解释而成。一个单字或一个句子，一旦被认为诽谤皇帝或讽刺政府，即构成刑责。如浙江府学教授林元亮、北平府学训导赵伯宁、福州府学训导林伯璟、桂林府学训导蒋质，都因他们执笔的表章中有歌颂皇帝为天下“作则”一类字样，被认为是影射他年轻时作过“贼”（小偷）的往事。尉氏（河南尉氏）县学教授许元，在奏章上有“体乾法坤，藻饰太平”，这两句话是千年以前的古文，但朱元璋却解释说：“法坤与‘发髡’同音，发髡是剃光了头，讽刺我当过和尚。‘藻饰’与‘早失’同音，显然要我早失太平。”于是许元被处斩。杭州府学教授徐一夔的表文中有“光天之下”、“天生圣人”等语，朱元璋牵强附会，说文中的“光”指光头，“生”是“僧”的谐音，徐是借进呈表文骂他当过和尚。这些犯了忌讳的人，都被“诛其身而没其家”，在朱元璋的淫威之下丧了命。其实他们都是地方学校教师，只不过代地方官员撰写奏章，竟招来杀身之祸。

更可笑的是，朱元璋还妄自尊大，自作聪明，结果使不少读书人做了屈死鬼。有个叫卢熊的读书人，人品文品都很好，朱元璋委任他到山东兖州当知州。卢熊到兖州后要启用官印，发布文告。当他把皇帝授给他的官印取出一看傻了眼，原来，朱元璋笔下的诏书是授卢熊为山东衮州知州，这官印是根据皇帝的诏书刻制的，这兖州自然变成衮州了。可是山东历来只有兖州而没有衮州，卢熊是个搞学问的，办事认真，于是他向皇帝写了一份奏章，要求皇上更正，把官印重新刻制过来。朱元璋一见奏章，知道是写错了，但是就不认错，还大骂卢熊咬文嚼字，这“兖”和“衮”就是同一个字，卢熊竟敢将它念成“滚”州，这不是要朕滚蛋吗？即将卢熊斩首。

文字狱还不限于奏章。朱元璋崇信佛教，对印度高僧释来复最为礼敬。释来复告辞回国，行前写了一首谢恩诗，诗中有两句：“殊域及自惭，无德颂陶唐。”意思很明显，他生在异国（殊域），自惭不生在中国，觉得自己还没有资格歌颂大皇帝。但朱元璋的解释不同，他说：“殊，明明指我‘歹朱’。无德，明明指我没有品德。”于是释来复从座上客变为阶下囚，处斩。

朱元璋为什么如此憎恨读书人，屡兴文字狱呢？

有学者认为，这是朱元璋为巩固专制皇权的手段，尽管极其残忍，甚至非常荒诞，但有其深刻的用意：唯有这种不需要任何理由、无从辩解的杀戮，才彻底显示出皇权的绝对性，造成巨大的威慑。如果说，宋代的文化专制已相当发展，那么至少士大夫的人格在表面上还是得到了尊重，所以他们能以“气节”自励，维持士以求“道”为最终人生目标的理想品格。而明朝自其立国之初，就从根本上打掉文人的自尊，塑造文人的奴性品格。

也有人认为，朱元璋憎恨读书人是有原因的。当年，朱元璋的死对头张士诚一向对读书人不薄，养着一批文人，可这帮文人表面上谦恭，骨子里却根本看不起他。张士诚原名张九四，称王以后觉着这名俗，想取个官名，他们便替他起了个官名叫士诚。后来有人查阅《孟子》一书，见上面有“士，诚小人也”一句，也可读做“士诚，小人也”。朱元璋听了这故事，回去一查《孟子》，果然如此，故对读书人更为憎恨，以后他每次翻阅臣下所上的表笺，就留了个心眼儿，凡是有影射嫌疑的一律砍头。后来打击面越来越大，文章里有一个词用得不妥也要被杀。著名诗人高启应苏州知府之请，为其新宅写了《上梁文》，结果因文中有“龙蟠虎踞”一词被腰斩。状元出身的翰林院修撰张信是皇子们的老师，有一次他教皇子们写字，随手写了杜甫的一句诗“舍下笋穿壁”作为临摹帖，碰巧给前来巡视的朱元璋看见了，认定张信是借古讽今，怒骂道：“堂堂天朝，讥诮如此！”随即下令将张信腰斩。其实，这些文字是不是真有那么严重，朱元璋心里也没底，但他总觉得所有文字的背后都有可能暗藏着数不清的挖苦、揶揄和讥讽。确有其事的，杀了活该；被冤杀的，权当是一种震慑吧。

还有一些学者认为，朱元璋是平民出身的皇帝，他深以自己的出身为耻，深以当过乞丐和尚为耻。在他充满自卑的情结中，非常羡慕官员和士大夫所拥有的优越地位，因而产生强烈的压制别人的暴虐念头，以求心理平衡。也许，朱元璋在心理上存在严重的障碍，他的性格绝对自私和愚昧，表现在行为上是短见、冷血，喜欢看别人流血、痛苦，看别人跪下来向他哀求，而他又拒绝宽恕。这是人类中最卑鄙、最可怕的一种性格，具有这种性格的普通人，对他的朋友和社会都能造出许多伤害，身为皇帝而具有这种性格，更使这种伤害扩大到无以复加的地步。

食鹅而死

徐达病亡之谜

徐达被誉为明朝“开国功臣第一”，但是他的死因一直是后人议论的话题。民间传说，徐达因奔波劳累，背上长了一个瘩背，人瘦得脱了形。一天，两名太监带着一只清蒸公鹅来到徐府，说是奉朱元璋之命前来问安。徐达知道，这是皇上赐死。没有多久，他就含恨死去。

徐达（公元 1332—1385 年），字天德，明凤阳临淮（今安徽凤阳东北）人。初务农，元至正十二年（公元 1352 年）投郭子兴军。次年，率 24 人从朱元璋取定远。在削平群雄，推翻元朝统治，建立明王朝的战争中，徐达长期担任最高军事统帅，善抚军，严号令，“廓江汉，清淮楚，电扫西浙，席卷中原，威声所振，直连塞外”，身经百战，功勋卓著，为朱元璋开创明王朝立下了盖世之功，被誉为明朝“开国功臣第一”。

长期的戎马生涯，奔波劳累，使徐达的身体逐渐支撑不住，终于积劳成疾，一病不起。洪武十七年（公元 1384 年）闰十月，徐达在北平病重，朱元璋遣使召还应天。翌年二月二十日病逝于应天府邸，时年 54 岁。追封中山王，谥武宁，赐葬钟山，配享太庙。

关于徐达的死因，说法很多。有些史书记载：“（徐）达病疽，甫痊，赐蒸鹅，流涕食之而卒。”有学者认为，这些材料虽不完全可靠，但也不是望风捕影，随意捏造的。朱元璋当了皇帝以后，为了确保朱明王朝“万世一系”，便想方设法加强皇权，凡是他认为有碍独裁统治的人，无论勋臣宿将，一律剪除。胡、蓝党狱，把功臣旧将几乎一网打尽，甚至将南征北战、立下大功的义子、亲外甥李文忠暗中毒死。徐达虽为开国功臣第一，而且忠贞不贰，但由于他功高盖主，朱元璋“赐蒸鹅”可能并非子虚乌有。

一些民间传说更是绘声绘色，把朱元璋害死徐达的故事讲述得非常详细。有一个故事说，南京鼓楼岗的山坡上，从前有个功臣楼，这是朱元璋下令建造的。听到造功臣楼，那些开国功臣无不深受感动。只有军师刘伯温忧心忡忡，来到皇宫，见了朱元璋，恳求说：“如今王业已成，臣责已尽，但愿辞官归田。”朱元璋再三挽留不得，便送出宫外。刘伯温出了皇宫，来到徐达府上，向他辞行。临别时说：“功臣楼庆宴之日，你要紧随皇上，寸步不可离开。”功臣楼建成了，朱元璋择定日子，邀请所有功臣前来赴宴。徐达心里记着刘伯温的临别赠言，一直盯着朱元璋的一举一动。酒正吃到兴头，朱元璋忽然站起身来，向门边走去。徐达连忙随后跟上。朱元璋发觉身后有人，回头一看，见是徐达，便问：“丞相为何离席？”徐达说：“特来保驾。”朱元璋说：“不必不必，丞相请回。”徐达哀戚地说：“皇上真的一个也不留吗？”朱元璋暗暗一惊，徐达见皇上不言语，又说：“皇上如果执意，臣不敢违命，恳望日后妻儿老母得以照拂。”说毕，转身欲回。朱元璋忙说：“丞相随我来。”他俩刚走出几百步，突然，“轰隆”一声巨响，功臣楼瓦飞砖腾，火光冲天，可怜满楼功臣全部葬身火海。原来，朱元璋为了永保朱姓天下，才设下这火烧功臣楼的毒计。徐达从功臣楼死里逃生，回到家里，整天饭不想吃，门不敢出，没有多久，忧郁成疾，背上还害了个瘩背，人瘦得脱了形。一天，两名太监带着一只清蒸公鹅来到徐府，说：“皇上闻知丞相贵体不佳，特命小人前来问安。”徐达知道，公鹅是发物，害了瘩背再吃公鹅，岂不要命，这是皇上赐死啊。想着想着,两行热泪潸然而下,上前谢恩,收下了公鹅。没有多久,他就含恨死去。

还有一个传说:有一次,朱元璋与徐达两人在莫愁湖畔下棋,朱元璋棋兴勃发,他向徐达打赌许诺,以莫愁湖作赌注,若是徐达赢了这盘棋,朱元璋就把莫愁湖赐给他。经过一番对弈,朱元璋棋差一着,徐达胜了,朱元璋果然将莫愁湖赐给徐达,并在此建一座豪华亭楼,名曰"胜棋楼"。徐达因战功显赫,时时居功骄傲,现在弈棋又胜了皇帝,获得赐湖建楼,认为是值得光宗耀祖的事,因此,他在"胜棋楼"大摆宴席,大肆张扬。此事被朱元璋知道,好生不快,以后就借故将徐达害死 。

但是,也有人认为这些民间传说毕竟只是传说,并不可信。胜棋楼的故事也出于虚构。据他们考证,明初的莫愁湖还只是一泓湖水,四周荒滩,朱元璋和徐达不可能坐在"空中楼阁"下棋。《明史》中对徐达之死是这样记载的:"达在北平病背疽,稍愈,帝遣达长子辉祖赍敕往劳,寻召还。明年二月,病笃,遂卒,年五十四。帝为辍朝,临丧悲恸不已。追封中山王,谥武宁,赠三世皆王爵。赐葬钟山之阴,御制神道碑文。配享太庙,肖像功臣庙,位皆第一。"帝尝称之曰:"受命而出,成功而旋,不矜不伐,妇女无所爱,财宝无所取,中正无疵,昭明乎日月,大将军一人而已。"朱元璋和徐达的关系是相当好的,常遇春也是病死的,也不是传说的被朱元璋所害。

徐达死后,朱元璋赐葬中山之阴,即今太平门外板仓。墓前丰碑石马,陂陀相接,其中最为称奇的是"御制中山神道碑"。碑高8.95米,宽2.2米,厚0.70米,比明孝陵四方城的"神功圣德碑"还高出0.11米,是明代功臣墓中最大、最有代表性的神道碑。碑文为朱元璋亲自撰写,共约2 100余字,记载了徐达一生的主要活动和功绩。碑文标有句读,实属罕见,可能是碑文由臣下代笔,怕粗通文墨的朱元璋读来不便,加上圆圈断句,交付工匠镌刻时,因为是皇帝"御制",只得依样画葫芦,故留下了标有句读的碑文,也可见朱元璋和徐达的关系非同一般。

当然，也有人不同意这种观点，他们认为朱元璋在徐达死后临丧悲恸不已，亲自撰写碑文，有可能是他的政治表演，也有可能是出于复杂的心理感觉，但这都不能证明，徐达之死和他毫无关系。徐达究竟是不是他害死的？还有待于进一步考证。

发财有方

沈万三致富之谜

元明之际，江南出了一个富甲天下的亿万富翁沈万三。据说，江南古镇周庄本是一个小村落，就是经沈家的开发，逐渐形成集镇，沈家也从此发富，成为豪富，号称江南第一。那么，沈万三亿万家财到底从何而来呢？

元明之际，江南出了一个富甲天下的亿万富翁沈万三。沈万三原名沈富，字仲荣。《明史》一作沈秀，生卒年无考。据推测，他约生于元大德末年（公元1307年）前后，比朱元璋大21岁左右。

大德末年是荒年，自然灾害遍及大半中国。次年接连遭灾，江浙又流行瘟疫，大批灾民外逃求生。大约在这期间，沈万三的父亲沈佑举家从吴兴（今湖州）南浔流落到长洲（今苏州）东诧。他见此处人少荒地多，官府又奖励开荒，便留下耕作。经一家人十多年的垦殖，终成一方地主。东诧之西的周庄本是小村落，经沈家的开发，逐渐形成集镇。沈佑死后，儿子们分家，老大不见记载，可能当时已经亡故，老二沈真迁往嘉定安定（今安亭），老四沈贵搬到白蚬江北的黄墩，老三沈富留在周庄银子浜，一面管理东诧庄田，一面经营镇上的买卖。这三兄弟从小随父种田，没有文化，却都生财有道,日后个个都是当地首富。其中沈富竟然坐拥亿万家财,按照当时的习惯,对富翁的名字中加个“万”,称他为“沈万三秀”或“沈万三”。

沈万三亿万家财从何而来?民间对此有多种说法,或说他家有聚宝盆,或说他在吴淞江打鱼,发现大量乌鸦石(黑宝石),又夜观北斗,翌晨即得七星所化的马蹄金等,甚至说他得到神仙密授的点金术,这些自然是无稽之谈。

学术界对他的致富也有几种说法。

一为“垦殖说”。许多史料上都有记载,但真正完善地提出这一说法的是昆山文管会陈兆弘发表的《明初巨富沈万三的致富与衰落》一文。文中提出,沈万三从“躬稼起家”,继而“好广辟田宅,富累金玉”,以至“资巨方万,田产遍于天下”,即沈万三依靠垦殖发富,乃至成为豪富,号称江南第一。

另一种说法是“分财说”。认为“沈万三秀之富得之于吴贾人陆氏,陆富甲江左……尽与秀”。“元时富人陆道源,皆甲天下……暮年对其治财者二人,以资产付之,其一即沈万三秀也”。即吴江汾湖陆氏出家当了道士,沈万三得到其所赠资财,成为江南巨富。此说为多家志乘所采,至今仍被沿用。

但是也有人对此提出疑义,明都穆所辑《吴下冢墓遗文》收有陆德原(即陆道源)墓志铭,谓陆德原字静远,长洲甫里(今甪直)人。家有资产,又得族田千亩。他在家乡办起了甫里书院,被署为山长。曾捐资重建长洲县学。调任徽州儒学教授后,又出资修州学。至元六年(公元1340年)回苏州买木料时病逝。有子八岁,长女赘徐元震,次女刚生三个月。这篇铭文出于陆氏同僚、儒学提举黄晋之手,有力地证实陆氏并无出世当道士的事,况有幼小子女,更无送财与外人的道理。很可能陆德原曾聘用沈万三管账,或请他购运木材,才有此讹传。

还有一种说法是“通番说”。认为沈万三是与外国人做生意而发财的,“通番”就是与外国有交往。据《吴江县志》载,“沈万三有宅在吴江二十九都周庄,富甲天下,相传由通番而得”。著名历史学家吴晗也说:“苏州沈万三之所以发财,是由于作海外贸易。”

还有人认为,沈万三以放贷生利,“商贾贷其赀以贸易者,直遍海内”,因此富上加富。

有的学者认为,以上几种说法都失之片面,沈万三之所以成为江南巨富,以上几个因素是密切关联的。如果说,沈万三“其先世以躬稼起家”,说明他有了立业的根本。沈万三得到汾湖陆氏巨资,更由于治财有方,显示了他出色的经营管理才能,才有了致富的本钱和关键。有了巨资后,他一方面继续开辟田宅,另一方面他见周庄水路通达,便又从事货物贩运,把周庄作为商品贸易和流通的基地。元时人分四等,“南人”地位最低,私人商船常受官船和地方势力的刁难,生意难做。身为“南人”的沈富却能巧妙周旋,先在苏、嘉、湖一带做开市面,后来扩向“徽、池、宁、太、常、镇间”。他利用白砚江(东江)西接京杭大运河,东入浏河的便利,把江浙一带的丝绸、陶瓷、粮食和手工业品运往海外,开始了他的对外贸易活动并迅速成为“资巨万万,田产遍于天下”的江南第一豪富。沈万三就是从贸易中赚下一部分钱购置田产,另一部分钱作经商的资本。所以说,沈万三是以垦殖为根本,以分财为经商的资本,大胆通番而一跃成为巨富。

元代自 1282 年始行海运漕粮,因官船和人手不够,便雇私人船户运送,已有多人因此发了大财。这时沈万三尚未出世,还轮不到他。延佑元年(公元 1314 年)开放私人对外贸易,下海商船大增。至正三年(公元 1343 年),江苏沿海“下番”船只多达三千余,主要贸易对象是高丽、日本和琉球,也有去南洋等地的。这是发财的大好时机,正值青壮年又有商贸经验的沈万三当然不会错过。他从周庄白蚬江经大运河由刘家港出海是很方便的,加上江浙丝绸、茶叶、陶器、工艺品等特产又深受海外欢迎,因此后来居上,发了大财。史载至正十九年(公元1359年),元政府向张士诚征粮,张于次年海运十一万石粮米北上,这次行动就与沈万三的协助分不开。另外,明人笔记多处记载,沈家有海外珍奇,也可作为他"通番"贸易的佐证。

家破人亡

沈万三家族败落之谜

号称“江南第一豪富”的周庄沈万三，兴盛得快，衰落也很快，最后被充军云南，客死他乡。沈家八十余人都被杀头，没收田地，沈家大族最后家破人亡。那么，沈万三苦心经营的巨大家业，为何急剧地衰落？

沈万三是明朝著名的富翁，据说他曾经拥有二十亿贯家当。但是这位号称“江南第一豪富”的周庄沈万三，兴盛得快，衰落也很快。他本人后来充军云南，家产被抄没，不久客死在云南。他死后，他的长子沈茂全家充军辽阳，名下的田产全部充公。他的女婿顾学文一家及沈家八十余人全都被杀头，没收田地，沈家大族最后家破人亡。

沈万三苦心经营的巨大家业，为何急剧地衰落？对此也有各种说法。

有人认为，沈万三是由于“露富”遭到朱元璋嫉恨。传说南京城一半是由沈万三修筑的，朱元璋定都金陵，修筑南京外城时，正值国库匮乏，沈万三依恃富实，表示愿与朝廷对半而筑。工程同时开工，结果沈万三先三天完工，朱元璋很不高兴。沈万三还不识趣，又提出犒赏全国军队每人一两银子（总共近百万两）。于是，心胸狭窄又出身穷苦的朱元璋由妒而恨:“匹夫犒天子之军,乱民也,宜诛之。”由恨而萌杀机。朱元璋下令收他重税,每亩九斗三升(平均亩产的一半多)。随后又借口沈万三修筑苏州街道以茅山石为街石,有谋反心,派兵包围他家,要杀他,经马皇后苦苦劝谏,才改将他流放到云南,家产充公。

也有人认为,说沈万三“恃富”而骄,理由不足。实际上,筑城由工部、应天府和沈万三三方分段包干,砖石等建材由一百多州县供应,并由中军都督府督造。每段工程都有期限,误期要追究责任。三方中就数沈万三这头难办,因为缺乏权威,遇上坏天气和艰难地段就容易延误。虽有都督府派来的军士监工,但他招呼不动,要是行贿,皇帝对受贿者要活活剥皮,谁敢收受?在这种两难情况下,沈万三才提出“犒军”请求。另外,著名学者吴晗在《朱元璋传》说,“检校们三天两头来寻是非”。检校是皇家特务,与其被他们打小报告,不如主动出钱买太平。不料这样做惹恼了多疑的皇帝,工程未完,就找茬将沈万三逮捕,将其家产抄没。

有人说,沈万三积极为朱元璋修筑南京城是另有原因的。元至正十六年(公元1356年),张士诚割据平江,沈万三、顾瑛等当地大富户为求得庇护,都曾献金输粮,以示拥戴。朱元璋平定苏州后,对充当敌方经济后盾的富室自然不肯放过,不仅定下重赋,而且要分期分批将他们迁离乡土。洪武元年(公元1368年)先迁第一批到临濠(今凤阳),其中就有昆山大族顾瑛在内。沈万三眼看不妙,赶紧作出效忠新皇帝的表示。这年九月,朱元璋四十大寿,他与吴江富室莫礼、葛德昭共进厚礼祝寿,结果光禄寺请他们吃了顿饭,没有别的表示,于是沈万三再接再厉,措施加码。《留青日札》说:“万三、万四率先两浙大户输税万石,仍献白金五千两以佐用度。”可是皇帝反应冷淡:“上命其造廊房,为楹一千六百五十,披甲马军者十,务罄所献金乃已。”沈万三上心思了:怎样才能讨好皇帝呢?不久他发现,所造廊房是筑城苦役犯的临时宿舍,皇帝在修建南京城墙。这项大工程所需经费必然相当可观,于是在廊房造毕,沈万三突作惊人之举,上疏自请“助筑都城三之一”(《明史》)。这步棋看来没走错,朱元璋终于面露喜色,并向他作出封官的回报。因沈万三已年逾花甲,便任命他长子沈茂为广积库提举,侄孙沈价(沈贵之孙)为户部员外郎,进京供职。沈万三也于洪武三年(公元1370年)迁居南京,全力投入筑城工程。

不少记载说,沈万三所筑城墙为“洪武门至水西门”一段,有学者认为这个说法值得推敲。因为朱元璋于1366年下诏“改筑应天城”,第一阶段是拓建新城和造新宫,城墙自通济门向东,到玄武湖东南角的太平门,用了一年时间。洪武门是皇城(即紫禁城)的正南门,在1367年就完成了,这时沈万三还在周庄,与他无关。第二阶段是在原江宁府城的基础上加以重修和扩建,从通济门南行折向西,再向北绕至玄武湖西北角的神策门(今和平门),另一处从太平门沿湖造到今解放门附近。到洪武十年(公元1377年),除临玄武湖一段外,都城已告完成。沈万三承造时间为洪武三年到六年,也即第二阶段的中期,他完成了包括聚宝门(今中华门)、水西门、西水关在内的城西南部工程。南京城周长三万四千多米,沈万三承造部分约占四分之一,不足他所承诺的“三之一”,因为此时他已被抓起来了。

还有一些学者认为,导致沈家彻底衰落的是胡蓝党案。沈万三曾经聘用过一名叫王行的家庭教师,王行在沈家出事后离去,洪武十二年(公元1379年)被时任大都督的蓝玉请到南京去教书。蓝玉骄横是有名的,旁人都劝王行别去,他却说:“大虫穴中可游戏也!”洪武二十六年(公元1393年)“蓝玉案”发,王行因在“大虫穴中”,就成了重要的“知情人”。为了取得“胡蓝联盟”的证据,锦衣卫把王行打得死去活来,终于逼出一份由镇抚司编造、王行画押的“口供”。据皇帝亲自作序的《逆臣录》所载的这份供词称:胡惟庸到都督府饮酒时,王行也在座,胡对蓝说:“我和你所谋的事成时,这秀才也有大名分。”这样,王行就成了“蓝党”骨干,凡与他有关的也要作为“蓝党”追究。这一追查,就查到了沈万三:他把王行当作座上宾供养多年,其中必有不可告人的勾当！但此时沈万三已死，便由长子沈茂顶罪。又因沈茂有公家营建事未毕，便在他颊上黥“蓝党”两字，命其戴罪效力。次年工程结束，68岁的沈茂“加恩”免死，全家充军辽阳，他名下的田产全部充公。沈万三有三个女婿，大女婿余十舍因帮他在南京筑城受到牵连，全家流放潮州。二女婿顾学文是招赘入门的，帮他在周庄管家，由于行为不检，勾搭吴江美妇人梁氏，曾引起梁氏公公陈某的愤怒。陈某是鸿胪寺序班，是百官朝仪的纠察，消息灵通，当“蓝案”牵连到沈万三，他便检举“蓝党”王行在沈家与顾学文过从甚密，早有通谋，顾学文为此下狱。沈万三曾孙沈德全是王行启蒙的学生，洪武十九年(公元1386年)春，他父亲沈至、叔父沈庄因未完成公派差役，相继关在京城，虽然沈庄不久就释放，却因惊恐成疾，仲夏死在南京。沈庄儿子还小，就由沈德全扶柩回乡。他到南京便去蓝府探望老师，因为王行经蓝玉推荐，曾受到皇帝召见，老师走红，可能对被关押的父亲会有帮助，不料这次拜访成了“交结蓝党”的证据，全家因此下狱。洪武末年(公元1398年)，行将就木的朱元璋亲自对此案作了判决，先是下旨将“正党与户下户丁(成年男子)”全都打断臂膊，迫使他们供出隐匿和转移的“田口家财”，以便彻底没收。两天后又下旨，将成年男丁“都凌迟了”，小孩发南丹卫充军，幼儿及妇女送牧马所和浣衣局。与此同时，户部侍郎莫礼(沈万三旧交)、刑部员外郎葛德昭(沈万三姻亲)等一批吴江富室，因受沈家牵连也被作为“蓝党”杀掉，号称“江南第一豪富”的沈氏家族，从此彻底败落。

立法取士

明代推行八股文之谜

八股文源于北宋王安石创立的制义（亦称时文），但作为科举考试内容定制的始作俑者则是那位农民出身的大明开国皇帝朱元璋。那么，朱元璋为何要选定八股文作为科举考试内容呢？

科举制度是中国古代选拔官员的一种考试制度，历经隋、唐、宋、元、明、清。根据史书记载，从隋朝大业元年（公元605年）的进士科算起，到光绪三十一年（公元1905年）正式废除，整整绵延存在了1 300年。考试内容到明代发展成以八股为主，即"八股取仕"，逐步形成僵化模式，成为严重束缚知识分子的枷锁，暴露出种种弊端。

八股文源于北宋王安石创立的制义（亦称时文），但作为科举考试内容定制的始作俑者则是那位农民出身的大明开国皇帝朱元璋。那么，朱元璋为何要选定八股文作为科举考试内容呢？

有学者认为，当时明朝初立，急需收拢一批可用之才为这位开国之君管理各级衙门。由于人才匮乏，曾发生过刀架儒士脖颈逼其出山做官的奇事。但是朱元璋生性多疑，他是从马背上得天下的人，深知江山易手的原因。他对文人用其才疑其人，信其计夺其权，绝不让儒生执掌权枢，因此他在起用文人时格外小心。

洪武三年（公元 1370 年）朱元璋下令开科取仕，经过十多年的反复比较，到洪武十七年（公元 1384 年）正式下诏，规定科举一律使用八股文，把应考的读书人的文章约束到具体的格式之中，防止考官以仁者见仁、智者见智为由，在选择评判考生时营私舞弊，而且天下文章从此趋于一种风格，行文必须以《四书》、《五经》为题，代古人立说，不许有自己的见解，这样极有利于士子思想的正统化。

也有人认为，以八股文作为科举考试内容是宋濂、朱升和刘伯温等文人谋士提议的，尤其是当时官居御史中丞兼太史令的刘伯温设计的。科举的殿试中有策问八篇，即问圣学、问天时、问刑赏、问尧舜禹启、问天地鬼神、问人臣言行、问文学之士、问佛仙。一个农民出身的皇帝能否在殿试中向士子提出如此博大的问题，似乎存在疑问。而刘伯温博学经史，善卜阴阳，精通兵法，这样的设计，比较符合他的身份。

也有人指出，“八股取仕”颁行时刘伯温已辞世 9 年了。凭朱元璋精明过人的本事，亲自或授意制定八股文是不成问题的。从考试实施的层面看，八股文的特点是命题容易答题难，《四书》、《五经》是题量巨大的标准化作文考试题库。特别是《四书》，随便从中抽出一句话、一段话、几段话、整章，甚至半句话、一个词，都是一个现成的题目，因此朱元璋为会试或顺天乡试钦定《四书》文题并非不可能。

但是，八股文到后来越来越遭人嫉恨。它的害处在于禁锢，可恶在于阉割，多少有才华的贤能被挡在门外，因此被历史淘汰也是必然的事。

有学者认为，明代“八股取仕”造成的恶劣影响主要有以下几点。

政治方面：明代规定，进士入翰林院才能出任大官，一旦登第，则“无知童子俨然与公卿相揖让”。不学之士得凭八股混迹官场，遂可借其势位，高则盘踞津要，低则把持地方。科场也有品流之分，进士及第为清流，秀才举人为浊品，难以升迁。浊流自形卑下，钻营谋私，致吏治败坏。士子因只通八股，对实学一窍不通，一旦出任地方长官，对地方行政及刑名案牍处理自难应付，惟有求诸于幕客胥吏，而幕客胥吏良莠不齐，自可矜其巧慧，上蒙长官，下虐百姓，地方政治，益形败坏。

社会方面：明代士子为博取功名，终日钻研八股，只重八股举业，懈于修身，故幸中式，其气自浮，士风颓靡不振。考生对修身立人及天下事务一无所知，只能代圣人立言，难以发表己见，终致民智蔽塞。一些不屑于钻研八股的读书人，纵有报国之心却投效无门，遂率以放达相尚。

学术方面：科举试题出自《四书》、《五经》，考生文章须仿宋代经义，立论以朱熹学说为依据，规限士子思想，窒碍学术研究，影响日后人文科学及自然科学发展。

总之，明清以八股取士，禁锢人的思想，所以，明末著名思想家顾炎武说："八股之害有甚于焚书。""时文败坏天下之才，而至于士不成士，官不成官，兵不成兵，将不成将，夫然后寇贼奸宄得而乘之，敌国外侮得而胜之！"

也有一些学者认为，八股文虽然被许多人深恶痛绝，但也并不是一无是处。历史上称赞八股文的大有人在，如明代另一位思想家李贽就将"举子业"与《西厢记》、《水浒传》等相提并论，认为八股文是"古今至文"。因为科举考试不一定能将所有最有才华者选拔出来，但至少可以将确实无能者淘汰掉。明代的科举要通过三场竞争激烈的考试，须精通八股文、策、论、表、判等，要想做好这些文体，非熟读经史辞章不可。很难想像，一个不知唐宗宋祖的举子能够"过五关斩六将"考上进士，除非他是通过作弊手段。这些学者认为，八股取士并非存心愚民，科举是要选拔精英人才从政治国，古今中外没有一个政府会故意去愚化精英人士，然后再选拔他们来治国安邦，统治者以八股取士，目的也是为了拔取英才为其所用。

明亡后,清代统治者沿用了明代的做法,仍然以八股文作为科举考试内容,但是在朝野许多反对声中,一度在朝廷中引起争论。乾隆三年,关于八股科举存废之争中,力主不废的执政大臣鄂尔泰曾说:以八股取士乃不得已,即所谓“立法取士,不过如是”。

从历史发展的角度看,八股文是考试制度长期实行后逐渐演变而成的标准化作文考试文体。唐代科举中,有墨义和帖经题,相当于现代的简答题和填空题,但因为考不出高深水平,到宋代以后逐渐被淘汰。而作文题最能体现作者的才华,然而因属于主观试题,不同的人评卷误差可能很大。评卷客观化、控制评卷误差是大规模考试的内在要求,八股文便是应这种要求而产生的,是一种刻板地通过考察经学知识和文字水平来测验应试者智能的文体。只是发展到最后,应考人数众多,命题走向死胡同,八股文才走向了穷途末路。

燕王反叛

“靖难之役”起因之谜

洪武三十一年，朱元璋去世，皇太孙朱允炆即帝位，是为建文帝。建文元年（公元1399年），朱元璋的第四个儿子燕王朱棣起兵反抗朝廷，史称靖难之役。这是朱元璋死后不久爆发的一场统治阶级内部争夺皇位的战争，但是也有人说，朱棣起兵是被逼无奈。

靖难之役，是明朝开国皇帝朱元璋死后不久爆发的一场统治阶级内部争夺皇位的战争。起于建文元年（公元1399年），燕王朱棣以“清君侧”名义举兵反抗朝廷，至建文四年朱棣荣登皇位而结束，历时4年。

农民出身的朱元璋，为了确保明王朝千秋万代统治下去，一方面，加强君主专制统治，把军政大权牢牢地掌握在皇帝一人手中；另一方面，想方设法加强皇室力量，其具体办法就是分封诸王。他把自己的24个儿子都封为亲王，分驻全国各战略要地，想通过他们来屏藩王室。

每一个藩王食粮万石，并有军事指挥权，王府设亲王护卫指挥使司，辖军三护卫，护卫甲士少者3 000人，多者19 000人。边塞诸王因有防御蒙古贵族侵扰的重任，所以护卫甲士尤多，北平的燕王朱棣拥兵10万，大宁的宁王“带甲八万，革车六千”。他们在边塞负责筑城屯田，训练将兵，巡视要害，督造军器，地位显赫。

藩王势力膨胀，势必构成对中央政权的威胁。朱元璋大封诸王的时候，有个叫叶伯巨的人指出，藩王势力过重，数代之后尾大不掉，到那时再削夺诸藩，恐怕会酿成汉代“七国之叛”、西晋“八王之乱”的悲剧，提醒朱元璋“节其都邑之制，减其卫兵，限其疆土”。朱元璋不但不听劝告，反而把叶抓进监牢，囚死狱中。以后事态的发展远远超出了叶伯巨的预料，中央政权与藩王之间的矛盾，在朱元璋死后立即爆发了。

洪武三十一年，朱元璋去世，皇太孙朱允炆即帝位，是为建文帝。建文元年（公元1399年）七月，朱元璋的第四个儿子燕王朱棣起兵反抗朝廷，拉开了“靖难之役”的序幕。

朱棣发动“靖难之役”是早有蓄谋还是被逼无奈？学界对此有不同看法。

有学者认为，建文帝朱允炆在做皇太孙时，就对诸藩王不满，曾与他的伴读黄子澄商量削藩对策。即帝位后，采纳了大臣齐泰、黄子澄的建议，决定先削几个力量较弱的亲王爵位，然后再向力量最大的燕王开刀，并令诸亲王不得节制文武将吏，皇族内部矛盾由此迅速激化。建文帝命令将臣监视朱棣并乘机逮捕之。当时朱棣在大军压境下，不得不佯疯避祸。三伏天，朱棣身披皮袄，拥火取暖，还装成冷得打战。冰雪之中，朱棣像猪狗那样在泥水里打滚，捡拾地上的秽物狂吞不止。奉旨前来验看的使臣当然不会轻信，他口中发出呵斥畜牲的“咄咄”之声，强令朱棣最亲近的奴仆去鞭打朱棣，他要看看，朱棣的疯是真还是假！做到这个地步，帝师方孝孺、重臣黄子澄等仍不轻信，下令拘拿，朱棣这才起兵靖难。

也有学者认为，皇帝削藩，在任何时代都是正当的：一个正常的国家不允许同时存在很多独立王国。可是有两件事建文帝朱允炆失于考虑：第一，当时诸亲王并没有割据一方反抗中央的企图和迹象。分封各地的亲王除了王府1.5万人警卫部队外，对地方军队并不能直接掌握,还称不上独立王国;第二,黄子澄一批庸才,根本不懂政治,反而激化矛盾,不是处理危机事件的良好人选。

朱允炆登极的当年(公元 1398 年),刚把祖父朱元璋埋葬,就派遣军队奇袭开封(河南开封),把分封在开封的周王逮捕,废为平民,贬谪到云南。这种像对付叛逆一样的发兵奇袭和废贬的严厉处分,使所有亲王大为震恐。不久,有人"告发"分封在荆州(湖北江陵)的湘王也有不法行为。湘王得到消息,全家自焚而死。接着有人"告发"分封在青州(山东青州)的齐王,朱允炆下令废齐王为平民。后来又有人"告发"分封在大同(山西大同)的代王,朱允炆下令把代王囚禁高墙。

亲王们在地方上种种劣迹都是事实,但朱允炆这种一连串的措施,暴露了他的目的并不是惩治不法,而且也超过了削藩的范围,分明是要消灭他的叔父一代。

就在代王被囚高墙后,朱元璋的第四个儿子,分封在北平(北京)的燕王朱棣诱杀了朝廷派来执行监视任务的将士,起兵南下,宣称皇帝已被奸臣包围蒙蔽,已不能自由行使职权,必须肃清这批奸恶分子,这就是有名的"靖难之役"。

也有学者认为,朱棣发动"靖难之役"是早有蓄谋。早在洪武十三年(公元 1380 年),朱棣就与一位文武双全的高僧道衍结识,彼此相见恨晚。朱棣向太祖建议,让道衍去北平,被朱棣安排在北平的庆寿寺做住持,常出入王府,成为燕王的高级谋士。道衍又将著名相士袁珙介绍给朱棣,袁珙对朱棣说:"殿下龙行虎步,日角插天,俨然太平天子相,四十岁时定能登上帝座!"燕王心中暗喜。

洪武三十一年(公元 1398 年),朱元璋病故,皇太孙允炆即位,即建文帝。朱棣装病闭府不出,南京派来的侦探信以为真。为了在禁苑秘密练兵,铸造兵器,朱棣还在苑内养了很多家禽,以鸭鹅叫声来混淆视听。就在朱棣紧锣密鼓密谋造反时,燕王府的小吏倪谅向朝廷揭发,于是建文帝下诏,命工部侍郎张昺、都指挥史谢贵率兵围攻燕王府，让北平都指挥张信进府捕捉燕王。谁知张信进府后，反而向燕王告了密。道衍和燕王商量后，决定以宴请谢贵、张昺为名，在酒宴上擒杀谢、张二人。围守燕王府的将士听说谢、张被杀，一时群龙无首，纷纷逃散。燕王即命亲信护卫指挥张玉、朱能率军控制北平城，随后以“清君侧”名义，在北平召开誓师大会，决定发动“靖难之役”，靖难军号称“靖难之师”，浩浩荡荡的大军，一路南下，直指南京城。

也有学者认为，尽管“靖难之役”是朱元璋死后爆发的，但朱元璋是始作俑者。朱元璋当国时，恐权臣篡权，规定藩王有移文中央索取奸臣和举兵清君侧的权利，他在《皇明祖训》中说：“朝无正臣，内有奸逆，必举兵诛讨，以清君侧。”这就给了朱棣起兵的理由，指齐泰、黄子澄为奸臣，须加诛讨，并称自己的举动为“靖难”，即靖祸难之意。

朱元璋对好儒喜文的皇太孙朱允炆并不十分满意，但由于嫡庶名分所定，无奈将帝位交给朱允炆，但是又给了诸亲王很大的政治和军事权力，其中燕王朱棣实权最大，他曾两次率兵北征，加强了自身在北方军队中的影响。明太祖晚年，燕王的兄长先后去世，朱棣在军事实力和家族尊序上都成为诸王之首，这在客观上怂恿了朱棣的反叛举动。

不知所终

建文帝下落之谜

建文帝朱允炆是明朝第二代皇帝，朱元璋死时，他 21 岁，继位后改年号“建文”。但是他在位仅仅四年，即被他的四叔燕王朱棣用武力推翻，而下台后的建文帝下落众说纷纭，成了千古疑案。

建文帝朱允炆是明朝的第二代皇帝，生于公元 1377 年 12 月 5 日，其父朱标是朱元璋的长子，早年立为太子，不幸中年早逝。朱元璋按封建礼法传统，立朱允炆为皇太孙，朱元璋死时，他 21 岁。继位后改元“建文”，史称“建文帝”。据说，这位年轻的皇帝早慧，孝顺而正直，受到祖父的钟爱。如果不是遇到意想不到的事变，他可能会太太平平地在皇位上直到寿命终结。但是他在位仅仅四年，即被他的四叔燕王朱棣用武力推翻，而下台后的建文帝下落众说纷纭，成了千古疑案。

按照正史的说法，建文帝兵败后自焚而死。据永乐年间《实录》和《明史稿》的记载，建文帝继位后，即用兵部尚书齐泰和太常卿黄子澄谋，定策削藩。领兵在外的燕王朱棣立即打着清君侧的旗号，起兵南下，发起“靖难之役”。不到四年，燕王挥师渡过长江，兵临南京城下，建文帝求和不允,只好死守,但是他的主帅李景隆却打开金川门,迎燕王大军入城,满朝文武纷纷投降。建文帝眼看大势已去,不得已下令焚宫,顿时火光熊熊,建文帝携皇后跳入火中自焚,妃嫔侍从等大都随其蹈火而死。朱棣入宫后,清宫三日,搜查建文帝下落,宫内侍人都说建文帝已自焚,并从火堆里扒出几具烧焦了的尸体,说是皇帝、皇后和皇长子朱文奎的尸体。皇帝的第二个儿子朱文圭当时只有两岁,他和皇帝家中幸存人员一起被生擒,虽幸免于死,但和家人一起被长期监禁,直到1457年,他56岁时才重获自由。

燕王继位称帝后,以"天子礼"葬建文皇帝。但是建文帝是不是真的被烧死,很多历史学家都不能肯定。他们认为,这种说法很可能是朱棣及其手下人制造出来的,因为只有说皇帝及其长子已经死去,朱棣才能在名分上承继大统,坐上皇位。有学者指出,即使在《明史》中,各个篇章对建文帝死于火焚的记载也各有差异。

《成祖本纪》记载:"宫中火起,帝不知所终。燕王遣中使出帝后尸于火中。"《太宗实录》记载:"上望见宫中烟起,急遣中使往救,至已不及,中使出其尸于火中,还白上,上哭曰,果然,若是痴呆耶!"《补本》中记载,"棣遣中使出后尸于火,诡云帝尸,越八日壬申,用学士王景言,备礼葬之。"

上述后一种记载指出,并无建文帝尸体,找到的只是皇后的尸体。朱棣曾指天为誓,说他要仿效"周公辅成王",帮侄子建文帝治理天下。果真如此,就该先弄清建文帝下落,生见其人,死有其尸。可是,破城第二天,他就匆忙"即皇帝位",给人的印象是,朱棣有意弄假成真,将皇后尸体冒充建文之尸尽快埋葬,使建文旧臣放弃反抗,树立自己的地位。

即使抛开这一说,单就第一种记载而论,也互相矛盾之处:已经说了"不知所终",马上又说"出帝后尸于火中",不能自圆其说。

还有一种说法认为,南京陷落后,建文帝成功出逃,《明史》记载:"帝不知所终"、"帝由地道出亡"。撰写《廿二史记》的赵翼则从明人笔记中引了朱允炆的《新月诗》:“谁将玉指甲,掐破青天痕?影落江湖里,蛟龙不敢吞。”并评论说:“建文帝浪迹西南,终免祸难,似其诗谶也?”他也相信建文帝是“出亡”的。但建文帝逃向何方,众说纷纭。截至目前,研究建文帝逃亡的说法有4种:湖北武当、苏州穹隆、云南浪穹和贵州,但这些都以民间传说为依据,无可靠史料印证。

近年来有报载,有一位林国恩先生经过九年研究,破译了贵州安顺的“红崖天书”。这是当地崖壁上一块长10米、高6米,用奇特的铁红色颜料写成的文字,似篆非篆,多年来无人能识。林国恩认为“天书”成书约在1406年(明永乐四年),是逊国的建文皇帝颁发的讨伐燕王朱棣篡位的《伐燕诏檄》。全文直译为:“燕反之心,迫朕逊国,叛逆残忍,金川门破,杀戮尸横,罄竹难书,大明日月无光,成囚杀之地。须降伏燕魔,作阶下囚。丙戌(公元1406年)甲天下之凤凰(御制)。”如果译文准确无误,就能证实建文帝朱允炆确已逃出,并图谋恢复。这又与《明史纪事本末·建文逊国》中所载建文帝的一首诗相印证:“风尘一夕忽南侵,天命潜移四海心。凤返丹山红日远,龙归沧海碧云深。紫微有象星还拱,玉漏无声水自沉。遥想禁城今夜月,六宫犹望翠华临。”《伐燕诏檄》和这首诗,都是建文帝复辟心态的直白!

近日,兰州大学历史系公维章博士在翻检西北地方史志时,从民国《创新渭源县志》中找一条重要资料:“靖难之役”后,建文帝逃亡到了青海瞿昙寺。《创新渭源县志卷9》“艺文志”中,《五竹寺记》载:“建文于夏六月庚申十三日未时,由癸门出,比时愿扈驾车22人,节(郭节)其一也。君臣奔窜崎岖,昼伏夜行。历滇南、巴蜀,建文至乐都瞿昙寺。”该文所载建文帝君臣出亡路线及出亡青海瞿昙寺的情形,与当时的历史背景十分相符。据史料记载,瞿昙寺建立初期就与明皇室建立密切关系。永乐以来,明朝历代帝王多次给瞿昙寺赐匾、修佛堂、封国师、赐印、派大臣等,这种割舍不断的关系本身就耐人寻味。

公维章认为，南朝刘宋时期，已开通从南京历巴蜀、河湟至于阗的所谓“丝绸南道”，“靖难之役”后，燕王率军南下，北方道路被封，建文帝只有向南方逃窜，辗转云贵、巴蜀，最后选择西北边荒的河湟地区作为落脚点，是极有可能的。

另有一种说法认为，建文帝兵败后削发为僧，隐居深山。清代名人吕安世和近人蔡东藩等认为，燕军破城后，建文帝无可奈何，遂想一死了之。此时，少监王钺告诉他：你祖父临死时，给你留下一个铁箱子，让我在你大难临头时交给你。我一直把它秘密收藏在奉先殿内。群臣急忙把箱子抬来，打开一看，里边有三张度牒，就是僧人的身份证，上面写好了建文帝等三个人的名字，还放着三件僧衣、一把剃头刀、白金十锭、遗书一封。书中写明：“建文帝从鬼门出，其他人从水关御沟走，傍晚在神乐观西房会集。”据此，建文帝三人剃了头，换上僧衣，只带了九个人来到鬼门。鬼门在太平门内，是内城一扇小矮门，仅容一人出入，外通水道。建文帝弯着身子出了鬼门，其他八人随之出了鬼门后，就看见水道上停放着一只小船，船上站着一位僧人，僧人招呼他们上船，并向建文帝叩首称万岁。建文帝问他怎么知道自己有难，僧人答道：“我叫王升，是神乐观住持，昨夜梦见你祖父朱元璋，他本是出家之人，叫我在此等候，接你入观为僧。”至此，建文帝削发为僧，继承了“祖业”。

《明史纪事本末·建文逊国》一章还记载了一首诗，据说是建文帝流落西南时作的：“阅罢楞严磬懒敲，笑看黄屋寄团瓢。南来瘴岭千层回，北望天门万里遥。款段久忘飞凤辇，袈裟新换衮龙袍。百官此日知何处？惟有群鸟早晚朝。”这首显然兼有皇帝与僧人双重身份的诗，如果真是出自建文帝之手，则不失为他确曾在禅寺为僧的佐证。贵州武定正续禅寺内大雄宝殿的柱子上，有着这样一副楹联：“僧为帝，帝亦为僧，数十载衣钵相传，正觉依然皇觉旧；叔负侄，侄不负叔，八千里芒鞋徒步，狮山更比燕山高。”联内所说的皇觉寺，是朱元璋早年为僧之所；“叔负侄”指朱棣篡夺侄儿朱允炆的帝位。显然，作此联的古人坚信建文帝曾在此为僧，并寄以同情。联中“衣钵相传”语，概括了祖父朱元璋由僧为帝，孙子朱允炆由帝为僧的沧桑巨变，构思精奇，说尽了这段千古巧合的无情史实！据说，正续禅寺庭院内一棵挺拔的孔雀杉也是建文帝当年在此为僧栽种的。

此外，《明史·姚广孝传》和《胡濙传》里记载：朱棣当了皇帝后，对建文帝自焚而死，也产生过怀疑，有人告诉他，那具烧焦的尸体是皇后的，建文帝削发为僧外逃了。他就把建文帝的主录僧溥洽抓了起来，关进监狱长达十余年，逼他供出建文帝下落，并派郑和下西洋“欲寻踪迹”，派户科都给事中胡濙遍行郡、乡、邑长达 16 年，搜寻建文帝下落。直到朱棣死前一年，一天晚上，他已睡下了，但听说胡濙回来了，急忙穿上衣服，在卧室单独召见。胡濙访得建文帝离开紫禁宫后，削发为僧，既没有去神乐观，也没有去西南、东南周游避难，而是被僧司溥洽所救，一直藏在江苏吴县普洛寺内，此后一心为僧，无复国之意。近年，徐作生也通过查阅大量文献和实地考察后指出：永乐二十一年（公元 1423 年），建文帝死于江苏吴县穹窿山，终年 46 岁，葬于皇驾庵后的小山坡上。

不过，也有一些历史学者认为，建文帝自焚身亡是事实，因为当时燕军兵临城下，把紫禁宫团团围住，建文帝想逃也来不及，更何况经考查也无鬼门、御沟逃路。建文帝深知他的四叔是个贪权无厌、残暴无情的武夫，落在他手里决无好下场，不如以死了之。朱棣也绝不会让建文帝活下去，否则他就不能当皇帝。但朱棣为了不留下“杀侄夺位”的名声，故意苦心寻找建文帝下落，留下了历史疑案，这可能是朱棣的计谋。

看来，朱棣即位后，下令搜寻建文帝的目的是什么？建文帝的下落如何？至今仍然是一个未揭开的谜。

嫡庶难辨

明成祖身世之谜

明成祖朱棣是朱元璋的第四子，即永乐皇帝，按照《明史》上的说法，朱棣是朱元璋的正妻、惟一的皇后马氏所生。但是有人考证，朱棣的生母不是马皇后，他可能是蒙古妃所生，也有人说他是朝鲜妃子所生。

明太祖朱元璋多妻多子，明成祖朱棣是他 26 个儿子中的第四子，公元 14O2 至 1424 年在位，年号“永乐”。

按照《明史》上的说法，朱棣是朱元璋的正妻、惟一的皇后马氏所生，生于元至正二十年（公元 1360 年），正是元末战乱时期。朱棣出生时，朱元璋与陈友谅正打得不可开交，以至连给儿子起个名字的工夫都没有。至正二十七年（公元 1367 年）旧历年底，朱元璋在战事上已经大获全胜，就要正式登极做皇帝了，看到自己已经有了 7 个儿子，自然是满心高兴，他决心要为儿子们正式取名了。十二月二十四日，他祭告太庙，把自己渡江后生了 7 个儿子归因于祖上的阴德：“仰承先德，自举兵以来，渡江生子七人。今长子命名曰标……四子曰棣……”这时明成祖已经 7 岁，他这才和众兄弟一样有了自己的名字。

《明史》是后人所撰的，朱棣在夺取建文帝的皇位后，一再称自己是马皇后所生，他的一些大臣也纷纷附和。不过，也有人考证，朱棣的生母不是马皇后，他这么说无非是表明他的即位也是合法的。

中国古代，正妻所生的儿子称嫡子，非正妻生的儿子称庶子。正妻被称为嫡母，其他的妾被称为庶母。对帝王家来说，嫡子和庶子在名分上有重大差别。按照封建宗法制度，皇帝死了，皇位要由嫡长子继承，即使嫡长子死得早，如果嫡长子有儿子，也要由嫡长子的嫡长子来继承，其他庶子则不得觊觎。朱棣要让自己的即位顺理成章，需要证明自己是马皇后所生，与太子及秦、晋二王为同母。现在，太子及秦、晋二王已故，建文帝又“焚于宫中”或“不知所终”，则自己为嫡长，当然有权继承皇统，于情于理都是“名正言顺”了。

那么，朱棣的生母究竟是谁？数百年来，一直是个谜。

一些学者认为，朱棣是蒙古妃所生。这种说法见于各类野史，如《南京太常寺志》、《南京奉先殿序》等，在明朝司礼监宦官中也流传甚广。明初，朱家皇室娶蒙古人为妃的很多，例如朱元璋给儿子秦王朱樉娶扩廓铁木尔的女儿为妻。可能朱棣的母亲早死，由马氏抚养成人。

蒙古《黄金史纲》中还有一种说法，大都城破时，顺帝的妃子弘吉剌氏（弘吉剌部盛产美女，自成吉思汗起，弘吉剌部即为孛儿只斤氏的世代姻亲）已经怀孕三个月，没有来得及逃出，躲在一个大瓮中避难，明军搜出后被朱元璋纳为妃子，称为翁（瓮）氏。弘吉剌氏心想：“如果七个月后产子，必然会被朱元璋当作敌人的儿子所杀。如果分娩在十个月后，则会被朱元璋当作自己的儿子抚养。”于是向天祈祷再添三月孕期。果然怀孕13个月才分娩，产下一子，就是朱棣。

当时，朱元璋梦到东西二龙相斗，西龙被东龙打败。解梦的巫师告诉他，这代表他的两个儿子争位。西龙是汉后的子孙，东龙是翁妃的子孙。朱元璋想，翁妃来自蒙古，本属自己的敌人，让她的儿子继承大统不吉，于是就把朱棣贬去边疆镇守。

朱元璋死后，朱棣发动叛乱，率领亲兵和山阳的6 000兀者人、水滨的30 000女真人以及黑城的汉人讨伐建文帝。朱棣当时负责镇守北疆，一旦起兵，他必须考虑是否会两面受敌的问题，要造反成功，必须安定后方，所以他很可能有意无意地传播自己有蒙古人血统的说法。对北方少数民族来说，作为蒙古人后裔的朱棣当然不但有权成为汉人的皇帝，也有权成为蒙古和女真人的大汗。元朝的大汗多不由继承而来，所以朱棣起兵争夺皇位对兀良哈诸部和女真诸部来说，是再自然不过的事。后来朱棣五次扫荡漠北，军中更有单独编制的蒙古骑兵供其驱使，而其中的三千营还是皇帝的近卫军（京营）。这些蒙古骑兵甘于为他卖命，对皇帝的“血统”深信不疑应该是原因之一。按照这部史书的记载，朱棣自立为大明皇帝后，为了酬谢兀者人和女真人，遂割让土地给他们。更有学者认为，明朝初期，如何处理被推翻的前朝蒙古降人一直是一个棘手的问题，朱棣具有蒙古人血统的传说，不但对他自己获得这些蒙古降人的效忠有利，甚至对他的后代也有利。所以有明一代，一些蒙古军人对朱皇帝们忠心耿耿，从下级军官到一品的五军都督、到皇帝的秘密警察兼贴身保镖、锦衣卫指挥使，都可以看到蒙古人的身影。

蒙古史料显然近乎于传奇，有明显的史诗味道，可信度不高。不过朱棣“貌奇伟，美虬髯”，和朱元璋长得不太像，且勇武善战、杀人如麻，倒是很像蒙古人。朱棣向北元和女真借兵一事则是千真万确，朱棣虽然有守边之责，但是他起兵时根本没有多少兵力也是事实，只好向北元和女真借兵。事后，朱棣割让大宁卫给兀良哈三卫。此事正史当然不写，但是私家多有著述，如《皇明四夷考》、《三卫志》、《建文朝野汇编》等。而《国榷》则说朱棣“义旗初建，首下大宁，简兀良哈三千骑为奇兵，立三千营，不忘其德，尽指大宁地与之，割雄镇以资伏莽”。

也有学者不同意这种说法，因为朱元璋打下元大都是在洪武元年，那时朱棣已 12 岁了。就算史书对朱棣出生的时间记载有误，则朱棣的长子、后来的仁宗,出生在洪武十一年,这足以证明朱棣不可能是元顺帝的妃子所生。不过,朱元璋的妃子中有蒙古人倒是真的,还有朝鲜人,她们都生有儿女,朱元璋的其他子孙中,有蒙古、朝鲜血统,这是不成问题的,但这与朱棣没有关系。

也有学者据《南京太常寺志》考证,朱棣可能是朝鲜妃子所生。《国史考异》说:“《南京太常寺志》所载孝陵神位,左一位淑妃李氏,生懿文太子、秦愍王、晋恭王。右一位碽妃,生成祖文皇帝。是皆享于陵殿,掌于祠官,三百年来未之有改者,而实录顾阙不载,何耶?”我们且不管太子标、秦王、晋王是不是淑妃所生(据说马皇后无子,先是收养朱文忠、李文正等人为义子,后一些贵妃生子,则视如己出),这一条至少说明,朱棣与太子标等人不是同母。正史是记载了李淑妃的,却无碽妃。再看《三桓笔记》记载,北京被破后,弘光复都南京,乃发旧太庙,碽妃神主具在。《南京太常寺志》的记载有了佐证。

朱棣当年迁都北京后,立下了规矩,北京的太庙,每个皇帝只能有一个皇后配享,即使是继后或皇帝的生母都不能配享。从他制定这个制度的动机可以推测,是为了抹杀自己的生母,不留痕迹。果然,他的生母碽妃从此在正史中消失了。这就是说,其生母应为碽妃,而太子及秦王、晋王也都是庶出。

按野史说法,碽妃是高丽人,朱棣就有朝鲜血统。有人还以此推断,所以朱棣后来特别喜欢朝鲜美女,朝鲜进贡的淑女很多,大都受宠,“永乐时,朝鲜贡女充掖庭,妃与焉。”其中一位权氏最为受宠,“善吹玉箫,帝爱怜之。七年封贤妃,命其父永均为光禄卿”,并曾伴随朱棣北伐。

但是也有人认为,所谓《南京太常寺志》的说法出自守陵太监,经民间流传,难免以讹传讹,真实性大打折扣,只能姑妄听之。

民间还有一种说法,认为朱棣生母为江妃,七月产子,受到冤屈,被关入冷宫而死。朱棣当上皇帝后,为追荐其蒙冤屈死的生母,在南京聚宝门(今中华门)外,建造大报恩寺琉璃塔。此塔从明永乐十年

(公元1412年)起建造,花了近20年时间建成。全塔高102米,十分惊人,是可以与记载中的北魏洛阳永宁寺塔媲美的中国最高建筑,当时被外国人叹为世界奇迹。塔为八角九层楼阁式,内用青砖,外表面全贴琉璃,可惜此塔在19世纪中叶被毁,所有文物资料均无所存。

其实,制造朱棣身世之谜的人包括朱棣自己,永乐五年,朱棣下令编撰著名的《永乐大典》,名为搜集古今文献,实为消除不利于己的观点言论,编书的另一个目的是焚书,官方之外自然是异端,为的是掩盖历史事实和制止独立思考。这样,凡是不利于他正统地位的记载、资料和传说一概删去,他的身世之谜也就成为千古疑案了。

打入另册

明"堕民"起源之谜

"堕民"是古代被视为贱民的一个民间阶层，主要生活在江浙一带，他们的职业多为民间艺人。"堕民"的社会地位很低，他们的住处、服饰都有严格规定，不得逾越。与之类似的还有生活在山西的乐户、徽州的伴当、江西的九姓渔户，在明代又称为"丐户"。

"堕民"是古代被视为贱民的一个民间阶层，主要生活在江浙一带，与之类似的还有生活在山西的乐户、徽州的伴当、江西的九姓渔户，在明代又称为"丐户"，后世称为"明堕民"。长期以来，"堕民"阶层在职业上、身份上和一般的民众不同，从他们从事的职业看，多以民间艺人为主。

男性"堕民"多为剃头匠，挑着一副剃头担子到处替人剃头。生意清淡时，或逢人家红白喜事，就帮着吹吹打打，所以他们几乎都能操琴弄笛，为民间婚丧喜庆等场面服务。

女性"堕民"被称为"堕民嫂"，大概因为跟随丈夫走街串巷，街坊邻居、家长里短的认识和听到的多了，很多人干起了说媒的行当，或为喜庆人家当差等。比如说，到了婚嫁的头一天，"堕民嫂"先要给新娘"绞面"，也叫开面，到上轿时，则跟随迎亲队伍，腋下夹着一拜堂用的席子，手拎马桶之类。在堂上，辅助新郎、新娘作三叩首婚拜之类的活儿，直到新娘入洞房，就专职在新房当差，服侍新娘。

有的“堕民”世世代代以唱戏为业，他们的子弟从孩提时代起，或弄丝吹竹，或练嗓学唱，准备承接父兄的职业。稍稍年长，即随父兄的搭班去戏班打杂，观摩学习，增长见识，很多成为戏曲世家。

“堕民”的社会地位很低，男人不许读书，女人不许缠足，自相配偶，不得与一般民众通婚。即使通过做买卖积累了财富，也不得捐纳为官吏。

“堕民”住处也被严格规定，不得逾越。例如，浙江绍兴城内的“堕民”集中居于“三埭街”，即永福街、唐皇街与学士街，城外则分别聚居于偏门外牛角湾、昌安门外廿一堡、斗门戚墅等地。

“堕民”服饰也有定规。“帽以狗头，裙以横布，不长衫”。女堕民称“老嫲”（亦作嫚），未出嫁者称“嫲线”（越人称幼鳗曰“鳗线”，此处以鳗线谐“嫲线”，即幼嫚之谓），只能著黑色衣裤，系玄色围裙。发髻梳在一个架子上，高四五寸，朝天翘起，望去很像一个“母”字，称“老嫲头”。出门时，挽一只方底圆盖“老嫲篮”。

对于“堕民”起源，历来有几种说法。

一种说法认为，“堕民”乃元末明初的元军将士演变而来，张家驹《堕民调查》云：“裘、易、干（疑为阚字之误）、柯、应、苏六姓，系前元朝名将，忠于元帝，不愿投明，致为明太祖所戮，其后裔贬为‘堕民’。”还有一些降兵降将自愿为奴，如元亡时，宁波府内有蒙古兵千余人，驻防将被戮，此辈哀求免死，愿世代为汉人奴隶，不齿齐民，故曰“堕民”。宁波府旧志中记载，明初，被贬为“堕民”的元朝部分遗民，由宁波府分别遣送到本省的绍兴、余姚、象山、嵊县、奉化、诸暨、上虞、定海、新昌等县，其中以绍兴最多。遣送到定海定居的“堕民”大户为潘、顾、邱、桂等姓氏，从事制竹灯、编机扣、打棕绳、塑土牛与土偶、打铁、剃头等业，又有捕蛙、卖糖、换破烂、屠宰、抬轿、梳头、绞面及婚丧祭祀唱戏乐手、值堂喜娘等杂业。其中，尤以打铁地位最低，被定海“四民”贬为“打铁堕婢”，她们在一定程度上促进了当时手工业的发展和经济文化的繁荣。

还有一种说法认为，有一部分“堕民”的祖先是元末明初陈友谅的部属。后来朱元璋做了皇帝，将他们贬为渔户贱民，不准上岸，不能与平民通婚，不准读书应试，上岸不准穿鞋，官家有事还要应召服役。他们大多泊船江干一带，俗称“花船”，专门在设宴接待赴上江官员和富商大贾时充当伴唱陪客。《清稗类钞》中提到，浙东有所谓九姓渔户者，乃陈友谅部下子孙，共有九姓，陈友谅败于鄱阳湖后，其部下逃窜至严州，他们的子孙驾船往来于严州、杭州、金华、衢州之间。清代政书《清会典》中也提到所谓浙江九姓渔户。张士诚、方国珍的部属也被视作“贱民”之一。

另外还有一种说法，“堕民”的祖先是宋朝焦光瓒部。据民国《绍兴县志资料》第一辑：“南宋初，金兵南下，宋将焦光瓒率部降之，及金兵退，宋人耻其降，遂贬其众为堕民。”顾炎武《日知录·降臣》条注云：“今浙江绍兴府有一种谓之堕民，世为贱业，不敢与齐民齿。《志》云：‘其先宋将焦光瓒部曲，以叛宋降金被斥。’”

此外还有权臣、奸臣“不令齿叙”说。《旧唐书》：“贞观七年……太宗诏曰：‘禁锢宇文化及、司马德戡、裴虔通等子孙，不令齿叙。’”还有越“野合之后”说、春秋战国“降民”说、西汉“不臣之民”说、唐朝“乐人被遣”说等十余种由来。

但是也有不少学者认为，上述诸说未必完全，亦不可成为确据。鲁迅先生在《我谈“堕民” 越客》一文中说：“明太祖对于元朝，尚且不肯放肆，他是决不会来管隔一朝代的降金的宋将的；况且看他们的职业，分明还有‘教坊’或‘乐户’的余痕，所以他们的祖先，倒是明初的反抗洪武和永乐皇帝的忠臣义士也说不定。”有学者指出，反抗永乐皇帝的忠臣义士，有景清、铁弦、方孝孺等人。朱元璋死后，由皇太孙继位，即建文帝。不久，他的叔父燕王朱棣起兵夺取帝位，即永乐帝。当时景清等人效忠建文反抗永乐，他们的妻子、儿女及族人多同遭杀戮或被贬为奴,但未见贬为"堕民"的确切记载。鲁迅先生所指反抗洪武(明太祖)的"忠臣义士"未知何指。但不难看出,"堕民"皆系因故被贬而形成之"贱民",可能非一朝特有,旧之"堕民"日久除籍,新之"堕民"又被贬而生。

海上远征

郑和七下西洋之谜

明永乐年间，皇帝派遣郑和率领当时世界上最大的船队，六下西洋，遍访亚洲、非洲30余国和地区，最远到达非洲东部和红海沿岸，前后延续28年。郑和下西洋不仅在中国航海史上是一个壮举，在世界航海史上也是极其罕见的。那么，明成祖派郑和屡下西洋，到底是为什么呢？

郑和是明成祖的亲信内监，他本姓马，远祖是中亚回教徒，随忽必烈征战云南，后来就定居在云南。明朝统一天下后，当了俘虏的郑和，被送入宫中做了宦官，分派到燕王朱棣府邸，因聪明乖巧，受到赏识。燕王推翻建文帝取得政权后，郑和因随同燕王“靖难”有功，赐姓郑，官居正四品“内官监太监”。永乐元年(公元1403年)，郑和皈依佛教，师从成祖的谋臣、道衍和尚姚广孝，别名三宝(三保)，故也称为“三宝太监”(三保太监)。

明成祖即位后，派遣郑和率领当时世界上最大的船队，分别于永乐三年(公元1405年)、五年(公元1407年)、六年(公元1408年)、十年(公元1412年)、十九年(公元1421年)和二十二年(公元1424年)六下西洋(现南洋一带)，遍访亚洲、非洲30余国和地区，最远到达非洲东部和红海沿岸，前后延续28年，航行时间一到两年不等。永乐二十二年(公元1424年),明成祖去世,其子朱高炽继位,是为明仁宗。他听从朝中某些大臣的意见,认为下西洋过于浪费,收效不大,宣布停止。不到一年,仁宗病逝,宣宗朱瞻基继位,年号宣德。宣德五年(公元1430年)十二月,再次派郑和下西洋,最后病逝于返航途中,终年62岁。

郑和下西洋比欧洲航海家远洋航行早半个世纪,不仅在中国航海史上是一个壮举,在世界航海史上也是极其罕见的。那么,明成祖派郑和屡下西洋,到底是为什么呢?对于这个问题,历史学界历来各执其词,莫衷一是。

流传最早、也比较普遍的说法是,郑和下西洋是为了寻找建文帝的踪迹。许立群在《中国史话·三宝太监下西洋》中写道:"永乐皇帝派郑和航海的目的是寻找建文帝,因为永乐篡了建文帝的帝位后,建文帝失踪了,永乐怕他逃到国外,将来回来复辟,所以派人去找他。"其他如范文澜的《中国通史简编》、吴晗的《明初对外政策与郑和下西洋》等也认为,郑和下西洋除了经济方面因素以外,还带着皇上的秘密使命,就是寻找建文帝的下落。

但是也有一些学者认为"寻找建文帝之说"难免牵强。建文帝忠厚羸弱,被朱棣从帝位上赶下台,即使逃到国外还会有什么能耐?不少迹象表明,建文帝在南京城陷落前死于大火,建文帝既死,"寻帝"之说便无法成立。更何况真是为了寻找建文帝,一两次远航也就够了,为什么要一而再、再而三多达七次?除非有更重要的原因,否则难以长期支持这种消耗国力的行动。从郑和远航的规模与形式看,他不仅负有外交目的,还有军事用意:必须让海外诸国相信,明帝国有足够对抗任何强大政权的能力。

明成祖很可能有一种"大战略"观念,他想显示自己是中国历史上惟一想要利用海洋利益来达成战略目标的皇帝。帖木儿帝国的兴起,给明朝带来很大的威胁,善于航海的回教徒熟于从印度洋来到远东经商,所谓"海上丝路",宋元以来已蓬勃发展,中国准备攻击东方的帖木儿，必须利用回教世界的海上经验。所以明成祖几乎在帖木儿东征的同时派遣与回教世界有渊源的郑和出洋，有着非常明显的联络印度洋周边国家以围堵或至少牵制帖木儿帝国攻势的用意。

明史记载，明成祖锐意通四夷，而且派出去的大都是宦官。“西洋则和、景弘；西域则李逵；迤北则海童；而西番则率使侯显”。所有目标都指向蒙古，可见明成祖对蒙古的大战略是多方位进行。除了他自己五次率大军入漠，要解除漠北蒙古对中原的直接威胁外，更由于郑和的卓越成就。如果明成祖不死于第五次入漠军事行动的归途中，他的功绩或许可与汉武帝、唐太宗相论，加上郑和的功业，成为汉人的海上成吉思汗也未可知。

也有人认为，郑和下西洋是为了“耀兵异域”，“教化异族”，使海外诸国“宾服中国”，同时还担负着沟通中国与海外经济贸易的任务。明成祖的个性好大喜功，常常向异域显示中国的富强，即位后便派宦官出国，召各国来朝，此举无疑可以提高明成祖的威望。同时，他还想用扬威海外来缓和国内一部分人对他武力夺取皇位的不满。明朝初期，正是国势向上发展的时期。这时在北方，蒙古势力已被驱逐出长城以外，明朝的封建统治已十分巩固，加上经济的恢复和发展，国势日趋强盛，这就有可能使它向海外发展。

不过也有人否定“耀兵异域”说，他们认为，“靖难”成功后，明朝面临是否被周邻各国承认或拥戴的问题，自洪武末年以后，海外很多国家并不来贡，不利于明朝发展对外关系。明成祖派遣郑和出使西洋，剿灭海盗势力，封赏周邻各国，发展与各国的友好关系，欢迎各国前往明朝访问进贡。

近年来，关于郑和下西洋的研究又有新的观点，有些学者认为，郑和下西洋的使命随时间的推移而有所不同。第一次出使是为了安抚临近小国，避免异族异国对中国的侵扰，以后几次主要是为了通商以及开辟新的航道等。郑和率领的庞大船队既不是一般的商船队，也不是正式的外交使团，而是由封建国家组织的兼有外交和贸易双重任务的船队。他出使的任务之一,就是招徕各国称臣纳贡,与这些国家建立起上邦大国与藩属之国的关系。为了完成这一任务,郑和所到各国,第一件事便是传达朱棣的皇帝诏书,向各国宣谕:明朝皇帝是奉天顺命的上邦大国之君,是奉“天命天君”的旨意来管理天下的,四方之藩夷都要遵照明朝皇帝说的去做,各国之间不可以众欺寡,以强凌弱,要共享天下太平之福。如果奉召前来朝贡,则礼尚往来,一律从优赏赐。第二件事是赠送礼物。赐各国国王诰命银印,赐国王及各级官员冠服和其他礼物,表示愿意和那些国家建立和发展友好关系。第三件事是进行贸易活动,以中国的手工业品换取各国的土特产品,使各国为中国精美的手工业品所吸引,从而愿意来中国称臣纳贡,进行贸易活动。中国出口的丝织品和瓷器等,早就在亚非各国享有盛誉,很多国家早就想同中国发展贸易关系,只是由于朱元璋“海禁政策”,才限制了这种贸易发展。朱棣取消“海禁政策”,派遣郑和出使,表明中国恢复同海外各国的正常贸易,使他们认识到,同中国建立友好关系,纳贡称臣,进行贸易,是有利可图的事。

远到何处

郑和发现美洲、南极之谜

2002 年 3 月，英国学者加文·孟席斯(Gavin Menzies)发表了令世人震惊的新观点，中国明朝航海家郑和的船队比哥伦布早 72 年到达美洲大陆，还可能比麦哲伦早一个世纪进行了环球航行。公元 1421 至 1423 年，中国人“发现”了世界。

郑和是明代伟大的航海家，他从明永乐三年至宣德八年(公元 1405 至 1433 年)，率领当时世界上最大的船队，克服了重重困难，七下西洋。据《明史》记载，郑和第一次下西洋时，率部众 27 000 多人，长 44 丈、宽 18 丈，排水量约 14 000吨、载重量在7 000吨以上的船只有 62 艘，规模之大，史所未有。这样的空前壮举，较之葡萄牙的达·伽马由伊斯兰教徒导航，横渡阿拉伯到达科泽科德早 80 多年。郑和下西洋证明了在 15 世纪，中国具有世界领先的航海科技和船舶制造技术，比欧洲地理大发现早一个世纪，与世界新航路的开辟基本处于同一时期。

600 年前，郑和下西洋最远究竟到过哪里？在以往的研究中，史学界主要根据跟随郑和航海的当事人留下的三部真实记录，即马欢《瀛涯胜览》、费信《星槎胜览》、巩珍《西洋番国志》，以及收入茅元仪编《武备志》中的《郑和航海图》(原名《自宝船厂开船从龙江关出水直抵外国诸番图》),还有存世石刻铭文等资料。根据这些文献,已确认前三次下西洋出使的国家和地区主要有:占城(今越南南部)、爪哇、旧港(今印度尼西亚巨港)、满剌加(今马来西亚马六甲)、苏门答剌、锡兰山(今斯里兰卡)、柯枝(今印度柯钦)、古里(今印度卡利卡特)等,航海范围是东南亚和南亚;后四次下西洋,除了以上国家与地区外,还有溜山(今马尔代夫)、忽鲁谟斯(今伊朗霍尔木兹)、祖法儿(今阿曼佐法儿)、阿丹(今也门亚丁)、剌撒(今也门萨那)、木骨都束(今索马里摩加迪沙)、卜剌哇(今索马里布拉瓦)、麻林(今肯尼亚马林迪)等,航行远达西亚、东非。第七次"分宗"(副使率分船队分赴不同目的地)访问了天方(今沙特阿拉伯麦加)。

根据这些记载,一般认为,郑和遍访了亚洲、非洲 30 余国和地区,最远到达非洲东部和红海沿岸,也有人提出郑和去过澳洲。

2002 年 3 月,英国学者加文·孟席斯(Gavin Menzies)在英国皇家地理学会发表了令世人震惊的新观点,中国明朝航海家郑和的船队比哥伦布早 72 年到达美洲大陆,还可能比麦哲伦早一个世纪进行了环球航行。公元 1421 至 1423 年,中国人"发现"了世界。

孟席斯是英国皇家海军退役军官,曾任潜艇艇长。退役后,在世界各地广泛收集有关郑和航海的资料进行研究,到过 120 多个国家的 900 多个博物馆。2002 年 10 月,孟席斯的新著《1421:中国人发现世界的一年》出版。这部长达 520 页的专著,分为七篇 18 章。书中附有数十幅古今地图以及世界各地的历史文物和遗迹照片。书中写道:1423 年,郑和船队有 7 艘从肯尼亚返航,其余绕过好望角,率先发现了美洲"新大陆"。郑和船队遍访美洲东海岸、西海岸,甚至在秘鲁建立殖民地。秘鲁的安卡什省有诸多村庄的名字和使用的语言,与中世纪的中国有关。孟席斯还说,在美洲发现有中国人的盔甲、墓葬和加勒比沉船的传说,这就是郑和船队到达美洲大陆的证据。

孟席斯的观点引起广泛反响，他还来到中国，在南京、昆明和北京进行学术讲演，他的观点给了人们启示：郑和下西洋有可能航行到比目前历史记载更远的地方。但是，也有不少学者认为，孟席斯的新观点有许多推测和想像的成分，许多说法有待于进一步证实。

我国权威的航海图专家朱鉴秋认为，郑和七下西洋曾到达非洲东海岸，这在多种史书中有记载，《明实录》也有多处记载郑和出使西洋各国，其中包括非洲的一些国家。太仓刘家港天妃宫石刻“通番事迹碑”及长乐南山三峰塔石刻“天妃应灵之记”均有关于郑和出使的内容。据考证，在非洲东海岸索马里、肯尼亚、坦桑尼亚境内，发现中国瓷器的遗址有一百多处，其中出土了很多14—15世纪的中国古瓷，这也是郑和航海到达非洲的一个佐证。

郑和到达东非后，船队中是否有船继续向南航行，绕过好望角进入大西洋呢？朱鉴秋说，这是不少中外学者探索的一个问题，英国历史学家李约瑟博士、地图学家弗拉·毛罗早就提出，他们考证，1420年航行在印度洋的中国式帆船，应该是郑和船队中的船，所以郑和航海绕过好望角是有依据的。

对于郑和是否到过澳洲，朱鉴秋的观点是，15世纪时，郑和的船队很可能到达澳大利亚西北的达尔文港，证据是1879年，那里曾出土一尊中国寿星石像，根据《郑和航海图》上与苏门答腊岛相连处绘有一大片海岸线很长的无名陆地，经多方面分析，它表示的是澳洲大陆。

但是对英国学者孟席斯提出的郑和早于哥伦布发现美洲的观点，朱鉴秋认为尚待考证，现在下结论为时过早。孟席斯认为郑和航海到达美洲的一个证据是地图，这一证据有较多的推测成分，不能肯定这些地图一定是郑和船队绘制的。早在郑和航海以前，就已有表示非洲之角的地图了。孟席斯的另一证据是“加勒比海的沉船”，但是这些沉船是否存在？如果确有沉船，它们是否属于郑和航海时的中国船？这些都还没有得到证实。

近年来,马来西亚历史学家祖菲加发表了更新的观点:南极早被中国明朝航海家郑和捷足先登。这一观点如被证实,有望改写西方航海家最先发现南极大陆的历史。祖菲加说,郑和于永乐元年至三年(公元1403至1405年),率领庞大船队下西洋,途经马六甲海峡、印尼亚齐、印度、东非沿岸后南下,于1422年到达南极大陆,然后船队回航,经澳洲大陆返回中国。郑和向明朝皇帝汇报,说南极是荒芜之地,不是文明世界,毋须开拓。根据葡萄牙航海记录,哥伦布船队与郑和的庞大船队相比,有如小巫见大巫,而且郑和船队航海技术高超,特别是扬帆的巨大船桅设计灵活,能顺风及逆风航行,航行方向不受风势影响。就是在现代,也必须有特别装置的破冰船才能在南极航行,普通船只难敌浮冰的冲击,但600年前郑和船队已能在南极海域航行,可见其造船技术之高超。

对于学术研究来说,我们不能以史料没有记载来否定孟席斯和祖菲加的观点,事实上,目前发现的郑和航海史料是不完整的,有关史料散失民间或流传海外都是可能的。因此,孟席斯和祖菲加的观点值得进一步研究。郑和是一位伟大的航海家,随着学术研究的深入,我们一定能对郑和航海的真实情况作出一个客观、公正的评价,使全世界有更多的人士了解郑和的光辉业绩。

占据要冲

明成祖迁都北京之谜

朱棣当上皇帝后，即改北平为北京，作为与南京并列的都城。永乐五年，朱棣兴工营造北京皇宫。永乐十八年，紫禁城基本竣工，第二年，朱棣正式迁都北京，南京改为“留都”。新的北京城成了当时世界上最雄伟壮丽的城市。那么，朱棣为何要放弃南京，迁都北京呢？

北京是元、明、清三朝的首都。元代至元四年到至元二十二年（公元 1267—1285 年），元世祖忽必烈在金中都（故址在今北京城西南广安门一带）东北郊外，建造了一座举世闻名的都城，它就是大都城。在大都城中心太液池（即今中海、北海）东西两岸，忽必烈建造了宏伟壮观的皇城宫殿群。元灭亡后，明太祖朱元璋以南京为首都，大都更名北平，大都城仍旧保存着。洪武三年（公元 1370 年），朱元璋分封诸王，以四子朱棣为燕王，驻北平。次年，下令将元西宫改作燕王府，此时朱棣年仅十一二岁，根本不能到封国去。洪武七年，朱元璋派朱棣的姑舅表兄李文忠到北平，对燕王府大加修建，这个地方就是现在的中海和北海西岸及附近地区，洪武十二年完工，次年朱棣住进此府。

朱棣当上皇帝后，永乐元年（公元 1403 年）改北平为北京，作为与南京并列的都城。既为都城，皇帝常来常往，没有皇宫是不行的。因此，永乐四年七月，朱棣下诏让群臣议迁都北京，闰七月十一日，文武群臣请建北京宫殿，以备皇帝巡幸北京时居住。永乐皇帝接受这个意见，派大臣宋礼等到四川、湖广、江西、浙江、山西等地采木备料。第二年五月，征调23万工匠，上百万民伕及大量兵士，兴工营造。到永乐七年三月，赶在皇帝到北京前完成奉天殿。这年，朱棣在奉天殿接受朝贺。但这时所盖的宫殿，实际是利用太液池东岸的元大内改建的，奉天殿就是元大内的大明殿，谨身殿（清代名“保和殿”）就是元大内大明殿的后殿，并不是今天见到的紫禁城。永乐十八年，北京皇宫基本竣工。永乐十九年（公元1421年）正月，正式迁都北京。

那么，朱棣为何要放弃南京都城，大兴土木迁都北京呢？

有人认为，朱棣是以北京为根据地夺取天下的，北京是他的“龙兴之地”，而南京是他的侄子建文帝坐皇位的地方，为了夺取皇位，朱棣大肆杀戮，残害前朝忠臣，尽管后来坐了皇位，但在心理上很不舒服，他甚至害怕建文帝可能回来。也许是出于难言之隐，才考虑把都城移到自己的根据地北京来。

不少历史学者不同意这种看法，认为朱棣是一位头脑清醒的政治家，不可能因为心理因素而迁都，他迁都是具有远大战略目光的，是为了扼守“燕赵锁钥”。据地理学家考证，在中国大陆东部，自大兴安岭向西南，太行山、伏牛山、巫山一线以东，地势陡降，这里的地壳中存在近北东方向的大断层，断层面西侧的地盘上升，东侧下降，形成这种山岳与平原高低悬殊的形势。北京即处在分界面边缘部位，这里还有近于东西向的燕山横亘其北，使低平地带在平面上形如海湾，贴近山麓地带地势稍高，成为比较适合人类居住的场所和行走的通道，村落和城市在此逐渐形成，并成为从中原地区通向东北、塞外的门户和保护中原农耕文化不受侵扰的关隘，在这里建都，完全是为了占据战略要冲。

有人认为明成祖迁都北京，还有一个重要的原因，就是当时北元残存政权又开始蠢动。元朝灭亡后，逃窜漠北的蒙古贵族，因内部争斗势力已经相当衰微了，然而取而代之的是鞑靼和瓦剌两个新部族的出现，造成北方威胁不断。从1409年起，为了对付蒙古贵族的南犯，明成祖先后五次北征，使明代社会经济在比较安定的环境下得到了恢复与发展，将首都移至北京，有利于皇帝对北方军事的领导。

关于明成祖迁都北京，营建紫禁城的时间，长期以来也是说法不一。

一说是永乐四年(1406年)，根据是《明实录》记载的永乐四年闰七月十一日，文武群臣请建北京宫殿，以备巡幸，永乐帝"从之"。一说是永乐十四年(1416年)，根据是永乐十四年十一月十五日，永乐帝迁都北京复记群臣议营建北京宫殿的记载。一说是永乐十五年，根据是永乐十五年，永乐帝至北京，御奉天殿(清代名"太和殿")，接受群臣朝贺的记载。还有一说是永乐十八年，根据是永乐十八年十一月初五日，永乐帝以明年御新殿受朝贺告天下，宣布紫禁城宫殿落成的记载。

那么，紫禁城究竟是什么时候营建的呢？全面考察有关资料发现，明代北京宫殿的建设是一个动态的发展过程。上述各个时间，都是这个过程中具有纪念意义的转折点。永乐年间，北京宫殿的建造共有三次，最后落成的是我们今天见到的紫禁城。

有学者提出，明成祖既然在元大内改建了奉天三殿，为什么后来还要建紫禁城呢？这得从明初的历史和元代宫殿的实际情况进行分析。永乐皇帝有意迁都北京，营建宫殿，首先考虑的是像他父亲当初设想的那样利用元故宫，这就是改建元大内的用意。同时，永乐初年国力不足，也迫使他不得不先因陋就简，从长计议。但是，不论元大内还是元西宫，都是元朝统治者根据自己的意图规划的，与汉族皇帝的要求有相当大的距离。元大内前朝大明殿与后殿及中间工字廊可改作奉天三殿，后寝延春阁却很难改成理想的乾清宫，至于东、西六宫则根本没有。另外，还存在朝寝相间、内外不别等问题。因此，要建造具有汉族传统文化心理,反映当代统治者理想,表现奉天承运、敬天法祖思想的皇宫,必须对旧有的宫殿进行彻底改造。朱棣在建设北京宫殿时,就是经历了这样一个过程。在永乐四年下令建北京宫殿的同时,朱棣还安排许多大臣到四川、湖广、浙江、江西、山西等地采伐木材,在北京、山东烧砖瓦,这是为更大规模建设紫禁城而准备的。

经过十年多时间,筹工、备料等准备工作基本完成。永乐十四年十一月十五日,朱棣又让大臣讨论建造北京宫殿事,大臣们夸口说,有关方面选材川广,官吏百姓乐于趋事,良材大木不费力气就集中到了北京,现在就等皇上拍板开工了。说紫禁城于永乐十四年始建,就是简单地领会了这段记载。

营建工程的第一步,就是拆除元大内,包括永乐初年改建的奉天三殿。可是作为“行在”(陪都),北京一刻也不能没有宫殿。所以永乐十四年八月二十八日至十五年二月二十七日,又把元西宫(即永乐登基前使用的燕王府)改建成临时皇宫,把皇帝的衙门奉天殿设到那里。五月初一,永乐皇帝从南京驾临北京,在这里的奉天殿受朝。六月,紫禁城营建工程正式开始,这一年是1417年。永乐十八年十月初四日,紫禁城宫殿基本完工。十一月初四日,朱棣宣布紫禁城“告成”,明年正月初一,御新殿受朝贺,同时正式以北京为首都,南京改为“留都”。新的北京城也于1421年建成,城周长45里,城内以皇宫为中心,形成一条从正阳门、天安门、午门、三大殿到钟楼的南北中轴线。城中重要干道多南北向,小巷多东西向,规模齐整。使北京不仅成为中国历史上城市建筑的典范,也成了当时世界上最雄伟壮丽的城市。

或毁或藏

《永乐大典》正本下落之谜

《永乐大典》是我国古代最大的一部类书。永乐元年，明成祖朱棣敕命翰林侍读解缙主持编纂，于永乐六年告竣，共22 937卷，装订成11 095册，可谓卷帙浩繁，是为正本。嘉靖后期又重录一部，是为副本。到清乾隆修《四库全书》时，要寻找正本，却不见踪影。

《永乐大典》是我国古代最大的一部类书。永乐元年(公元1403年)，明成祖朱棣敕命翰林侍读解缙主持编纂，参与其事者147人，第二年完成，初名《文献大成》。成祖认为采摘不广，记载太略，继命太子少师姚广孝(公元1335—1419年)与解缙同为监修，翰林学士王景(公元1336—1408年)等为总裁重修，于南京文渊阁开馆，参与其事者2 169人，以皇家图书馆文渊阁所收宋、元御府藏书为基础，并派员至全国征集经、史、子、集、释藏道经等，辑录先秦至明初书籍七八千种，于永乐六年告竣，更名为《永乐大典》，正文22 877卷，凡例、目录60卷，共22 937卷，装订成11 095册，约3亿7千万字，可谓卷帙浩繁。但这部巨书仅在永乐六年缮写一部，装订成11 095册，是为正本。嘉靖后期又重录一部，是为副本。为了防止毁坏，正副本分别藏在两处。数百年过去后，正本早已荡然无存，副本至清末民初也只剩下

64 册。

《永乐大典》正本究竟是毁坏还是密藏他处？目前学术界有不同看法，这些观点各有理由，互相争鸣。

有人认为，《永乐大典》修成后，先是收藏在南京文渊阁的东阁内。明成祖迁都北京后，《永乐大典》也运到了北京，放在故宫里的文楼（即文昭阁）里。有人建议将《永乐大典》刻印出版，以广流传，但因费用太大，只得作罢。此后，《永乐大典》深锁禁宫百余年，直到孝宗和世宗时才有所改变。孝宗曾经把《永乐大典》中的医药秘方抄给御医药房，并亲自抄写了一些秘方赐给太医院。明世宗在明朝皇帝中最喜欢读书，常常将《永乐大典》放在案头，随时浏览。嘉靖三十六年（公元 1557 年）四月，皇宫发生大火，三殿和文、武两楼等主要建筑均被焚毁。世宗一夜下了三四道禁令，督促抢救《永乐大典》。幸亏抢运及时，《永乐大典》才逃过一劫。世宗因此决定重新抄录一部，以备不测。嘉靖四十一年（公元 1562 年）秋，重录工作正式开始。此次重录有严格的管理制度，誊写人员每天早入晚出，领取《永乐大典》必须登记，严禁私自带出雇人抄写。每天三页，有错还要发回重抄，不计入工作量。每册《永乐大典》重录后，册尾要注明重录总校官、分校官、誊写人的姓名，职责自负。重录的《永乐大典》，格式、装帧与原本完全一样，称为“嘉靖抄本”或“副本”，收藏在明代新建的藏书楼皇史宬内，正本仍放在文楼里，此后很长时间无人问津。一直到清乾隆修《四库全书》时，要寻找正本，却不见踪影。据分析，《永乐大典》正本很可能在明末的战火中被毁弃了。

近年，学者栾贵明提出一个新的看法，认为《永乐大典》正本可能被明世宗（即嘉靖皇帝）埋藏在他的玄宫里了。据史书记载，《永乐大典》是嘉靖帝“殊宝爱之”的珍品，他登基后，更将其作为必备的参考经典，并时常在朝廷上引用。嘉靖三十六年（公元 1557 年）宫中失火，嘉靖立即命左右登文楼，抢运《永乐大典》，一夜中下谕三四次，焦急失态，足见《永乐大典》在他心中的分量。当时，嘉靖帝即有意“重录一部,贮之他所,以备不虞”。除了“以备不虞”的理由外,还值得人们思索其他缘故。四年后,嘉靖“驾崩”,三个月即下葬。葬礼刚毕,隆庆帝便宣布《永乐大典》已抄成,赏赐重抄的儒臣。可是从此时起,正本的去向就音信杳然。嘉靖丧葬与正本失踪的时间如此巧合,以及一反中国古代皇家修典必大肆宣扬典藏何处的做法,使人感到《永乐大典》正本的消失带有明显的人为痕迹。事实上,《永乐大典》正本没有毁亡,更没有佚失,它可能好端端地宝藏在永陵玄宫中!北京十三陵管理处分管文物的负责人也认为,永陵保护完好,其环境有可能保护珍藏《永乐大典》。

但是也有学者提出不同意见,依据是清中期著名史学家、文学家全祖望根据清顺治帝曾阅读过《永乐大典》,推测正本在清初仍保存在乾清宫。全祖望是乾隆元年进士,被选为翰林院庶吉士,乾隆二年散馆,候选知县。但他无意仕进,后以治学显。他曾在雍正七年至九年(公元 1729—1731 年)、雍正十年至乾隆二年(公元 1732—1737 年)两度在北京求学和做官。其间,他得以浏览北京的珍贵藏书,尤其是在找到《永乐大典》副本后,他如获至宝,计划每天读二十卷,并从中抄写了经、史、志乘、氏族、艺文等五个方面的孤本书籍。因此,他对《永乐大典》是很熟悉的。从他的经历和学识来看,他关于《永乐大典》的记述,应该是真实可信的。全祖望介绍说:“崇祯时,刘若愚著《勺中志》(应为《酌中志》),已言是书不知今贮何所。是其书在有明二百余年,赖世庙得如卿云之一见,而总未尝入著述家之目。暨我世祖章皇帝万机之余,尝以是书充览,乃知其正本尚在乾清宫中,顾莫能得见者。及圣祖仁皇帝(即康熙帝)实录成,词臣屏当皇史宬书架,则副本在焉。移贮翰林院,然终无过而问之者。”从上述引文可以看出,在清初顺治年间,《永乐大典》正本还贮藏在乾清宫,副本贮藏在皇史宬,乾隆初副本移到翰林院中。不仅如此,全祖望还推断,《永乐大典》正本在乾隆初仍贮藏在乾清宫中。他指出:“会逢今上(指乾隆帝)纂修《三礼》,予始语总裁桐城方公(指方苞)钞其(指

《永乐大典》副本)《三礼》之不传者,惜乎其缺失几二千册。予尝欲奏之今上,发宫中正本以补足之,而未遂也。”

这些学者认为,根据全祖望的记载,大致可以得出这样的结论:《永乐大典》正本至少在顺治时尚存在于乾清宫中,在乾隆朝也应该保存在乾清宫。因此,关于《永乐大典》正本下落的几种说法,如正本送归南京后毁于大火、藏在皇史宬夹层、明末毁于文渊阁大火或保存在嘉靖永陵玄宫等观点都是可以排除的。至于是否毁于清嘉庆年间的乾清宫大火,目前还不能肯定,有待于进一步考证。

不过栾贵明关于《永乐大典》正本可能藏于明永陵的观点还是在全国史学、文物、古建、考古及新闻界引起浓厚兴趣和广泛关注,各界专家纷纷发表观点,各大媒体更就是否发掘或勘测永陵作追踪报道。有学者认为,按照《永乐大典》总体积达40立方米这样巨大的物体来说,运用物理勘探方式勘查其空间位置,应当说是没有问题的,但要确定是否图书典籍,目前还难以做到,因而无法查出其空间位置。也有学者认为,保存古代墓葬中出土的纸制品,目前还没有很好的先例,古代的纸张如宣纸,由于是手工制作的有机物纤维,总有一个被腐蚀的问题。看来,《永乐大典》正本之谜要等到将来条件成熟,开掘永陵时才能解开。

剽悍勇武

残元帝国与明并存之谜

1388 年，明朝大将蓝玉率领 10 万大军大败脱古思的军队，忽必烈家族的残元政权彻底灭亡，蒙古帝国大汗不复存在。然而，其他蒙古部落也一直想着恢复蒙古帝国的疆域，因而屡屡南侵。终明一朝，北方的蒙古始终是明王朝的巨大威胁。

公元 1368 年，不足百年的元朝被朱元璋领导的起义推翻了，与辽、金、西夏等少数民族政权不同，末代皇帝元顺帝妥欢帖睦尔既没有战死，也没有自杀，而是率领王族和所剩的军队撤退到了自己祖先曾经兴起的故地——蒙古高原。那么，元顺帝及其王族为何能全身而退呢？

有学者认为，这得归功于其先祖成吉思汗开始的疯狂扩张，使得蒙古帝国幅员辽阔，汗国、部落林立，而元朝的版图只是蒙古帝国的一部分，元朝的皇帝又是蒙古帝国的大汗，对于蒙古各大汗国和部落享有宗主权。元朝的灭亡，使蒙古帝国失去了中国的领土，而残元帝国依然存在。元顺帝是元朝皇帝中少有的接触汉文化较深的一个，仓皇北归对于他来说是极大的打击，虽然他还是蒙古各部的大汗，但也不能排解他“去国怀乡”的忧愁，尤其是明朝军队对他接连不断的继续打击，更使他惶惶不可终日。1370 年 5 月 23

日，他怀着悲愤和郁闷，在沙拉木伦河畔的应昌去世。他的儿子爱猷识里达腊获悉父亲去世的消息后，便在哈拉和林继位，将残元政权又维持了八年，并厉兵秣马盼望着有朝一日重登中国皇位。然而，他没有实现这一愿望，1372 年，明朝大将徐达率军攻向哈拉和林，这是蒙古黄金家族的大本营，因此，蒙古人的抵抗十分激烈。但是，徐达一路上势如破竹，爱猷识里达腊几乎到了绝望的边缘。由于战线过长，明军后援不继，最终受阻于土拉河畔。1378 年，爱猷识里达腊怀着满腔遗憾去世，其子脱古思帖木儿继位，这位第三任残元皇帝所能控制的领土已经缩小到蒙古帝国最初兴起时的规模，恢复祖业更是毫无可能了。1388 年，明朝大将蓝玉率领 10 万大军在合勒卡河和克鲁伦河之间、贝尔湖南岸大败脱古思的军队，残元诸王、平章以下官员三千多人及军士七万余人被俘，脱木思帖木儿逃走后被其部将缢杀，忽必烈家族的残元政权彻底灭亡。

有学者认为，残元政权的灭亡，仅仅表示合法的蒙古帝国大汗不复存在，然而蒙古各部争夺蒙古帝国大汗宝座的纷争仍然存在。1399 年，分布在叶尼塞河上游沿岸的乞儿吉斯部首领贵力赤，否认了最后一任残元皇帝额勒伯克的宗主权，将其打败并杀死，取得了统治各部的霸权。从明朝角度来看，蒙古已经不再是前一王朝的残余势力，因而，永乐皇帝对贵力赤表示了友好，承认他对于蒙古各部的宗主权。但是，贵力赤也没有保持汗位多久，1400 年被阿苏特部首领阿鲁台和卫拉特部首领马哈木的联军打败。阿苏特部是蒙古化的伊朗人，起源于高加索，因蒙古西征而进入中国，元朝军队中有一支由他们组成的军团。而卫拉特部是森林蒙古人中一个强大的部落，定居在贝加尔湖西岸。阿鲁台和马哈木都不想成为蒙古帝国的大汗，他们最希望的是自己的部族独立于蒙古人之外而获得承认，因此，在打败贵力赤后，便向明朝效忠。这样的臣服是明朝求之不得的，给了他们极大的支持，于是，卫拉特部将其霸权扩张到从贝加尔湖西岸到额尔齐斯河上游的整个西蒙古地区。

有学者认为,蒙古的军事力量虽然在残元政权灭亡后一度衰败,但是回归草原后的蒙古人恢复了昔日剽悍勇武的素质,再次表现出吃苦耐劳、能征惯战的特点。因而尽管明朝大军三番五次深入北方作战,但由于后勤、生活习惯诸方面原因,并不能永久占据草原地区,蒙古始终是明王朝的巨大威胁。为了巩固王朝的统治,明朝对蒙古采取征讨和招抚并用的策略,其结果却不能如愿以偿,形成了南北对峙的局面。即使在成吉思汗的黄金家族已经彻底覆亡后,其他蒙古人也一直想着恢复蒙古帝国的疆域,因而屡屡北侵。明正统十四年秋,蒙古的瓦剌部落进犯大同,明英宗御驾亲征,结果在土木堡(今河北怀来土木镇)被瓦剌打败,英宗被俘,瓦剌大军一度兵临北京城下,导致严重的政治和军事危机。《明史·兵志》说:“终明之世,边防甚重”,主要就是指对北方蒙古的防御而言。为了保障北方边境安全,明朝在能够控制的蒙古地区和北方边境建立了许多设置,如修筑长城、建立卫所等,仍然无法彻底消灭北元政权。北元政权持续了二百六七十年,差不多与明朝相始终,一直到明朝灭亡后,最后统一于清王朝。

“佛母”传奇

唐赛儿失踪之谜

1420年2月，山东农民起义军女领袖唐赛儿在家乡率众数千人，以红白旗为号，揭竿而起。消息传到北京，朱棣“甚为震惊”，下谕镇压。起义失败后，唐赛儿下落不明。为了寻觅这位女英雄的最后归宿，多少年来，历代史学家孜孜以求，仍无定论。

在漫长的封建社会里，我国农民战争连绵不断，此起彼伏。在众多的农民起义军领袖中，既有顶天立地的血性男儿，也有英姿飒爽的巾帼英雄。明初山东农民起义军女领袖唐赛儿就是其中杰出的一位。唐赛儿，生卒年不详，蒲台县西关(今滨州市蒲城乡)人。她领导的农民起义虽然延续时间不长，但影响颇大，就连明成祖朱棣也被震惊。但是起义失败后，唐赛儿下落不明。为了寻觅这位女英雄的最后归宿，多少年来，历代史学家孜孜以求，仍无定论。

有学者认为，唐赛儿可能和许多参加起义的农民军领袖一样，舍生取义，壮烈牺牲。据《明史》及清代野史杂钞记载，唐赛儿于1420年2月21日在家乡率众数千人，以红白旗为号，揭竿而起，赢得了董彦皋、刘信、刘俊、丁谷刚、宾鸿、徐光等农民起义军领袖的支援，他们率农民数万人响应唐赛儿并投入其麾下。声势浩大的农民起义一爆发，立即遭到青州左卫指挥高风的残酷镇压，高风亲率精兵数千，与起义军展开殊死斗争。起义军在唐赛儿领导下，利用熟识地形的有利条件，屡挫高风凶焰，把高风官兵打得溃不成军，并斩杀了高风。消息传到北京，朱棣“甚为震惊”，下谕安远侯柳升为总兵官，都指挥佥事刘忠为副总兵官，急带护卫北京的“京营”星夜奔赴山东，继续进行镇压。柳升以装备精良的“京营”5 000人包围了唐赛儿起义军的中心驻地卸石棚寨，又派指挥吴亮前往诱降。唐赛儿识破柳升的阴谋诡计，派遣一些起义军战士到敌营前假装投降，并“告密”说，“寨内缺水，起义军将由东门突围寻水”。柳升信以为真，马上集中兵力阻截东门。唐赛儿率领部队趁机从敌军兵力薄弱、防备松懈之处撤退。起义军向安丘城发动猛攻，眼看城池已破，在山东半岛防倭的明朝军队奉旨从蓬莱赶到安丘，包围了起义军。在腹背受敌的情况下，起义军迭告惨败，大部分战士牺牲，唐赛儿也在其中。

也有人认为，唐赛儿在这次战斗中并没有牺牲，而是在当地百姓掩护下，逃出敌军重围，以后又继续进行秘密活动，与明王朝对抗。他们从两个方面进行分析论证。其一，当地百姓对明王朝的痛恨和对唐赛儿的爱戴。明成祖迁都，不顾人民百姓的生计，征调大量农民赴北京修城造殿，强派民工从各地运送材料。为了供养京城内大批官吏和军队，兴师动众，滥征民工，把南方大米运往北京。朱棣还屡征农民开凿疏浚运河，总计十多年，迁都耗费了大量民工和财力，使广大人民遭受沉重的劳役灾难。特别是山东农民，处在运河开凿地区，劳役最重，人民生活在水深火热之中。所以，唐赛儿以当地民间宗教“白莲教”来团结人民，聚众起义，得到人民群众的广泛支持，人们尊称她为“佛母”。基于此，她很有可能被当地百姓所掩护，逃脱了明王朝追捕的魔爪。其二，唐赛儿起义失败后，朱棣要求活捉唐赛儿，死要见尸，但一直不见踪迹，朱棣因“虑削发为尼或处混女道士中，遂命法司，凡北京、山东境内尼及道姑，逮之京诘之”。同年七月二日，又命段明为山东左参政，继续搜索唐赛儿，段明为了完成这一任务，不仅把山东、北京的尼姑全部捕捉，逐一搜查，甚至还逮捕了除这两地之外的数万出家妇女，仍无所获。由此可见，唐赛儿“确实还活在人间”。

还有一些学者认为，唐赛儿究竟是战死沙场还是削发为尼，她的下落尚需进一步探讨研究。唐赛儿的丈夫林三死的很早，林三是怎样一个人，史书里并没有记载，但民间传说和各类小说对他的背景说法不一，有说是农民，有说是小贩，还有说是富贵公子。关于他的死，有说是被官府杀害，有说是病死。从唐赛儿年纪轻轻就能当上“佛母”来看，恐怕和她的丈夫林三在白莲教中的地位有关。

白莲教实行严格的家长制统治，等级森严，他们的权力和地位取决于所收门徒的多寡，纠合人数多者称为大头目，人数少者为小头目。随着收教徒人数的不断增长，教首的独立倾向也在逐步加强，如果条件成熟，最后也会走上独树一帜的道路。林三可能是白莲教某个支派的首领，他死后，由于他的妻子唐赛儿组织能力强，林三的徒众就奉她为主。这场由民间宗教传播多年而组织的起义，在不到一个月的时间里被镇压下去，不能不引起人们的一些思考。在义军占据山寨以至其后与官军作战的过程中，很少看到过唐赛儿出现，但她却被认定为这场起义的领导者，这很可能因为她始终只是民间宗教领袖的身份。安丘之战是唐赛儿见于各种正史和野史的最后一战，她的最终结局从此成了谜。最直接的推断当然是她在这次战斗中战死了，一些地方志和野史也以此推断说唐赛儿“必在歼灭之例”。但是，这些地方志和野史的成书年代都在清代，隔了几百年，到底有多少可靠性值得怀疑。

还有一种说法，明王朝大肆搜捕出家妇女，给百姓带来巨大的灾难，这个搜捕行动最后是因为唐赛儿自己出来自首而停止。据野史叙述，唐赛儿自首后，朝廷立刻判她死刑，绑赴刑场处死。不料到了行刑的时候却发现，唐赛儿刀枪不入，无法将她杀死，不得已，只好又把她投入大牢戴上手铐脚镣，又加上三道重枷。但是没过多久，唐赛儿竟然再次脱逃，镣铐枷锁都完整地落在地上，从此再也没有人见到过她的踪影。在这些记述中，唐赛儿成了一个通晓妖术的“妖妇”，但许多人把她当作一个传奇的英雄人物，唐赛儿的下落就这样永远成了一个谜。

天不假年

明仁宗猝死之谜

明成祖朱棣去世后，长子朱高炽登位，即明仁宗，改元洪熙。次年五月，仁宗暴卒，在位不足十月，享年48岁。据史载，仁宗去世前三天还“日理万机”，壮年天子，登基未足一年就“无疾骤崩”，且《明仁宗实录》、《明史·仁宗纪》等，皆只字不载其死因，这不能不引起人们的猜测。

永乐二十二年（公元1424年）七月，明成祖朱棣去世。长子朱高炽登位，即明仁宗，改元洪熙。次年五月，仁宗暴卒，在位不足十月，享年48岁。六月，太子朱瞻基即位，是为宣宗。

仁宗去世前三天还“日理万机”，他从不豫到“崩于钦安殿”，前后仅两天时间。明人黄景昉称仁宗“实无疾骤崩”（《国史唯疑》卷二）。壮年天子，登基未足一年，“无疾骤崩”，其中必有缘由。但《明仁宗实录》、《明史·仁宗纪》等，皆只字不载其死因。仁宗正当壮年，怎么会“无疾骤崩”？这不能不引起人们的猜测。

有人指出，仁宗可能死于嗜欲过度。当时有大臣李时勉在仁宗即位不久上一奏疏，说：“侧闻内宫远自建宁选取侍女，使百姓为之惊疑，众人为之惶惑。”因劝仁宗“谨嗜欲”。仁宗览奏后，怒不可遏，即令武士对李时勉动刑，使李险些丧命。仁宗直至垂危之际,仍难忘此恨,说:“时勉廷辱我。”由此可见,仁宗因为纵欲无度,李时勉奏疏触及其痛处,否则不会如此耿耿于怀。继仁宗即位的宣宗皇帝曾御审李时勉,史书记述了这有趣的一幕。

当时有人对朱瞻基(宣宗)说起李时勉得罪先帝的情况,朱瞻基不由大怒,命令使者:“缚以来,朕亲鞫,必杀之。”使者去后,他愈想愈气,又令王指挥前去将李时勉绑赴西市斩首,不必入见。王指挥出端西旁门时,使者正巧带李时勉由端东门入,没有碰上。朱瞻基见到李时勉,骂道:“尔小臣敢触先帝!疏何语?趣言之。”李时勉叩头道:“臣言谅闇中不宜近妃嫔,皇太子不宜远左右。”听了这两件事,朱瞻基怒气稍解。李时勉说了六事便说不下去了,让他接着说完,他回答说:“臣惶惧不能悉记。”这时,朱瞻基已怒气全消,“是第难言耳。草安在?”他甚至想再看一遍那份疏草。“焚之矣。”李时勉答道。朱瞻基不由叹息,在他的心目中,李时勉已经完全是一位忠臣了。等到王指挥去狱中提人不见回来复命时,李时勉已冠带立于阶前。

也有人认为,导致仁宗猝死的原因是服用治“阴症”的金石之方,中毒而死。这在明人所著《病逸漫记》中有记述:“仁宗皇帝驾崩甚速,疑为雷震,又疑宫人欲毒张后,误中上。予尝遇雷太监,质之,云皆不然,盖阴症也。”“阴症”之说出自仁宗的一名随伺太监,应该有一定可信度。当时治疗此等“阴症”恐无特效良药,使一些奸佞之徒有机可乘。《明史·罗汝敬传》中记:“宣宗初,(罗汝敬)上书大学士杨士奇说:‘先皇帝(仁宗)嗣统未及期月,奄弃群臣,揆厥所由,皆险壬小夫献金石之方以致疾也。’”可见,仁宗是为了治疗阴症而服用金石之药,最后可能中毒身亡。由于病症比较特殊,正史中也就无法加以记载了。

但是也有一些学者认为,说仁宗贪恋女色,恐怕证据不足,有些史书上记载,仁宗每日勤于政事,建弘文馆,与儒臣谈论经史,终日不倦。后宫除与张皇后相敬如宾外,不恋女色,仅有谭妃一人。

还有一些学者经考察各种蛛丝马迹，指出仁宗很可能是被其长子朱瞻基，即继仁宗登位的宣宗害死的。仁宗生性温厚懦弱，喜读儒家经书，沉静好文，性格与其父很不相同，成祖生前对他大为不满，甚至感到厌恶，只因“礼教”和“祖训”的关系，才立朱高炽为太子，但成祖一直有废朱高炽储位之心。仁宗长子朱瞻基与其父相反，善骑射，谙武事，热衷权利，工于计谋，既有祖父的英武，又有父亲的睿智，成祖在世时，深得成祖赏识。成祖死后，仁宗即位，虽立朱瞻基为太子，但已察觉他非安分之辈，故屡有劝戒之语。但是朱瞻基迫不及待地为自己早日登位筹谋，为此可不顾骨肉亲情。洪熙元年(公元1425年)三月，仁宗命朱瞻基南行祭陵(凤阳的皇陵与南京的孝陵)，朱瞻基感到父亲派他去南方祭陵的安排，说明父亲与自己的关系正在疏远，朱瞻基开始担心了，于是与亲信定下杀仁宗夺皇位的计谋。朱瞻基于四月十四日离京，随侍仁宗的宦官海涛是朱瞻基的亲信，他按朱瞻基的吩咐，加害仁宗，五月十三日，仁宗卒。朱瞻基离京后，不按日程行进，而是直奔南京。离南京前，南京城中已“传言仁宗上宾”，当时北京还未发丧，也无现代通讯手段，为何消息传得如此之快？可见“仁宗上宾”是在一些人预料之中的。当时，朱瞻基还说：“予始至遽还，非众所测。”显示他有人们难以想像的重大安排。这不能不引起人们的怀疑，为何他在出发不久就知道自己马上就要返回？说“非众所测”，那么，这些大臣测的是什么？他自然心中有数。他匆匆北返，于途中等待赍诏而来的海涛，于六月三日抵北京。一到北京，就有亲信大臣劝诫：人心汹汹，不可掉以轻心。人心为何“汹汹”？这也是值得怀疑的。对此，朱瞻基答道：“天下神器非智力所能得，况祖宗有成命，孰敢萌邪心！”显示一切皆在其掌握之中，流露出对弑父谋位的自信和自得。

当然，这种事情史书上是不可能记载的，仅仅是后人的猜测而已。不过仁宗刚刚做了九个多月的皇帝就“无疾骤崩”，实在令人怀疑。这个谜有待后人继续考证。

大获全胜

明宣宗平定汉王谋反之谜

明仁宗朱高炽去世后，长子朱瞻基继位，是为宣宗。其时，他面临的最大问题就是太祖皇帝留下的外藩问题，他的叔父汉王朱高煦野心勃勃，早就有问鼎皇位的野心，成为朱瞻基的心头之患。

明宣宗朱瞻基（公元1398—1435年），仁宗朱高炽长子，仁宗死后继位，在位10年，病死。传说在朱瞻基出生的那天晚上，他的皇祖、当时还是燕王的朱棣曾经做了一个梦，梦见太祖皇帝将一个大圭赐给他，大圭上镌着“传之子孙，永世其昌”八个大字。在古代，大圭象征着权力，朱元璋将大圭赐给他，说明要将江山送给他。朱棣醒来后正在回忆梦中的情景，忽然有人报告说，孙子朱瞻基降生了。朱棣马上意识到，难道梦中的情景印证在孙子的身上？他立刻跑去看孙子，只见小瞻基长得非常像自己，而且脸上一团英气，朱棣非常高兴。有人据此认为，这件事对朱棣下决心发动“靖难”也有很大的作用。

朱棣登上皇位后，公元1411年，朱瞻基立为皇太孙。朱棣亲自挑选著名文臣担任朱瞻基的老师，并多次指示，皇孙是个可造之才，你们一定要尽心竭力，同时朱棣也不忘亲自教导。永乐中期以后的远征漠北,朱棣总是将朱瞻基带在身边,让他了解如何带兵打仗,锻炼他的勇气,这对后来朱瞻基亲征有非常大的帮助,每次远征归来经过农家,朱棣都要带朱瞻基到农家看看,让皇孙了解民间生活,这对朱瞻基以后成为著名的守成之君,有着极其重要的意义。

有学者认为,明仁宗朱高炽被立为太子,很大程度上是沾了儿子朱瞻基的光,因此父子俩就成了汉王朱高煦等人的眼中钉,朱瞻基也被卷入了这场争斗,他对叔父觊觎储位的企图,从来都是针锋相对。一次,谒陵途中,当时身为太子的朱高炽因身体肥胖,行走不便,靠着两名内侍搀扶,还是滑了一跤。汉王朱高煦在旁说道:“前人把滑,后人知警。”话音未落,身后有人应道:“更有后人知警。”说这话的便是皇太孙朱瞻基,汉王不由回顾失色。朱瞻基几次帮助父亲化险为夷,最终使朱高炽登上了皇帝宝座。

朱高炽死的时候,朱瞻基正在南京,当日他动身北归,曾听说他的皇叔、汉王朱高煦要在半途截杀他,然后自立为帝。他的手下都劝他整顿兵马以作防范。朱瞻基说:“君父在上,谁敢如此胆大妄为?”依然轻身出发,日夜兼程赶到北京,他一方面妥善处理父皇的后事,一方面加紧北京城的戒备,防止有人伺机作乱,然后从容登基,改年号为宣德,开始了他的帝王生涯。

朱瞻基登基之后,面临的最大问题就是太祖皇帝留下的外藩问题。他的叔父汉王朱高煦野心勃勃,早就有问鼎皇位的野心,成为朱瞻基的心头之患。

也有学者认为,朱高煦野心勃勃是有原因的,他的性格很像他的父皇朱棣,他积极参与朱棣发动的“靖难之役”,战功赫赫。朱高煦惯于冲锋陷阵,朱棣起兵后在白沟河与南军李景隆大战,几乎被南军将领瞿能抓到,多亏朱高煦率数千精骑斩杀瞿能父子,朱棣才转危为安。朱棣在东昌大败,手下大将张玉战死,朱棣只身逃走,正好高煦率援军赶到才击退南军。诸如此类的事极多,每当朱棣面临危险而最后转败为胜，朱高煦总是功劳最大。朱棣认为高煦像自己，高煦亦以此自负，恃宠而骄。他亲眼目睹了其父以皇叔、藩王身份夺取侄子建文帝皇位的全过程，而且因为他的哥哥、太子朱高炽生性仁厚，体弱多病，朱棣对他甚为失望，可能朱棣对朱高煦有过许诺，因此，朱高煦早有蓄谋，在永乐朝被封乐安（今山东乐陵一带）之后，从没有放弃武力夺取政权的野心。这次机会终于来了，仁宗病逝，宣宗即位，国家动荡，皇帝年轻，正是造反的好时机，于是经过精心准备后，也像他的父亲一样扯起了“清君侧”的大旗。他派一名官员去朝廷，宣称他的不满以说明他的行动事出有因，他还指责皇帝在选用官员时判断不当，并且致书诸公侯大臣，指斥仁宗违洪武、永乐旧制，给文臣诰敕封赠，并指夏原吉等为“奸臣”，几乎就是前燕王对建文帝指控的翻版。

但是这一次却没有得到很好的响应。朱高煦的准备极不顺利，他命亲信枚青秘密入京，约英国公张辅为内应，结果反被张辅执送朝廷。再约山东都指挥使靳荣于济南反叛相应，又被山东布、按二司官觉察预防，谋不得发。朝中旧臣既无人内应，地方官员又不肯从乱，朱高煦陷于孤立之中。在乐安家中居丧的御史李浚得知朱高煦相招，连忙换装改名，间道入京告变。

朱瞻基也是一位精明人物，即位之后，马上着手整顿军务，准备迎接来自强藩的挑战。得知汉王起兵的消息，早已准备就绪的宣宗在大臣杨荣的建议下御驾亲征，明军很快包围了乐安城，老将薛禄率领两万士兵猛烈攻城，见大势已去，朱高煦只得弃城投降。之后，朱瞻基马上传召另外一个皇叔朱高燧，暗示他交出兵权（明初亲王都有自己的军队，称作卫），朱高燧并没有反抗，乖乖地交出了三卫兵马。就这样，明初近半个世纪的藩王问题在宣德朝终于得到解决。

朱高煦被擒后，怎么处置这个特殊身份的俘虏，让朱瞻基颇费心思，臣下也是各说各词，只能先关起来再说。曾有一些大臣劝朱瞻基将朱高煦正法，朱瞻基念其是皇叔，网开一面，没有杀他，将其废为庶人，软禁在西安门内逍遥城。

朱高煦最后结局如何？也有不同说法。一说他在长期的囚居中得病而死，或说是后来受刑而死。另外有一种说法是，几年后，宁王朱权（朱瞻基的叔祖）上书请求赦免朱高煦，明宣宗决定到狱室去看看这位叔父是否有悔改之心，谁知在牢里被朱高煦伸腿一勾，扑面摔倒在地。这下，朱瞻基叫人抬来一口300斤重的铜缸，把朱高煦扣在里面，周围点燃木炭，一直把朱高煦焙成干灰为止。为斩草除根，还把跟随朱高煦起事的天津、山东一线的都督、指挥等驻军将领以参与谋逆罪处死，共计640余人。

难逃其咎

“土木之变”罪魁祸首之谜

正统十四年（公元 1449 年），北方的蒙古瓦剌部落大举南下，进攻大同。明英宗不听群臣劝阻，领兵 50 万亲征，在土木堡（河北怀来境）被瓦剌军俘获。消息传来，举朝大震。那么，造成这场灾祸的原因是什么？它的罪魁祸首又是谁呢？

“土木之变”又称“土木堡之变”，这是明朝中期的一场政治大危机，皇帝被异族所俘，明王朝几乎亡国。那么造成这场灾祸的原因是什么？它的罪魁祸首又是谁呢？

公元 1435 年旧历正月，37 岁的明宣宗病死，太子朱祁镇即位，是为明英宗，年号正统。明英宗即位时才 9 岁，上面有太皇太后张氏（仁宗的皇后），下面有元老重臣“三杨”（杨士奇、杨荣、杨溥）在内阁辅政，朝政还算清明。太皇太后死后，朝政越来越腐败，宦官趁机弄权，有学者认为，明朝重用宦官自明成祖始，宦官专权则自英宗时王振始。王振不是个简单的人物，他曾经在学校里担任教职，成祖时自愿净身入宫。显然，他是那种为达目的可以不惜一切的人物。与那些刚刚在内书堂识字的小宦官相比，王振读书最多，所以很快就在宫中受到重用，并被安排在太子宫中，做太子的伴读。英宗登基后，他终于掌管了司礼监，这使他觉得出人头地的时候到了。他仗着英宗的宠幸，开始在宫中为非作歹。一天，太皇太后派王振到内阁传旨，让内阁大学士杨士奇票拟处理意见。杨士奇票拟未定，王振就在一旁说三道四，气得杨士奇三天不到内阁办公。太皇太后听说这件事后大怒，命人用鞭子抽了王振一顿，责令他去向杨士奇谢罪，并警告他，如再发生这样的事就杀头，决不宽贷。过了几日，太皇太后又当着英宗和内阁大臣的面，让扈从的女官把刀架在王振的脖子上，痛斥他在宫里的种种不法行为，要杀了他，急得英宗连忙跪下求情，在旁的杨士奇等大学士也跟着英宗跪下求情。太皇太后于是说："皇帝年幼，岂知此辈自古祸人家国！"

王振虽然受到太皇太后的挫辱，也只是稍稍收敛。有年幼的英宗皇帝保护，他照样背着太皇太后为非作歹。有一次，皇帝要赐宴百官，按规矩，宦官是不许参加为大臣举行的宴会的。但英宗却派人去问他的"王先生"，这件事该怎么办。王振听了居然大怒，说周公可以辅佐成王，他为什么不可以到大臣们的宴会上去坐一坐呢！英宗听了，连忙让人开了东华门去请王振，让百官在门外迎候，王振这才高兴了。这件事发生在正统六年，太皇太后仍然在世。太皇太后去世后，"三杨"或死或不管事，大权悉归王振，生杀予夺，尽在其手。另外，王振又把明太祖禁止宦官干政的铁牌盗去。此牌在宣德时尚存，而到王振时便不见了。王振作威如此，举朝无敢相抗者。有一个叫刘球的官员，因上书冒犯了王振，立即被投入监狱，然后被杀死并肢解。大臣们都争着依附王振，工部郎中王祐对王振一直是极尽谄媚，据说他长得很英俊，却没有胡子。一次，王振问他为什么不长胡子？他竟说："老爷所无，儿安敢有？"更有甚者，如兵部尚书徐晞等人，见了王振居然屈膝下跪。

有学者认为，王振毫无疑问是"土木之变"罪魁祸首。英宗初年，蒙古瓦剌部强盛起来。瓦剌本与明朝有朝贡贸易关系，但每假朝贡名义大肆讹诈明朝物品。按照定制，瓦剌每年的贡使不得超过50人，而正统四年(公元1439年)以后，瓦剌每年派到北京的贡使多到

2 000人以上,明朝供应瓦剌贡使的费用十分庞大,仅大同地方每年的供应费即达30余万两。而且瓦剌来使又虚报名额,每每冒领赏赐,沿途又抢掠财物,私买弓箭等违禁物品运出塞外。明朝镇守大同太监郭敬是王振的亲信,此人贪暴纳贿,每年私运大量钢铁箭头,用王振名义送给瓦剌,瓦剌则遣人赠送王振良马。这种走私通敌的活动,严重破坏了明朝的边防。正统十四年(公元1449年)春,也先遣使2 000人到北京贡马,而诈称3 000人,要求按虚报名额给予赏品。王振平时勾结瓦剌,这次又轻心戏弄,一定要按照实际人数给赏,且又大减其马价。也先大怒,遂于这年七月分兵四路,大举南下,也先亲自领兵进攻大同。王振不作充分准备,即挟英宗领兵50万亲征,群臣皆言不能轻易出兵,但王振不听。大军离京之后,北出居庸关,过宣府(河北宣化),向大同进发。一路上王振专制横行,成国公朱勇等人向王振白事,皆膝行而前。请帝回兵的大臣被王振罚跪草中,至晚方释。大军未至大同,兵士已乏粮,饥寒交迫,死者满路。八月初,大军抵达大同,王振得报前线各军屡败,惧不敢战,立即折回。途中,王振要挟英宗回老家土木堡,光耀门庭,以至耽误行程。当明军至土木堡(河北怀来境),被瓦剌军追上,兵士死伤过半,随从大臣英国公张辅等50余人皆阵亡,王振被护卫将军樊忠用锤打死,英宗突围不出,被瓦剌部所俘。消息传来,举朝大震,群臣聚哭,不知所措。有人提出迁都南京以避瓦剌兵锋,兵部侍郎于谦挺身而出,力斥南迁言论,坚持固守京师,人心始定。

也有学者认为,明英宗在"土木之变"中也难逃其咎。在后世记载中,土木之战简直就是一场闹剧。英宗在王振的诱导下,以军事为儿戏,率兵亲征,把军事指挥权全部交给王振,先是仓促进兵,然后是仓促退兵。《明史·卷12·英宗后纪》曰:"独以王振擅权开衅,遂至乘舆播迁。"是有代表性的说法。21岁的英宗对战争抱有浪漫的想法,一是自负,以为区区瓦剌根本不配对抗天朝;二是蓄意,想作出些惊天动地的伟绩。英宗以永乐、宣德亲征为楷模,以为能有机会成就二祖那样的事业，荡平漠北，大展天威。但是他对军事却同王振一样一窍不通，亲征命令刚刚下达两天，马上就要御驾起程，如此仓促不作准备，举朝震惊。英宗命兄弟郕王朱祁钰留守，太师英国公张辅、成国公朱勇率领军马从行，吏部尚书王直以及大小群臣跪伏在宫门外，恳请皇帝留驾，不予准允。出征后，一路上不利战报接连不断，随从大臣连续上奏，请求皇帝留驻车驾，英宗依然不为所动。

也有人认为，"土木之变"源于宦官王振专权，而王振专权源于仁、宣两朝士风的疲软。其实王振的势力尚未达到后来刘瑾、魏忠贤的程度，而最后却弄得不可收拾，几于亡国。除了皇帝昏庸柔弱外，与士风疲软也有直接联系。诚如上述，"三杨"等阁臣与皇上的关系中师生情感占有相当的比重，随着仁、宣二帝逝去，此种情感已不复存在。正统初年的太平无事，实在是因为皇权尚握于太皇太后手中，随着她的去世，太平局面也就悄然隐去。从皇帝对臣下情感而言，也许更有利于太监而不是阁臣，因为宦官多顺从帝王的情趣爱好而得其欢心，阁臣则多以君道限制其欲望而招致厌恶，守成之君尤其如此。从王振唆使御驾亲征，到"土木之变"英宗被也先俘获，这是一个合乎逻辑的发展过程。士大夫们在失去了与皇帝的情感纽带之后，也失去了驾驭朝政的能力，宦官专权终于给英宗带来灾难性的后果。

上皇复辟

“夺门之变”主谋之谜

景泰八年正月，按惯例要祀天地于南郊，景泰帝因病不能行，于是建储问题又被摆上了朝堂。众大臣准备第二天上朝与景泰帝商议，但是景泰帝由于大病初愈，第二天早上起床后不久又睡着了。这一觉改变了他的一生，也改变了大明王朝的命运。

明景泰八年（公元1457年），皇帝朱祁钰突然得了重病，建储问题又被摆上了朝堂。可众大臣意见并不统一，有的主张复立原来的太子沂王朱见深，有的主张立襄王。突然内宫传来景泰帝病体好转的消息，于是众大臣准备第二天上朝与景泰帝商议。但是景泰帝由于大病初愈，第二天早上起床后不久又睡着了。这一觉改变了朱祁钰的一生，也改变了大明王朝的命运，更改变了历史车轮的走向。

群臣没有等到景泰帝朱祁钰，于是相约明天早朝再来，谁知就在这天夜里，爆发了著名的“夺门之变”，幽居在南宫中的太上皇英宗复辟。次日，朱祁钰被废为亲王，软禁于西内，不久死于永安宫。他为自己营建的陵墓寿陵，被英宗下令拆毁。于谦、王文等重臣被杀，明朝历史上的景泰时期就这样结束了。

“夺门之变”是宫廷政变，它是如何引起的呢？主谋又是些什么人呢？据史书记载，景泰八年正月，按惯例要祀天地于南郊，景泰帝因病不能行，密召武清侯石亨代办其事。石亨见景泰帝病体难以康复，便与同党太监曹吉祥、太常卿许彬、副都御史徐有贞等商量，拥立太上皇英宗朱祁镇复位。正月十七日凌晨，石亨、徐有贞等以四方边警为借口，急命手下带兵入城加强防备，随即前往南宫迎接英宗朱祈镇。囚禁英宗的南宫门不开，硬是破门而入。英宗尚在惊愕之中，这些人伏地请英宗复位，当下英宗被拥出南宫。在东华门，政变军队受到守门卫士的呵止，无法前进，英宗大声疾呼："吾太上皇也！"门卫只得退却。到奉天门，守卫武士进击徐有贞，又被英宗叱止。随后，政变军队拥英宗取东华门进宫，登上奉天殿。这时，等候在午门外的满朝文武，都不知宫内已发生了大事，等到上朝时方才知道，皇座上已经换了一位皇帝。

有学者认为，"夺门之变"形式上是拥立一个皇帝，废除一个皇帝，但拥立的是老皇帝，废除的是新皇帝，因而事件背后就蕴含着深意。这起政变与景泰朝后期凶险的政治暗潮有关，也与景泰帝与于谦的特殊关系有关。值得一提的是：景泰帝每每要用人，必然会私下征询于谦的意见。于谦正直的为人使他"具实对，无所隐，不避嫌怨"，这种做法在现实中往往吃力不讨好，所有得不到升迁的人都怨恨于谦，甚至得到升迁又得不到景泰帝青睐的人也嫉妒于谦。

"夺门之变"的主要参与者石亨、徐有贞和曹吉祥为什么会串通一气制造了这次事件？原来，这些人在"土木之变"后，曾与于谦共同守卫京城并共同拥立新君。然而，在随后的日子里，他们对于谦由协作、支持逐渐转变为敌视，欲除之而后快。

武将石亨掌管着京师驻军的兵权，曾因与瓦剌军作战失败而被谪，旋蒙于谦保荐而复任，并在于谦的领导下，扭转败局，立下大功，被封为世侯。为了表达对于谦的知遇之恩，他向皇帝请求封赏于谦的儿子于冕。不料他的阿谀逢迎不但被于谦当朝拒绝，还指责他徇私。于是，石亨由恩生怨，两人关系破裂，积怨日深。

文臣徐有贞原名徐珵，在英宗被瓦剌掳去之后曾主张南迁，因遭到于谦强烈反对而作罢，之后又久久得不到景泰帝重用。当时凡人事上的安排景泰帝总是向于谦询问，徐有贞便托人向于谦求官。没料到当于谦向景泰帝推荐他时，景泰帝说："这不就是那个主张南迁的徐珵吗？"当下否决了于谦的提议。徐以为是于谦有意在景泰帝面前诋毁他，非常恼恨。后来听从别人的劝说，改名叫徐有贞。景泰三年，黄河水患，徐有贞被派去治水，颇有成效，遂被景泰帝嘉奖进为左副都御史。

宦官曹吉祥既得老皇帝的宠信，又是新皇帝的红人。景帝当政时，曹吉祥掌管禁军与内廷侍卫，常常擅作威福，且手下太监多有不法之事屡被于谦压制。于是，以曹吉祥为首的内宫太监对于谦也多怀嫉恨。

景泰七年末，皇帝病重，却没有指定接班人，石亨密谋迎太上皇复辟，徐有贞敏锐地觉察到这是政治投机的好机会，于是联络曹吉祥作内应。景泰八年元月十六日晚，这些人会于徐宅，决意破釜沉舟大干一场，猝然发动宫廷政变，夺门成功。

也有学者认为，石亨、徐有贞和曹吉祥等人发动夺门之变，并不是因为拥护英宗，最根本的原因是与于谦积怨已深，势难并立，为了一己之"私"起而倒谦，而要倒谦，必须先发动政变，废黜景泰帝。他们完全从私利出发，不顾国家社稷安全。而以社稷安危为己任的于谦对于身边同僚的内心毫不知情，没有任何提防，终被这帮小人所害，令人叹息。

天人同悲

于谦被害之谜

"土木之变"时，于谦成为救时英雄，举国拥戴；而"夺门之变"则使他命丧刑场。于谦的被害，令天人同悲。那么，这样一位一身正气的人物，为什么会死于非命呢？

明天顺元年(公元1457年)正月二十二日，也许是有明一朝北京民众泪水流得最多的一个日子，于谦以所谓"谋逆罪"被押赴西市问斩，不久前刚从"土木之变"的困境中解脱出来的北京百姓夹道哭送，"行路嗟叹，天下冤之；京郊妇孺，无不洒泣。"于谦就义后，他的亲戚买回头颅，把灵柩运回故乡杭州安葬。

于谦(公元1398—1457年)，钱塘(今浙江杭州)人，字廷益，号节庵。永乐进士，宣德初授御史，《明史》称他"英迈过人，历事三朝"。他的命运与明朝的两次重大事件——"土木之变"和"夺门之变"紧密联系在一起。正统十四年"土木之变"，明英宗被瓦剌俘获，他力排南迁之议，坚请固守。代宗立，他"率师二十二万，列阵北京九门外，破瓦剌之军"。后也先挟英宗逼和，于谦以"社稷为重君为轻，不许"。也先见无隙可乘，被迫释放英宗。他忧国忘身，口不言功，自奉俭约，所居仅蔽风雨，但性固刚直，颇遭众忌。天顺元年（公元1457年）英宗复辟，石亨等诬其谋立襄王之子而被杀。

“土木之变”时，于谦成为救时英雄，举国拥戴；而“夺门之变”则使他命丧刑场。于谦的被害，令千古同悲。那么，这样一位一身正气的人物，为什么会死于非命呢？

有学者认为，于谦被害说明明朝政治的黑暗，一身正气的于谦对任何不良行为和现象毫不姑息，对部将僚属也同样要求严苛，故而得罪了不少文武官员。以徐有贞、石亨、曹吉祥等为首的一部分文臣武将及宦官内外勾结，形成一股倒谦势力。于谦的结局似乎应验了“木秀于林，风必摧之”的古训。

也有人认为，“土木堡之变”后的京城保卫战无疑成就了于谦的盖世英名，显示了他的耿耿忠心与处危不惊、指挥若定的气度和才能，但同时也种下了他尸横法场的种子，因为他再一次陷入了皇室的权力之争。于谦的悲剧在于，他深知陷入这口陷阱的尴尬与凶险，却义无反顾地投了进去。当也先拥英宗为奇货要挟明朝廷时，以于谦为核心的明政府断然采取措施，立英宗之子朱见深为皇太子，以郕王为辅代总国政，决不接受任何以英宗为要挟的议和条件，于谦甚至表示了“社稷为重君为轻”的决绝态度。继之又拥立郕王即皇帝位，改元景泰，遥尊英宗为太上皇，彻底断绝了也先的要挟念头。当也先感到英宗已失去奇货作用而欲送其归国时，代宗（景泰帝）又恐其归后自己会失去帝位而一再拒绝，此刻又是于谦从容地说：“大位已定，孰敢他议！”代宗这才同意：“从汝，从汝。”最终解决了英宗的归国难题。在此过程中，于谦的处理可以说对国家、英宗、代宗均无不利，尤其对英宗的归国起到了积极作用。可惜英宗不仅不会领于谦这份人情，反而种下了杀于谦的最初动机。

一些学者认为，于谦所面对的难题，实在不是他的身份能力所能解决的。他面对的是两位皇帝：一位是无权的旧帝，一位是在位的新帝，究竟该听从何人？在国家面临生死存亡的危难时刻，他可以毫不犹豫地作出抉择。但是在危机过去，二帝并存时，旧时的心态不免重新占据心头。在京城保卫战中精明果断的于谦，后来却表现得那么犹豫不决甚至近乎迟钝，可见他的确已陷入左右为难的境地。

首先是更易太子。当初立英宗之子朱见深为皇太子，而令郕王监国，意思显然是待英宗回来后复位。但后来代宗登基做了皇帝，朱见深的太子地位当然也就存在危机。代宗无疑想传位于亲子，可这样的大事满朝大臣没一个敢提起。不久，广西浔州有一位姓黄的官员因获罪怕死，乃上疏请易太子。皇上得知大喜，遂令众臣廷议，尽管王直、于谦"相顾眙愕"，却依然全体通过了。不料没过多久，新立太子朱见济一命呜呼，太子问题又成了争议的难题。不少朝臣上疏，要求原太子朱见深复位，因此迁怒皇上，获罪遭贬。于谦虽然对获罪者持同情态度，但深知皇帝心思的他不得不谨慎言行。一直到代宗病危之际，于谦才与廷臣一起上疏请立朱见深为东宫，但为时已晚，石亨诸人已拥立英宗复辟，等待于谦的只有死路一条了。在这场皇室内部的兄弟之争中，没有正义，没有是非，只有政治权力的争夺与个人私利的算计，而于谦是这场闹剧的牺牲品。

命运多劫

明景泰帝“暴卒”之谜

景泰八年正月，明朝发生了“夺门之变”，太上皇英宗重新坐上皇位，景泰帝朱祁钰被废为郕王，软禁于西内，不久死于永安宫。景泰帝的死十分蹊跷，正史不载，也不见其他史书有所评议，只是暗示病死。但是很多学者认为并不可信。

明王朝皇族内部争权夺利的斗争一直十分激烈，发生在明中叶的南宫复辟和景泰帝“暴卒”事件，就是一个突出的例子。

景泰帝朱祁钰是明宣宗次子，与英宗朱祁镇是异母兄弟，英宗即位，封朱祁钰为郕王。正统十四年（公元1449年）七月，北方蒙古瓦剌军四路侵明，大同告警，宦官王振挟英宗亲征，结果英宗被俘，是为“土木之变”。为了应变，留守北京的郕王朱祁钰监国，不久即皇帝位，年号景泰。

朱祁钰的一生命运多劫。他的生母本是汉王府的一位侍女，这位汉王就是永乐皇帝的二子朱高煦。宣德年间，朱高煦叛乱，宣宗皇帝御驾亲征，生擒朱高煦父子，并将汉王宫女眷充入后宫为奴。返京途中，宣宗皇帝邂逅了汉宫侍女吴氏，被吴氏的美貌与聪明深深打动，于是吴氏陪伴宣宗直到回京。回京后，身为罪人的吴氏是不能被封为嫔妃的，于是宣宗将她安排在一个紧贴宫墙的大宅院中，并时常临幸，吴氏终于珠胎暗结，为宣宗生下次子，取名朱祁钰，这就是后来的景泰帝。吴氏因此被封为贤妃，但继续住在宫外。宣德八年，皇帝病重，派人将朱祁钰母子召进宫，并托付自己的母后张太后，善待朱祁钰母子，不久皇帝驾崩。张太后没有食言，封朱祁钰为郕王，并为他们母子修建了王府，供其居住。

本来，朱祁钰母子可以平静地度过一生，但是土木堡的狼烟改变了他们的生活。先是朱祁钰奉命在英宗御驾亲征期间担任监国，后来英宗被俘，太子朱见深（即后来的明宪宗）才两岁，国无长君，郕王朱祁钰就被推上了前台。在皇太后的授意下，朱祁钰继承了皇位，是为景泰帝。登极后，景泰依靠于谦击退了也先对北京的军事威胁，并对明朝政治、军事进行一些改革。总的来说，景泰时期比正统时期政治相对清明，军事有所振兴。

但是，景泰帝私心很重，对从瓦剌迎回英宗的建议极为冷淡，多次作梗。由于于谦坚持社稷为重，从容劝谏，才勉强同意。英宗回到北京，被安置在南宫（今北京南池子缎库胡同），实际是被软禁起来。景泰三年（公元 1452 年）五月，景泰帝为了巩固皇权，废英宗长子朱见深为沂王，立自己的儿子朱见济为皇太子，皇权之争开始激化。七月，发生了景泰帝杀阮浪、王尧的事件。缘由是，英宗居南宫，少监阮浪入侍，英宗赐浪镀金刀及绣袋，阮浪又将它们赠送给了门下皇城使王尧。此事被告发为“南宫谋复皇储，遗刀求外应”。景泰帝怒杀阮浪、王尧，并欲穷治不已，在大学士商辂等劝阻下，英宗才得免难。

景泰四年十一月，皇太子朱见济去世，皇储问题再次被提起。礼部郎中章纶、御史钟同、南京大理寺少卿廖庄等都因为上疏复立朱见深为皇储受到廷杖，钟同死于杖下。八年（即天顺元年）正月初，景泰帝病重，复储议又起，主立原太子沂王朱见深者都遭到排斥。随后，皇宫内发生了“夺门之变”，太上皇英宗重新坐上皇位，景泰帝朱祁钰被废为郕王，软禁于西内，不久死于永安宫。

英宗复辟后，积恨难平，在复辟诏书中指斥景泰帝“岂期监国之人，遽攘当宁之位”。不久，英宗又假借皇太后制谕，宣布景泰帝罪状：“既贪天位……废出皇储，私立己子……不孝、不弟、不仁、不义，秽德彰闻，神人共愤”，将八年的愤懑，尽情发泄。

景泰帝死后，以亲王礼葬在北京西山（今颐和园北二里的金山），使朱祁钰陵远离明代皇陵区。因为金山一带是明皇室埋葬夭折的王子、嫔妃的场所，这是蓄意贬低景泰帝。

景泰帝的死十分蹊跷，正史不载，也不见其他史书有所评议，只是暗示病死。从景泰七年十二月癸亥起的51天中，《英宗实录》有近二十处渲染景帝有疾，李贤《天顺日录》、杨王宣《复辟录》、尹守衡《明史窃·卷五·夺门纪》只言其“薨”，与实录同，而不及其他。由于景泰帝体弱多病，“夺门之变”前他还大病在身，这种解释似乎说得过去。但是很多学者认为并不可信。

明人陆钺的笔记《病逸漫记》说：“景泰帝之崩，为宦官蒋安以帛勒死。”此为民间的一种说法。有学者认为，英宗能有复辟之日，乃景泰帝遗患而成，英宗以其自身的教训，为了防止意外，命太监蒋安用帛勒死景泰帝。这种做法是合乎逻辑的。为斩草除根，英宗又将景泰帝的妃嫔唐氏等“俱赐红帛以殉”。嫔妃中惟一幸存者是汪妃。汪妃原为皇后，由于不同意景泰帝废英宗之子朱见深为沂王，被景泰帝所废。英宗本想让汪妃殉死，由于大学士李贤劝解说：“妃已幽废，况两女幼，尤可怜。”英宗这才作罢。汪妃后来一直活到正德元年（公元1506年）。

因景泰帝被废而受株连的人很多，除妃嫔家族和景帝宠信的太监外，还有不少在朝官吏，其中最著名的是兵部尚书于谦。随着景泰帝被害，于谦被杀，景泰时期的点滴改革也被废除。英宗对“夺门”有功的人大加封赏，政权又一次把持在宦官邪党手中。

摧残人格

明朝廷"廷杖"大臣之谜

廷杖是封建社会朝廷门前的一种酷刑，明史专家吴晗先生认为，廷杖其实"始于元代，元代中书省长官也有在殿廷被杖的记载。朱元璋较元代实行得更普遍、更厉害，无论多大的官员，只要皇帝一不高兴，立刻就把他拖下去痛打一顿，打完了再拖上来，打死了就抛下去完事"。

明朝是皇权极盛的时代，也是厌恶、轻视知识分子的时代，这是明太祖朱元璋开创的传统，经明成祖朱棣发扬光大。明朝虽然有一套完善的文官体制，但自永乐开始，历代皇帝尽管有依仗内阁大学士的时候，但一般都更信任亲信宦官和东西厂、锦衣卫这样的特务机构。处于政治强权压迫下的士大夫们，由于这种冷落和不信任，仕途更艰难多舛。

明代朝廷对大臣经常使用"廷杖"，也就是民间俗称的"打板子"。作为一项刑罚，"打板子"古已有之，但用来惩罚士人，打知识分子的屁股，则始于朱元璋。在大庭广众之下，用木棍拷打被处罚者，一个人如果被处罚廷杖一百以上，等于是死刑，而且是极端痛苦羞辱的死刑。明代的廷杖，是在午门下棒打朝臣，行刑时，午门两边禁军林立，随廷杖厉声吆喝，气氛可怖。每打五下换一棍，再吆喝，声振殿庭，受刑者痛苦的呻吟早被淹没在吆喝声中。

在廷杖制度下，朝廷百官，上自一品内阁首辅，下至八品小官，没有人能维持人性的尊严。对尚书、侍郎以上的高级官员执行廷杖时，一定要有宦官高坐中央监刑，其他官员陪坐两旁，左边站小宦官30人，右边站锦衣卫30人，庭下站行刑狱吏百余人，都穿短裤，手执木棍。宦官宣读皇帝诏书（判决书）后，“犯罪”大臣立即被行刑狱吏拖上来，匍匐倒地，用麻布把他从肩膀以下绑住，使不能转动。再用绳索把双足绑住，由壮士四方牵拽握定，只露出臀部和腿部，接受廷杖。廷杖时，受刑人痛苦难忍，大声哀号，头面撞地，尘土塞满口中，胡须全被磨脱。这是一副惨不忍睹的场景，强壮的人可支持八十下，超过一百往往当场毙命，不死也要割去败肉数十碗，医治半年以上。锦衣卫行刑狱吏都受过特别训练，如果得到满意的贿赂，他们打下的木棍看起来很重，甚至血肉横飞，但受伤较轻，痛苦也较轻。如果家庭贫苦，无钱行贿，他们下杖时看起来很轻，皮肤也不破，但痛彻心腑，只三四十杖，静脉血管就会寸寸切断，全部肌肉组织溃散，不久即死，无药可救。

有明一代，受过廷杖的士大夫人数数以千计，至于打死打残者不在少数，其中大规模地“廷杖”大臣有这么几次。

一次是正德年间，明武宗放荡不羁，耽于游乐，数次南北“巡幸”。正德十四年二月，武宗又欲南巡，此举无异劳民伤财。兵部侍郎黄巩等人先后具疏劝谏，武宗称病不视朝。士大夫们伏阙俟旨，坚请武宗收回成命。武宗震怒：“这帮书生真是无法无天了！”遂将黄巩、陆震、夏良胜等人下狱，翰林撰修舒芬等107人罚跪午门外五日，继而各杖三十，降级调外用，黄、陆等各杖五十，贬为庶民。以往的廷杖一般都是单独的个人或几人受刑，一百多人伏在午门外广场上一起打屁股，棍棒齐下，血肉横飞，这种场面可谓“壮观”。

还有一次规模更大。正德十六年武宗死后无子，其堂弟朱厚熜以藩王身份入继大统，是为世宗。因为世宗是以同辈庶兄弟身份登基的，按皇统继承规制，世宗要认自己是孝宗的儿子。世宗的生父是孝宗之弟兴献王，孝宗是他的伯父。对此，以内阁首辅杨廷和为首的一批大臣，主张世宗应以孝宗为皇考，而尊其生父兴献王为皇叔父。还有一派以新科进士张璁为首，看清楚了皇帝不愿意放弃家系，就主张应以兴献王为皇考，并在宪宗与武宗之间，加进“兴献帝”一代，号为睿宗，这一主张受到世宗的支持，此即所谓“大礼仪”之争。今人也许觉得不可思议，但在古代，这却是非常严肃的国家大事。这场争论延续了三年，皇帝也羽毛渐丰，可以踢开这些绊脚石了。遂罢免杨廷和等数人，由张璁入阁，正式采纳其建议。更改尊号的谕旨一出，杨廷和之子杨慎号召说：“国家养士已经150年了，秉持节操，为义理而死，就在今日了。”遂率230多名支持杨廷和的官员士大夫跪哭左顺门请愿。皇帝下旨令退，但众人不肯，甚至连内阁毛纪和石珤也加入跪伏行列。皇帝再令退，仍无效，从辰时一直僵持到正午，皇帝终于按捺不住愤怒，将为首8人下狱，连同治罪的总计220人，四品官以上的全部夺去俸禄，五品以下的官员180余人加杖刑，计有17人伤重不愈而死。

不光招惹了皇帝要挨打，招惹了权臣权宦也要挨打。最有名的一件事当数张居正“夺情”事件了。

万历五年九月，张居正父亲去世，按照礼法，在朝为官者凡有此类“丁忧”之难，都要离任回乡亲自服丧三年，等到服丧期满后才可回任办事，不论宰辅大臣还是卑官胥吏都如此。如遇亲丧不归即为“夺情”，这在伦理纲常上来说是大逆不孝之事，是绝对不能允许的。当时皇帝虽下谕安慰，但却无意挽留。张居正贵为内阁首辅和帝师，权势正当如日中天，他担心一去三年后大权失落，所以表面申请回乡守丧，暗中却示意太监头子冯保让神宗挽留。朝臣方面，与张交好的李幼孜等人率先上书请留，十月，张居正再次上疏请求守丧，神宗不准，称“朕学尚未成，志尚未定，先生既去，前功尽弃”。于是张在职守丧，不上朝，穿丧服在家办公。

张居正虽营造出一种无法离开的情势，但士大夫们心里都明白地球缺了谁都照转，何况这事事关纲常，于是反对之声四起。翰林编修吴中行、赵用贤陈言皇帝，让张回乡尽孝"以全大节"，后刑部员外郎艾穆、主事沈思孝上书，更指责张居正"位极人臣，反不修匹夫常节，何以对天下后世"，张居正大怒，要来圣旨严惩。十月二十二日，吴中行、赵用贤各杖六十，削职为民，艾穆、沈思孝各杖八十，发配充军。吴中行原是张的门生，所以张居正特别愤恨，授意将其打死，后来勉强保全一命。张居正"夺情"目的虽达到了，但在朝野上下，他的形象大大受损，成了有二心的反面人物，也落下了死后被削名抄家的祸根。

廷杖是封建社会朝廷门前的一种酷刑，明史专家吴晗先生认为，廷杖其实"始于元代，元代中书省长官也有在殿廷被杖的记载。朱元璋较元代实行得更普遍、更厉害，无论多大的官员，只要皇帝一不高兴，立刻就把他拖下去痛打一顿，打完了再拖上来，打死了就抛下去完事"。

那么，朱元璋为什么要推行这种酷刑来对付他的官员呢？吴晗先生分析，朱元璋是个出身微贱的人，深以他的平民出身为耻，以当过乞丐、和尚为耻。在他充满自卑的情结中，异常羡慕官员和士大夫所保持的优越地位，因而产生强烈的暴虐意念，以求心理平衡。平定天下以后，惟恐廷臣对他不忠实，便用廷杖来威吓镇压，折辱士气，剥夺廉耻。使士大夫们在血肉淋漓之中，一个个俯首帖耳如犬马牛羊，他这才满足。这种故意摧残官员人格的虐待癖，实在是一种心理变态。

恐怖政治

锦衣卫与东、西厂之谜

明朝的恐怖政治可以说是空前绝后的，而作为恐怖政治的机构——锦衣卫与东、西厂则更是声名狼藉。长久以来，人们对这些机构的历史、职能都不太清楚，其实锦衣卫和东、西厂是有较大区别的，它们的职能和组织系统大不一样。

明朝的恐怖政治可以说是空前绝后的，而作为恐怖政治的机构——锦衣卫与东、西厂则更是声名狼藉。长久以来，人们对这些机构的历史、职能都不太清楚，其实锦衣卫和东、西厂是有较大区别的，它们的职能和组织系统大不一样。

明朝初年，朱元璋为了江山稳固而设立“检校”，专门察听官吏言行甚至生活琐事，并密报他本人。后来，朱元璋在“检校”的基础上又设锦衣卫，人员由皇帝的亲军系统发展而来，权力远大于过去的检校。《明史·职官五》说：“锦衣卫掌侍卫、缉捕、刑狱之事……盗贼奸宄，街涂沟洫，密缉而时省之。”朱元璋担心自己死后，子孙皇帝驾驭不了文武功臣，所以他几兴大狱，假借若干由头，连杀带整，把辅佐他打天下的文武功臣差不多灭了个干干净净。这类案子，事出有因，查无实据，如果交给朝官按法办理，就有可能旷日持久，甚至定不了案，如交给锦衣卫办理就简单多了。如此看来，锦衣卫的性质就十分清楚明白了。

朱元璋知道，酷政不可以为常，所以蓝玉案以后，洪武二十六年（公元1393年），功臣都已杀得差不多了，他就下诏“内外狱无得上锦衣卫，大小咸经法司”。不过到他的儿子燕王朱棣时，借京城文武功臣已经杀光、元气大伤的机遇，起兵夺了建文帝的权位，不免又大杀起忠于建文帝的正直官僚，这就又需要特务机构了。所以，明成祖时锦衣卫重又兴起。其后，锦衣卫在历代明朝帝王手上一直存在。

有学者指出，锦衣卫的职能是“掌直驾侍卫、巡查缉捕”，也就是说，一项职能是负责执掌侍卫、展列仪仗和随同皇帝出巡，与传统的禁卫军没什么两样，其中比较著名的是“大汉将军”。这些人虽名位“将军”，其实只负责在殿中侍立，传递皇帝的命令，兼做保卫工作。大汉将军在锦衣卫中自成一营，初期约有1 500人，到明末，由于官僚机构膨胀，大汉将军也一度增加到5 000余人。

至于另一职能“巡查缉捕”，则是锦衣卫区别于其他各朝禁卫军的特殊之处，也是它被人们牢牢记住的原因。一般来讲，锦衣卫的工作只限于侦察各种情报，处理皇帝交付的案件，但一旦被一个野心大、心肠狠的指挥使掌权，就会利用职权不遗余力地制造事端，既可以打击异己，也可以作为升迁的资本。如成祖时的纪纲、英宗时的逯杲、武宗时的钱宁等，在他们掌权时，上至宰相藩王，下至平民百姓，都处于他们的监视之下，对他们的命令只要稍有拂逆，就会家破人亡，全国上下笼罩在一片恐怖气氛中。臭名昭著的北镇抚司大牢更是关满了无辜的人们，死于锦衣卫酷刑之下的正直人士不计其数。更为可怕的是，终明一朝，这种恐怖氛围几乎绵绵不绝，无节制的滥捕极大地影响了皇帝与官僚机构之间的关系，使百官、民众、军队与皇帝离心离德。

那么，东厂组织是怎么来的呢？很多学者认为，东厂始于明成祖朱棣。他在发动“靖难之役”时，收买了不少建文帝身边的宦官，刺探消息。朱棣坐上皇位后，精神一直处在高度紧张中，一方面，建文帝未死的流言不时出现；另一方面，朝廷中很多大臣对新政权并不十分支持。为了巩固政权，朱棣迫切需要一个强有力的专制机构，但他觉得设在宫外的锦衣卫调遣起来并不很方便，于是决定建立一个新的机构。在朱棣起兵的过程中，宦官出过大力，所以在他的心目中，宦官比较可靠。就这样，在朱棣迁都北京之后，新建了一个由宦官掌领的侦缉机构，由于其地址在东安门北侧（今王府井大街北部东厂胡同），因此称为东厂。东厂的职能是“访谋逆妖言大奸恶”，起初，东厂只负责侦缉、抓人，并没有审讯犯人的权利，抓住的嫌疑犯要交给锦衣卫北镇抚司审理，但到了明末，东厂也有了自己的监狱。东厂首领称为东厂掌印太监，也称厂主和厂督，是宦官中仅次于司礼监掌印太监的第二号人物。

东厂的侦缉范围非常广，朝廷会审大案、锦衣卫北镇抚司拷问重犯，东厂都要派人听审。朝廷的各个衙门都有东厂人员坐班，监视官员的一举一动。一些重要衙门的文件，如兵部的各种边报、塘报，东厂都要派人查看，甚至连普通百姓的日常生活，柴米油盐价格，也在东厂侦察范围之内。东厂获得的情报可以直接向皇帝报告，相比锦衣卫必须采用奏章形式进行汇报要方便得多。东厂常常罗织罪名，诬赖良民，之后就屈打成招，趁机敲诈勒索。明中后期，东厂的侦缉范围甚至扩大到了全国，搞得举国上下人人自危，民不聊生。由于东厂厂主与皇帝的关系密切，又身处皇宫大内，更容易得到皇帝的信任，东厂和锦衣卫的关系，逐渐由平级变成了上下级，在宦官权倾朝野的年代，锦衣卫指挥使见了东厂厂主甚至要下跪叩头。

相对来说，西厂虽然臭名昭著，但在明朝历史上只是短期存在过。明宪宗成化年间，京城内出现了“妖狐夜出”的神秘案件，接着又有一个妖道李子龙用旁门左道蛊惑人心，甚至网罗了很多太监，意图不轨。李子龙和他的党徒最终被锦衣卫一网打尽，但宪宗由此深感侦察力量的不足。于是他派身边机灵的小太监汪直到宫外打探消息，汪直抓住了这个机会，到处捕风捉影，搜罗不少所谓的“秘密消息”报告给宪宗。宪宗认为这些消息很有价值，对汪直的表现也十分满意。几个月后，宪宗成立了一个新的内廷机构——西厂，首领便是汪直。西厂设在灵济宫前，以旧灰厂为厂署总部。西厂军官主要从禁卫军中选拔，再由他们自行选置部下，短短几个月内，西厂人员极度扩充，其势力甚至超过了东厂。

西厂成立本来只是为了替皇帝刺探消息，但汪直为了升官发财，拼命罗织大案、要案，其办案数量之多、速度之快、牵扯人员之众，都远远超过了东厂和锦衣卫。西厂在全国布下侦缉网，主要打击对象是京内外官员，一旦怀疑某人，就立刻加以逮捕，事先不必经过皇帝同意，之后是严刑逼供，把案件弄得越大越好。对一般百姓，其一言一行只要稍有不甚，就会被西厂以“妖言罪”从重处置。在这种情况下，西厂仅成立5个月，就弄得朝野上下人心惶惶，以大学士商辂为首的辅臣集体上书，向宪宗痛陈西厂之危害，并将汪直犯下的不法之事一一举报。宪宗收到奏章后为之震惊，于是撤销西厂，遣散了西厂人员。

但是没有西厂的日子总让宪宗感到不安全，一个奸臣戴缙得知皇帝心思后，主动上书，大肆吹捧汪直。宪宗大喜，立刻恢复西厂，废与开只相隔一个月。汪直复出后，更加严酷地办案，戴缙也得以升职。此后的五年里，汪直控制的西厂又办下无数“大案”，将反对自己的朝臣，如商辂、项忠等一一剪除，他的权势也达到了极点。

俗话说“物极必反”，汪直极度膨胀的权力不能不引起皇帝的警觉，不久汪直被调出京城，西厂解散。几年以后，汪直在失意中死去。

到了宪宗的孙子武宗继位后，大太监刘瑾掌权，宦官势力再度兴起，西厂复开，由太监谷大用领导。此时，西厂与东厂虽然都受刘瑾指挥，但两者互不合作，反而争权夺利，互相拆台。为了改变这种情况，刘瑾又自建了一个内行厂，由他直接统领，其职能与东、西厂一样，但侦缉范围更大，甚至包括东、西厂和锦衣卫。一时间，锦衣卫、东西厂、内行厂四大特务机构并存,直到五年后,刘瑾倒台,武宗才下令撤销西厂和内行厂。

锦衣卫和东厂合称厂卫,作为特务机构存在于整个明代,其淫威之大,令官民谈厂卫而色变。锦衣卫监视官民,东厂监视锦衣卫,西厂又监视锦衣卫和东厂,内行厂再监视锦衣卫和东、西厂,而所有这些特务机构都服务于皇帝一人。厂卫人数众多,但要对全国官民进行监视而且还要彼此监视,仅凭厂卫人手远远不够,于是厂卫又以各地流氓为耳目,出价向流氓买情报,给了流氓横行作恶的良机,他们为了赏钱或为了挟隙报复,不仅窥人隐私,捕风捉影地拿捏别人把柄,还凭空捏造,罗织罪状,制造了大量冤案。因而有学者认为,明朝之亡,实亡于厂卫。

三元宰相

商辂三朝不倒之谜

商辂仕英宗、代宗、宪宗三朝，是明代极为罕见的三朝元老。而这一时期正是明朝历史上的转折期，政治日趋混乱和黑暗，宦官专权，社会矛盾激化，内忧外患突出。商辂为何能在如此险恶的环境中历三朝而不倒呢？

商辂是我国科举史上值得一提的历史人物，他连中三元（乡试中会元，会试中会元，廷试中状元），《明史》上记载，终明之世，"三试第一者商辂一人而已"。一人连得三元，不仅在明代商辂是惟一的人，在中国科举史上恐怕也是绝无仅有的。

商辂是浙江淳安县辽源里（今里商乡）人，生于明朝永乐十二年（公元 1414 年）。年幼时，其母解氏授以《孝经》、《论语》。22 岁（宣德十年），浙江乡试第一名，中解元。32 岁（正统十年）得会元，廷试时，英宗亲赐状元及第。历官儒林郎、翰林院学士、兵部左侍郎，左、右春坊大学士、嘉议大夫、兵部尚书、户部尚书、文渊阁大学士、太子少保、吏部尚书、内阁首辅等。成化二十二年七月（公元 1486 年）卒，享年 73 岁。

明代有"非进士不入翰林，非翰林不入内阁"的说法。

商辂中状元后进入翰林院，不久以翰林入阁。景泰年间，提升为兵部左侍郎兼左春坊大学士，英宗“夺门之变”后重新登上皇帝宝座，因石亨之辈弹劾，商辂被革职，在家赋闲十年。1467 年，明宪宗三年官复原职，再入内阁参与机务。由于宪宗的信任，商辂职位从侍郎升到兵部尚书，进文渊阁大学士，升太子少保、吏部尚书兼职如初。商辂仕英宗、代宗、宪宗三朝，是明代极为罕见的三朝元老。而这一时期正是明朝历史上的转折期，政治日趋混乱和黑暗，宦官专权，社会矛盾激化，内忧外患突出。商辂为何能在如此险恶的环境中历三朝而不倒呢？

有学者认为，商辂为人正直，从入阁起直至任首辅，他都表现出臣子应具备的优秀品德，如“谨直持正”、“侃侃守义”、“振饬纲纪”。景泰元年（公元 1450 年）八月，英宗朱祁镇被送回北京，代宗表面上欢迎“太上皇”，暗地里串通心腹废除英宗儿子朱见深太子之位。代宗惟恐大臣们不从，除赐以金银元宝，还给以升迁，以至有“满朝皆太保，一部两尚书”之说。惟独商辂拒不接受皇上所封“保傅”之职，表明其在“易储”问题上的持正立场。成化十四年（公元 1478 年），司礼太监汪直设西厂，横恣无比，权倾朝野，商辂上疏力罢西厂。先是宪宗览疏不悦，认为“朕用一内臣，悉得系国安危险乎”？于是传旨诘责甚厉。商辂力谏：“汪直辈擅自抄收三品以上京官，擒械南京留守大臣，害得大臣不安于职；商贾不安于市；旅行不安于途；士卒不安于伍；庶民不安于业。如此辈不黜，国家危乎、安乎？”上遂命撤去西厂。商辂因弹劾汪直不久被罢，归故里，居家十余年而卒。在险恶的政治环境中，商辂既保持了清正的人品、官品，也避免了政治倾轧的伤害，殊为不易。

有学者认为，商辂对同僚、下属宽厚有容，他曾与诸阁臣对饮曰：“吾平生毋喜欢妄杀人耳，别无他能，诸公立朝，出言则行，当行则行，毋似区因循过日也。”表现出他待人宽厚的一面，因而在官场中人缘甚好。

有的学者还认为，商辂的名声好在于他居家谨严、清廉。成化三年，宪宗召辂复起，商辂赴京，以野服见，皇帝问："先生所服何冠带？"辂曰："臣为民，此乃民服也。"后来商辂虽然位至内阁首辅，却心系天下民众。宪宗仁寿太后与民争田，帝欲徙民塞外，辂曰："天子以天下为家，安用皇庄。"此事遂寝。

但是也有学者认为，虽然商辂是一个心胸宽大的人，他没有派系仇恨或对与自己意见不同的同僚、下属寻求报复，但是他也不加鉴别地使用卑鄙的侍从，在决策方面优柔寡断，尤其对后妃及通过她们抓权的外戚宦官、谄媚者和野心家没有严加约束，这可能是他保护自己的一种措施吧。

有人提出，商辂有着显赫的官场资历，高居首辅之职，为人宽厚有容，谨严正直清廉。任何一个人只要拥有这些素质，都可以有一番大作为，但是商辂在政治上的作为却显得有点暗淡。史书中关于商辂的记载不多见，只是在《明史·商辂传》中有一些简单扼要的介绍，这就涉及到明朝统治机构，即内阁制度。从商辂的一些疏稿及文集中可以看到，商辂对当时的社会状况提出了一些有益的建议。例如，《政务疏》、《修德弭灾疏》等一系列奏疏中，很详细地论述了君王必须具备的素养和职责，建议皇帝"正心术"，即修身正心，规范君王自身行为，使之合于礼法。《招抚流移疏》针对当时流民增多的情况，提出实施"安顿法"，对安抚流民，稳定社会秩序提出了一系列建议。

尽管商辂位居首辅，但内阁职权受皇帝牵制，并没有最终的决策权力，同时宪宗帝又委政于宦官汪直，商辂作为内阁首辅，即使有好的政治主张和措施，也无法实施，因此无法从根本上改变朝廷腐败无能的状况。

恋母情结

明宪宗专宠万贵妃之谜

历史上，大部分皇帝都喜欢年轻的美女，可是也有少数例外，明宪宗朱见深可算是一例，但若论情况之离奇，却谁也比不过明宪宗的爱妃万贞儿。这个比皇帝大17岁的女人不仅牢牢占领了丈夫的心，而且拥有他一生的宠幸，这真是让人们百思不得其解。

历史上，大部分皇帝都喜欢年轻的美女，可是也有少数例外，明宪宗朱见深可算是一例，但若论情况之离奇，却谁也比不过明宪宗的爱妃万贞儿。这个比皇帝大17岁的女人不仅牢牢占领了丈夫的心，而且拥有他一生的宠幸，这真是让人们百思不得其解。

英宗去世，宪宗即位时，万贞儿已经35岁，在宫苑中，人们常能看到宪宗的御驾旁，有一位肥硕的中年妇女的身影。

朱见深即帝位时，正是青春年少的时候，两宫太后为替新皇帝选择皇后颇费了一番心思。她们在英宗生前亲自替儿子选定的12名淑女中，再认真挑选，选了王、吴、柏三名淑女留住宫中，慢慢考察。宪宗的生母周太后命司礼监太监牛玉在三名淑媛中选定一人为皇后。牛玉对周太后说，先帝在时，曾属意吴女和王女，我看二女姿貌相当，分不出谁更美丽端庄，比较起来，似是吴女更为贤淑。周太后便作主，替宪宗择定吴氏为皇后，钱太后当然没有什么意见。谁知大婚之后，皇帝并不贪恋吴皇后的青春美色，而是常常宿在嫔妃万氏宫中，这使吴皇后又气又羞。她不明白，无论姿色才学还是门第修养，自己哪一点比不上徐娘半老的万妃？她更不明白，比皇帝大 17 岁的万妃用什么手段把皇帝的心死死拴住？

据一些史书记载，大婚前的宪宗，早已同年过 30 的宫女万贞儿有了私情。万贞儿原籍青州诸城（今山东益都县一带）人，父亲万贵为县衙掾吏，犯法流配边疆。万贞儿年仅 4 岁便充入掖庭为奴，十多年后，出落得花容月貌，孙太后怜她聪明伶俐，命她在红寿宫管理服装衣饰等事。朱见深小时候常去祖母处玩耍，万贞儿带着朱见深游玩戏谑，日益亲近，遂成莫逆之交。万贞儿是个有心人，一心巴结这位皇太子，盼望有出头之日，对朱见深格外献媚。天顺六年，孙太后病死，年已 15 的皇太子乘机把万贞儿要进东宫，做自己的贴身侍女。尽管贞儿已年过 30，仍是处女，且华色犹浓。为了勾引情窦初开的太子，她使出种种狐媚手段，终于把太子勾上手，两人便瞒着宫里人，干起了风流韵事。宪宗即位后，惟恋着万贞儿一人。照他心思，想册立万贞儿为皇后，但以一个年龄比他大 17 岁，又是微贱的宫女之身，想坐上皇后宝座，几乎是做梦。迫于礼制，也迫于母命，宪宗只得与吴皇后成婚，而于万氏，只能给她一个妃嫔的名号。

有人认为，明宪宗专宠万贵妃，一个重要的原因是她为人颇有心计，《明史·后妃传》说她“机警，善迎帝意，遂谗废皇后吴氏……帝每游幸，妃戎服前驱。成化二年正月，生皇第一子，帝大喜……遂封贵妃”。万妃向皇帝进谗废掉皇后吴氏，仗着皇帝的宠幸，她根本不把吴皇后放在眼里。大婚以后，皇帝经常临幸她的寝宫，与她朝夕相处，相亲相爱，这越发助长了她的骄气。因此，每次谒见吴皇后，她总是板着脸，甚至故意拿架子，这使吴皇后非常生气。起先碍着宪宗的面子还隐忍着，后来实在忍耐不住，免不了斥责她无理。可万妃非但不知收敛,反对皇后恶语相讥。一次,惹得吴后性起,命宫人将她拖倒在地,亲自取过杖来打了她几下。这下可不得了,万妃找到宪宗哭闹不休。宪宗大怒,要去找皇后评理。万妃是个有心机之人,又故意拦住宪宗不让去闹,说:“妾已年长色衰,不及皇后玉女天成,还请陛下命妾出宫,以免皇后生气,妾也省得受那杖刑了!”宪宗又恨皇后又怜万妃,慢慢替万妃解开衣服,见她雪也似白嫩的肌肤上,一道道杖痕透着血色,不由怒从心头起,发誓道:“此等泼辣货,我若不把她废去,誓不为人!”第二天一早,宪宗便去见两宫太后,说吴皇后举动轻佻,不守礼法,不堪居六宫之首,定要废去。钱太后不便说什么,周太后劝阻道:“册后才一月便要废去,岂不惹人笑话?”宪宗坚持要废,周太后溺爱儿子,只得由着宪宗。于是,一道废后诏书下达,命吴氏退居别宫,还把司礼监牛玉罚往孝陵种菜。万妃觊觎后位,要宪宗替她去向太后说说,但周太后嫌她年长且出身微贱,始终不肯应允。过了两个月,周太后下旨,要宪宗册立已同柏氏一起被封为贤妃的王氏为皇后。王皇后生性软弱怕事,知道皇帝宠幸万妃,自己更不是万妃的对手,只得处处谦虚忍让,做个傀儡皇后也就罢了。

万妃第二步则是想方设法生下一个皇子,这样,不仅可以“母以子贵”,而且可以控制住两代皇帝。成化二年正月,37 岁的万妃为 20 岁的皇帝——宪宗生了一个儿子,宪宗大喜,立即封她为贵妃。谁知偏偏天不从人愿,未等满月,这位龙子竟短命夭折,万贵妃也从此不再有娠。但是她夺取皇后之位的野心并未放弃,因此十分妒恨妃嫔们生子,凡妃嫔、宫女因皇帝“临幸”而有身孕,万贵妃必定想方设法使之堕胎,甚至连孕妇也加以残害。所幸宪宗有一个儿子,由太监张敏等人保护,冒死养至六岁才敢告诉宪宗。宪宗接回这个胎发披地的皇子朱佑樘,立为太子,朝廷上下欢天喜地,惟独万贵妃不高兴。不久,朱佑樘的母亲纪妃暴死,张敏也吞金自杀。在周太后等的严密保护下,朱佑樘才得以安全长大,后来继位,是为明孝宗。

有学者认为,明宪宗专宠万贵妃与他童年时的曲折经历有关。

明宪宗两岁时，发生“土木之变”，叔父做了皇帝，父亲英宗被蒙古俘虏，他被立为太子。父亲返国被软禁南宫，叔父要废他的太子地位，汪皇后力争无效，他与汪皇后一起被废去名位。之后，他在生母周贵人及汪氏的保护下成长，到父亲“南宫复辟”时，他只有10岁。由于叔父代宗几天后死去，英宗要让代宗的妃嫔宫女陪葬，也包括汪氏在内。朱见深即向父皇说情，使汪氏得免。从这件事可以看出，朱见深是个重情义的人。朱见深两岁立为太子，开始服侍他的是19岁的宫女万贞儿，他10岁再立为太子时，万贞儿已27岁，到他18岁即位时，万贞儿已35岁。万贵妃对他充当了情妇和监护人的角色。宪宗对她除了感情和需要以外，还充满了敬畏。他不忘万贞儿对自己的爱护和体贴，也不因她比自己年长17岁、颜色渐衰而嫌弃，册封她为贵妃。更难得的是，朱见深在位23年，始终如一地专宠万贵妃，1487年，58岁的万贵妃病死，另一说是她怒打宫女，因身体肥胖心脏负荷量大，加上怒气冲顶，竟一口气没有接上来而猝死。宪宗闻讯后，哀痛发自心底，怅然叹道：“万侍长去，吾亦安能久矣！”果然，未出几个月，宪宗在郁闷忧怀中也随万贵妃去了，享年仅41岁。从现代心理学的角度看，宪宗或许因童年的经历，产生了一种“恋母情结”，故而一辈子专宠万贵妃。

宦官当政

刘瑾施行改革之谜

明代权力臻极的太监，除天启朝的魏忠贤外，另一个就要算正德时的刘瑾了。作为司礼监秉笔太监，他甚至能代替皇帝朱笔拟旨。期间，他针对时弊，对政治制度作了不少改动，不过，效果究竟如何，史书上很少见到记载，这是什么原因呢？

宦官制是皇权的产物，明代，皇帝出于对外臣的猜疑防范心理，为了抑制臣权，常常倚重宦官的力量，宠信宦官，最终导致宦官专权的恶果。

明代权力臻极的太监，除天启朝的魏忠贤外，另一个就要算正德时的刘瑾了。刘瑾，陕西兴平人。《明史》说他本姓谈，经一个刘姓宦官引见得以入宫，此后便改刘姓了。明孝宗在位时，刘瑾侍奉当时只有十多岁的太子朱厚照，他千方百计讨好太子。弘治十八年（公元 1505 年），明孝宗去世，太子即位，就是明武宗。刘瑾和马永成、高凤等七名太监得到新皇帝的宠爱，被称为“八虎”，刘瑾为“八虎”之首。刘瑾最受武宗信任，在内宫监任职，最后做到司礼监秉笔太监，而且掌管着京城的精锐守卫部队。

明代百官向皇帝上书，要先送内阁，由内阁辅臣做出初步的处理意见，叫做“票拟”，再交给皇帝批阅。皇帝用朱笔

(即红笔)在奏章上批示,叫做“批红”。有的皇帝如果不勤于政事,便让司礼监太监代笔,这就给太监胡作非为提供了可能性。另外,司礼监的太监还有一个其他部门无法比拟的特权:传达皇帝旨意。有时,由秉笔太监记录下皇帝的话,然后让内阁起草,或者由太监口头传达给有关大臣。这种制度直接给宦官造成了篡改圣旨的机会。刚开始,刘瑾也不敢擅专,但每有请示,武宗就要怒斥他:“用你是干什么的?为什么老是来烦朕?”以后,刘瑾就不再上奏,事无大小,任意裁断,都以皇帝圣旨行事。武宗则乐得清闲,搬出皇宫,在西华门建造所谓“豹房”,通宵达旦地寻欢作乐,刘瑾得以代替皇帝朱笔而取得大权,最后索性拿回去“于私宅拟行”。

有学者认为,刘瑾并非无能之辈,也未曾将国事当作儿戏。刘瑾将奏章带回私第后,都与他的妹婿、礼部司务孙聪及他人商量参决,再由大学士焦芳润色,内阁李东阳审核之后颁发,是颇为慎重的。用事期间,他针对时弊,对政治制度作了不少改动,推行过一些新法。我们从一些相关的记载里,粗略了解到刘瑾的一些改革措施,如建立内厂以钳制东西厂的权力。此外,刘瑾执法很严,颇有朱元璋之风,对打击官员失职和贪污腐败不遗余力。《明通鉴·武宗》记载,刘瑾掌权期间,实施降低赋税,减轻农民负担,还调整各省科举录取名额,增加西部地区陕西、河南、山西等地录取人数,降低江西录取人数。还有一些不拘礼法的举措,如“令寡妇尽嫁,丧不葬者焚之”等,为时人所侧目。

刘瑾推行了不少改革措施,效果究竟如何,史书上很少见到记载,这是什么原因呢?一些学者认为,从儒家的观点来看,宦官专权是政治上的反动,对于专权太监,正史不可能作正面评价,所以史料基本不载,曾经有过的政绩也一笔勾销就此湮灭了。刘瑾专权时间不长,只从正德二年到五年的数年,尽管正史对其政绩略过不提,但是列出的罪名却非常清楚:收受贿赂,残害忠臣,这也是符合事实的。《明通鉴》说,刚开始,刘瑾并不是很贪心,他接受贿赂,期望值并不高，一名叫刘宇首的官员送给他万金，刘瑾大喜曰："刘先生何厚我！"后来才发展到"凡入觐、出使官皆有厚献"。

有意思的是，刘瑾虽为宦官出身，但他却禁止太监干政，限制宦官权力。他的亲信都是外臣，如内阁学士焦芳、刘宇、曹元，尚书毕亨、朱恩等，并无宦官，以至遭内廷嫉恨。颇有讽刺意味的是，这又成了他倒台的重要原因。正德五年，安化王朱寘鐇造反，刘瑾"起都御史杨一清、太监张永为总督，讨之"。叛乱平定后，张永回京，乘机向皇帝奏刘瑾不法十七事。此时，皇帝已经喝醉，随口说了声："刘谨负我。"张永立即带领永成等一帮宦官捉拿刘瑾，封其内外私第。就这样，趁皇帝喝得醉醺醺的时候，造成既成事实。不过武宗并不想严惩刘瑾，第二天，他奏示内阁，"降瑾奉御，谪居凤阳。"不料在抄家的时候，抄出"伪玺一，穿宫牌五百及衣甲、弓弩、玉带诸违禁物"，还在刘瑾随身携带的扇子中，发现两把锋利的匕首。武宗大怒，下诏将刘瑾凌迟处死，枭其首，告示天下，他的族人和党羽也一起被处死。

有人认为，说刘瑾谋反证据不足，当时他已花甲之年，要说谋反，恐怕也是心有余力不足，所谓伪玺、宫牌、衣甲、弓弩、玉带诸违禁物以及扇子里的匕首，很可能是一帮嫉恨他的太监事先做的手脚。

兵败身亡

宁王谋夺皇位之谜

正德十四年，明朝又有一名藩王——宁王朱宸濠起兵造反，但是很快被平息了下去。宁王朱宸濠起兵造反的原因是什么？对此学界存在着不同看法。

正德十四年（公元 1519 年），明朝又有一名藩王——宁王朱宸濠起兵造反。宁王是朱元璋第十七子的远代子孙，第一代宁王朱权，以优秀的军事指挥才能而闻名，得到了大宁的封地，这是北京以北草原地区一个重要的军事基地。当年，宁王地位十分重要，在诸王中势力最强大，燕王朱棣蓄谋进攻南京时，曾叹道："如我能得到宁藩的勇兵悍将，大事一定成功！"不久，朱棣假装到宁王府避难，乘他不备，将宁王朱权挟持回北京，尽夺宁藩的精锐部队。朱棣许诺宁王，如果政变成功，便将大明天下分一半给他。朱权信以为真，卖力地为朱棣出谋划策，帮助他夺得江山。可是，朱棣做了皇帝后竟然失言，不但没给朱权一半天下，就连朱权请求改封到苏州或钱塘也不答应，最后改封到江西南昌。朱权死后，孙朱奠培嗣封，天顺年间，因罪削去护卫，改为南昌左卫。弘治四年（公元 1491 年）朱奠培死，子朱觐钧嗣。

弘治十年(公元1497年)朱觐钧死,子朱宸濠嗣为宁王。

宁王朱宸濠起兵造反的原因是什么?对此学界存在着不同看法。

有学者认为,朱宸濠尽管不是军人,却奸诈而有野心。他处心积虑,利用正德皇帝的昏庸,企图夺取中央政权,并且暗中拟定策略。首先,他努力设法恢复王府卫队。1507年夏,他派人带着巨额私礼到北京,贿赂掌朝太监刘瑾,在刘瑾的支持下,尽管兵部反对,宁王卫队还是恢复了。1510年9月,刘瑾伏诛前一日,卫队又被取消。1514年,他又向兵部尚书陆完提出同样的要求,同时又买通了皇帝的亲信,由皇帝下旨恢复了宁王的卫队。1519年,他认为一切准备就绪时,声称奉太后密旨,发布檄文,指斥朝廷败政,悍然起兵。

也有学者认为,朱宸濠虽然是藩王,但毕竟只是皇室的远代子孙,要靠军事力量夺取皇位有些不可思议。虽然朱宸濠对皇位有野心,但他更希望通过其他手段得到皇位。由于正德皇帝没有后代,所以他贿赂皇帝的亲信钱宁等人,让他们向皇帝建议,立宁王长子为太子,这使皇帝对宁王起了疑心,而许多大臣也纷纷向皇帝上奏疏,告宁王有谋反的野心。大学士杨廷和建议,仿效宣德皇帝的先例,派几个官员和皇亲去告诫他,以表示皇帝的宽容。但是宁王弄错了皇帝派遣使者的目的。1519年7月9日,一个从北京来的密探带来了消息,说京城已经派人来逮捕宁王。宁王赶紧召士商议,他们认为密谋已经泄漏,不能再延迟等死。第二天,宁王发布檄文,声称京城的正德皇帝不是弘治所生,只是一个平民的儿子,而他已经接到皇太后的诏书,奉命进京。

也有学者认为,宁王起兵是正德皇帝身边两个亲信集团斗争的牺牲品。长期以来,宁王一直在收买皇帝的亲信钱宁等人,使钱宁一直向皇帝说宁王的好话,并向皇帝建议,立宁王之子为太子,允许他参与太庙的献祭。但是,皇帝另外一个亲信江彬与钱宁不睦,他认为,如果宁王之子被立为太子,钱宁的势力将急剧庞大,对自己明显不利，于是勾结太监张永打击钱宁，使皇帝对钱宁的动机产生怀疑，并改变对宁王的看法。这时，有人向皇帝呈递了一份关于宁王谋反的奏疏，远在南昌的朱宸濠通过密探了解到这些情况后，匆忙起兵，结果落了个兵败身亡的下场。

风流才子

唐伯虎传说之谜

唐伯虎是明代著名书画家、文学家。在江南地区民间，有关他的风流故事流传甚多，其中“唐伯虎点秋香”最著名。然而，历史上的唐伯虎才子是实，却并不风流。相反，他的一生穷困潦倒，以卖文作画为生，过着布衣素食的清苦生活。

唐寅（公元 1470—1523 年），字伯虎，又字子畏，别号六如居士、桃花庵主，吴县（今江苏苏州）人。明代著名书画家、文学家。出身于商贾之家，自幼聪慧，29 岁时得中应天府第一名解元。据说，唐寅参加乡试时，主考官梁储看到他的试卷，惊叹他为“奇才”。还朝后，携卷给詹事程敏政看，两人相与叹息道：“一解首不足重唐生也！”于是，程敏政也将唐寅收纳门下。后来，梁储奉使南行，唐寅请求程敏政代写一文以送行。

次年会试，唐寅与江阴考生徐经同舟而行，入京后又住在一起。徐经贿赂主考官程敏政的书僮，偷得考题，不料案发，唐寅受牵累下狱，饱受拷掠。尽管找不到唐寅与程敏政勾通的证据，但还是被取消科考资格，并发往浙江为吏。遭此莫名横祸，唐寅痛感社会黑暗，大呼“士可杀而不可辱”，断然拒绝为吏，返回吴县老家，从此无意功名。后来，他远离家乡，遍历东南数省，游名川大山。这时，适逢宁王朱宸濠慕名相聘，唐伯虎到南昌后，发现那些应召来的幕客，大多是不学无术之徒，猥琐庸俗，阿谀逢迎，而宁王又残暴无道，居心叵测，怀有异谋。唐寅后悔陷入泥潭，就伪装癫狂，被宁王遣回故乡，从此沉潜于诗画艺术。

穷困潦倒的他以卖文作画为生，过着布衣素食的清苦生活，他洁身自好，从不巴结权贵，不趋炎附势。他的诗、书、画并称“三绝”，与当时的名画家沈周、文徵明、仇英合称“明四家”，有《六如居士全集》、《唐寅画谱》传世，是一位有才华、有成就的艺术家。唐伯虎一生遭遇坎坷，生活穷困潦倒，郁郁不得志，只活到54岁就辞世而去，临终前的绝笔诗表达了他留恋人间又嫉俗厌世的复杂心情：“生在阳间有散场，死归地府也何妨。阳间地府俱相似，只当漂流在异乡。”

唐寅的画风以南宋“院体”为宗，擅长山水、人物、花鸟。他的山水画有粗、细两种风格，均结构严谨，笔墨劲健，皴法富于变化，刚中含柔、粗中有细，具有文人情趣。他的人物画造诣也很深，主要是仕女和历史故事，造型准确，人物情态飘洒高雅，画法多样丰富，兼工带写，技艺纯熟。唐寅的花鸟画较少，以水墨为主，清秀而简逸。

据说唐伯虎是一位风流才子，有关他的风流故事民间流传甚多，其中“唐伯虎点秋香”最著名。对于这些传说，一些学者有不同看法。

有人认为，真实的唐伯虎才子是实，并不风流。史料中并没有唐伯虎自称“江南第一风流才子”的记载，所谓“点秋香”的故事纯属后人文学创作的想像。清代学者俞樾的《茶香室丛钞》曾记两事为唐辟谣。一为吴门陈元超事，一为无锡俞见安事，内容大同小异，都是一笑钟情，卖身投靠，主人赏识，群婢中点娶秋香。所不同者，元超在虎丘惊艳，见安则从无锡去苏州乘船追美。见安的族孙曾为俞樾证实其事，可见《茶香室丛钞》所记并非虚构。俞樾断定，“三笑姻缘”是好事者借唐伯虎的盛名，把别人的事转移到他的名下，是一起张冠李戴的“冤案”。而这起冤案见诸文字，可能首起于明代冯梦龙的话本《警世通言》中“唐解元一笑姻缘”。这个故事经明、清两代文人不断改编成戏曲、弹词、鼓书，遂使唐伯虎成了世人眼中的“风流才子”。据考证，秋香确有其人，是当时南京一名颇有名气的青楼女子，至少比唐寅大十几岁，根本不可能与他发生什么风流瓜葛。唐寅落魄后，曾娶沈九娘为继室，夫妻偕老，生有一女。后人说唐伯虎有九个妻妾，全是从“沈九娘”这个名字想像出来的，凭唐伯虎当时的经济状况，连温饱都成问题，怎么可能妻妾成群呢？

也有人认为，唐伯虎虽然没有“点秋香”之类艳事，但确是一位风流才子。他出入秦楼楚馆，放浪形骸，尽量享受短暂的人生，借以消却胸中的忧愁，在“半醒半醉”的生活中，冷眼世事，孤傲不羁。他的“风流”不一定专指男女情事，而是指他在受到挫折后，无奈地选择狂放与玩世的生活方式，“纵酒，不视诸生业”，借诗画宣泄心中的郁愤。他在苍凉的人生中看透了世事曲折，所以形成了“万事由天”，顺其自然的人生观。他仰慕诗仙李白，相似的人生际遇，使他对李白的诗与人生有很大的认同和很深的感触。他不仅画作独见功力，书法俊迈超群，还能作曲作诗，如此多才，在明代文人中是少见的。

一些学者还认为，唐伯虎之所以以“风流才子”形象流传于世，是因为民间缘其画惜其才，故为他塑造了一个新的形象。这一形象从一开始就带有明显的世俗成分，而它的生命力却极其惊人，在不同朝代，在热爱他的民众心中流传下去。冯梦龙的《唐解元一笑姻缘》首发其端，旧时的一部《四杰传》更是风靡民间，评弹《三笑姻缘》则传遍大江南北，唐伯虎从一个历史人物转而成为传说中的人物，尽管这些传说带有粗俗和色情的成分，但更多是带着市井百姓的热情和理想。

统嗣之辩

嘉靖朝“大礼议”争论之谜

“大礼议”是明嘉靖朝发生的影响巨大的历史事件。所谓“大礼议”，是朝廷关于世宗（嘉靖皇帝）生父、兴献王的称呼与地位的一场争论。

“大礼议”是明嘉靖朝发生的影响巨大的历史事件。所谓“大礼议”，是朝廷关于世宗（嘉靖皇帝）生父、兴献王的称呼与地位的一场争论。明武宗（正德皇帝）一生荒唐放荡，29 岁时即早早病逝，并未留下任何子嗣。按明代“兄终弟继”祖制，武宗的堂弟朱厚熜便成为首选对象，而朱厚熜的父亲兴献王即孝宗（武宗生父）的亲弟弟。尽管武宗病逝时，朱厚熜已经继承“兴献王”之位，但由于他是老兴献王的独生儿子，也就责无旁贷地成为武宗的继承人。

但是，朱厚熜即位后面临的头等难题便是，如何安排自己生父的地位。

当时，首辅杨廷和已经预料到皇帝死后随之而来的问题，所以在皇帝死前五天，以皇帝的名义颁布了一项诏令，命令堂弟朱厚熜缩短为父亲服丧的时间，并承袭“兴献王”爵位。皇帝死的当天，杨廷和令司礼监太监请求太后懿旨，指定13岁的朱厚熜为皇位继承人。

朱厚熜(嘉靖皇帝)继位后不久,即令礼部官员讨论自己父亲的称号和地位问题,立刻在朝廷中引起了激烈的争论。以杨廷和为首的一些大臣认为,新皇帝因武宗无子嗣,根据"兄终弟继"原则而立的,武宗乃孝宗之子,之后继承的人也应是被继承人之子,这是皇族继承的一个基本原则。因此,新皇帝应该把他的伯父母(即孝宗夫妇)当作自己的父母对待,而把亲生父母当作叔婶对待。但是也有一些大臣认为,新皇帝从未过继或被立为太子,因此皇族继承原则并不适用于嘉靖皇帝。一时间,两种观点在朝廷中争辩不已,相持不下,后人称为"大礼议"之争。

有学者认为,明代"大礼议"争论的焦点是辨别"统"(王朝世系的合法继承)和"嗣"(家族惯例的血统继承或过继继承)的区别。由于明代皇族继承已经因一系列的叛逆和篡位被弄得很零乱,一些大臣担忧,嘉靖皇帝谋求创立的礼仪将开危险的先例,即允许在皇室合法的顺序中建立一个旁支,这将影响皇帝世系的稳定性。所以,以大臣杨廷和为代表的文官坚持继统兼继嗣的观点,认为嘉靖应该以孝宗为"皇考"。但嘉靖又是兴献王的独生子,如果过继给孝宗,岂非绝了兴献王之嗣?何况让嘉靖绝已父之嗣而为他人之子,在心理上很难接受。所以当礼部告知其廷议结果为"以孝宗为考,兴献王及妃为皇叔父母"时,嘉靖立即表示不能接受,说:"父母可移易乎?"

几个月后,嘉靖的生母来到北京,当她听说自己将被当作皇妃而不是太后受到迎接,儿子嘉靖被迫要称她为叔母,于是拒绝进入京城,并要立刻返回封地安陆。嘉靖帝听到此事后,向太后提出避位,和母亲一道返回安陆。于是太后不得不接受礼部尚书毛澄提出的妥协办法,发布一道懿旨,给予皇帝的父亲、母亲和祖母以帝、后的称号,这时她才同意进入京城。但是,张太后仍旧把皇帝的母亲当作皇妃看待,用皇妃的礼节接待她。

有学者认为,"大礼议"之争实际上是首辅杨廷和为了巩固自己在朝廷中的权力、排斥异己的契机。嘉靖皇帝曾因杨廷和的专横而苦恼，1521年6月，在殿试时，他出了一道追荣本生父母的文章题目，目的是想寻求支持他的观点。但是，没有一个作者敢于反驳大学士们的主张。在此后几个月中，礼部三次呈递有关大礼的建议，皇帝每次都反对。1522年2月，嘉靖皇帝祭天的那天，皇帝母亲居住的宫殿中发生了一场原因不明的火灾，杨廷和认为这是祖先不满于祭祀的安排，尤其是不满于新的称号的明显征兆，乘机向嘉靖帝提出撤销他父母的帝、后称号，这引起了嘉靖帝的不满。

1524年1月，南京的一个官员桂萼收集了几份奏疏上呈皇帝，完全支持皇帝关于“大礼议”的立场。这些奏疏引起了那些反对杨廷和的大臣们的响应，他们纷纷上疏，公开反对杨廷和，迫使杨廷和于当年3月致仕。

也有人认为，“大礼议”之争的结果是专制皇权的复兴。这场争论对明代统治集团影响甚大，因为牵涉到封建皇室和家族继承原则以及统治集团内部的权力争夺，也因此一直为历史学者所关注。1524年8月，嘉靖帝诏令恢复他母亲的皇后尊号。诏令即出，立即遭到在京的翰林学士、御史和朝廷郎官们的抗议。嘉靖皇帝一意孤行，命令锦衣卫逮捕、关押为首的抗议者，宣布将在四天之内恢复皇帝的生父母帝、后尊号。三天以后，200多个朝廷官员在早朝后拒绝散去，跪伏于宫门外，抗议皇帝的诏令。快到中午时，嘉靖帝命人将为首的官员投入锦衣卫监狱，其余的被命令等候判决。五天以后，180多名官员在朝廷上受到责打，17人受伤致死，其余的人被发配边疆。第二天，嘉靖帝即奉立父亲兴献王的牌位，并封予皇帝的尊号。持续三年的“大议礼”之争终于在棍棒声中宣告结束。

性格乖张

明世宗笃信道家之谜

明代皇帝中，最为崇道的当数明世宗（嘉靖帝），其程度甚至超过历史上另外两位崇道的皇帝唐玄宗和宋徽宗。明世宗喜爱道教斋醮，迷信道教方药和各种方术，最终因服用道士所献的丹药而亡。明世宗为何如此信奉道教？对此学界有各种说法。

明代皇帝中，最为崇道的当数明世宗（嘉靖帝），其程度甚至超过历史上另外两位崇道的皇帝唐玄宗和宋徽宗。明世宗的别号很多，短者如“雷轩”，长者如“太上大罗天仙紫极长生圣智昭灵统三元证应玉虚总掌五雷大真人玄都境万寿帝君”等，都与道教有关。明世宗喜爱道教斋醮，迷信道教方药和各种方术，嘉靖二年（公元 1523 年），在他继位的第二个年头，便在钦安殿修设醮供，最终因服用道士所献的丹药而亡。

明世宗为何如此信奉道教？对此学界有各种说法。

有人认为，明世宗对道教的兴趣可能与他听信道教仪式能增强生育能力的说法有关。由于明世宗是由藩王入继大统，在他立嗣以前，其地位是不稳定的，而他继位的 10 年内，始终没有子嗣出生，他的担心是必然的。这时，一些太监向皇帝介绍了道教的春药，嘉靖二年（公元 1523 年），在太监的推荐下，他还将一个叫邵元节的道士召至宫中，经常作一些祈祷念咒仪式。

也有人认为，明世宗崇信道教是因为道士能给他带来祥瑞。嘉靖年间，灾害频仍，饥荒严重，明世宗对此深为苦恼。而邵元节和他手下的道士不断向皇帝献上白兔、白鹿之类的吉祥物作为善政的证据，阿谀逢迎让这个藩王入继的皇帝多少得到心灵上的安慰。

还有人认为，明世宗崇道是因为他深信道教能使他长生不老，即使是鼓吹长生不老的道士自己死去了，他还坚信不疑。邵元节死前，向皇帝推荐了另一名道士陶仲文，于是陶也成了嘉靖帝的心腹，负责所有道教事务。正是在陶仲文的引导下，嘉靖帝开始沉湎于道教的长生不死理论。陶道士提供的方法是，同时提炼内丹、外丹，外丹是一些植物和矿物的合成物，而提炼内丹是指与处女交媾以增强“阳”。据说，嘉靖帝曾为此选了近千名 8 至 14 岁的女孩，用来提炼内丹。实际上，明世宗因为嗜爱有兴奋剂作用的丹药，在以后 20 多年中慢慢中毒致死。

由于沉湎于道术，明世宗对后妃感情淡漠。元配陈皇后，因孕中逢世宗震怒，惊吓而死。第二任皇后张氏以“不顺不敬不逊”被废。由于他性格乖张，故对待后宫嫔妃残忍暴虐，对诸子也日益疏远。庄敬太子死后，他把成婚的裕王朱载垕、景王朱载圳都迁到宫外居住，并且迟迟不肯再立太子。到了晚年，“讳言储贰，有涉一字者死”。朱载垕生皇孙不敢奏闻，不敢剪发。

由于明世宗崇信道教，朝政变得紊乱无序，相当一批官员投其所好，并藉此晋升。做醮事要撰青词，所谓青词，没有实在的内容，只要求形式的工整和文字的华丽、吉祥，谁的青词写得漂亮，合皇帝心意，就能得到皇帝赏识，成为皇帝的亲信。严嵩在嘉靖二十一年（公元 1542 年）入阁，徐阶在嘉靖三十一年（公元 1552 年）入阁，他们都善撰青词，这对他们在权力斗争中取得明世宗的信任，巩固权势地位，起了相当大的作用。据说，严嵩还是礼部右侍郎时，奉命祭扫世宗父亲的陵墓，回来后禀报说：臣去的时候，一路阴雨绵绵，祭祀那日，天空却一下晴朗起来。更神奇的是，在枣阳采碑石的时候，一只只洁白的鹳鸟在空中飞舞，令臣感动极了，真是天神眷爱啊！明世宗一听满心欢喜，当即将他连升两级。此后，满朝官员取悦皇上的手段越来越丰富，有献白鹊、白鹿、灵芝等“祥瑞”之物的，有献诗赋予宫廷歌乐的，严嵩则充分运用自己的强项——为明世宗写出了一篇篇极符合他心绪与意图的表文，即所谓青词，供他斋醮祷告时使用。于是，严嵩不久由南京调到北京，先做礼部尚书，加封太子太保，又任内阁首辅。世宗还赐给他一方银印，上刻“忠勤敏达”四字。到后来，惟有严嵩写的青词才能让皇上满意，史称“青词宰相”。因此有专家们断言：有明亡国，不亡于崇祯，而亡于嘉靖、万历。衰败的因素很多，但世宗崇道，神宗佞佛，是重要原因。

得寸进尺

葡人“租居”澳门之谜

正德九年(公元1514年),葡萄牙商人乘船首次出现在中国南海之滨。最初,葡萄牙人提出的要求并不是“租居”,而是借地晾晒货物。由于一些地方官员贪图钱财,答应了葡萄牙人的要求,以后,葡萄牙人得寸进尺,一步步在陆地上建屋盖房。

澳门是我国的一个特别行政区,古称濠镜澳,有文字可考的历史始于秦代,明清两代由广州府香山县管辖。但是从明代起,澳门被葡萄牙人“租居”,一直到1999年才回归祖国。那么,葡萄牙人是用什么方法,得到明代统治者的同意,“租居”澳门的呢?

有学者认为,葡人“租居”澳门有一个较长的发展过程,大致可以分为两个阶段。

第一阶段:贿居时期(或称“借居时期”,公元1553—1572年)。16世纪上半叶,葡商与中国东南沿海地区曾有一些贸易往来,后因葡人“滋事不轨”,明政府与之断绝交往并严厉打击。明嘉靖三十二年(公元1553年),在葡萄牙国王的授意下,葡萄牙贸易船队司令苏萨来到广东,试图在距广州不远的近海地区寻找一处港湾,作为对华贸易基地和葡萄牙商船往来东西的中转站。经过几番周折和重金贿赂，苏萨终于和广东海道副使汪柏拉上了关系。在得到汪柏的口头允诺之后，葡人终于如愿入居澳门。为了能长期寄居澳门并在广东沿海地区进行自由贸易，葡人不得不每年向广东海道副使行贿 500 两白银。这种靠行贿“偷安”的做法一直延续了 20 年之久。

第二阶段：租居时期（公元 1573—1848 年）。由于用贿赂换得永居澳门的方法是极没有保障的，所以葡人交纳贿银时，不仅当众将 500 两白银交给海道副使，还称这是澳门地皮的“租金”。海道副使只好顺水推舟，命下属将“租金”收好，准备“上缴”国库。从此，明清两朝政府每年向澳门葡人征收地租银 500 两，外加“火耗银”15 两，共计 515 两。这种以租获居的状况一直延续到 19 世纪中叶。

也有学者认为，葡萄牙人从 15 世纪初起，为了寻求黄金、香料以及寻找传说中居住在东方的基督教王约翰及其王国，开始以探索东方航路为主要目的的海外扩张活动。正德九年（公元 1514 年），葡萄牙人首次出现在中国南海之滨，欧维士等葡萄牙商人乘船抵达广东东莞县的屯门（现在香港）进行香料贸易。早期来华的葡萄牙人采用暴力手段进行殖民掠夺，侵扰当地百姓，不可避免地与明朝地方政府武装力量发生冲突。16 世纪初，明朝军队先后在屯门之役、新会西草湾之役和双屿港之役打败葡萄牙人。这使葡萄牙人认识到中国的强大，不能轻易用武力征服，因而改用行贿等手段，以求在中国沿海取得立足之地。一开始，葡萄牙人提出的要求并不是“租居”，而是借地晾晒货物。由于一些地方官员贪图钱财，答应了葡萄牙人的要求，以后，葡萄牙人得寸进尺，一步步在陆地上建屋盖房。

1572 年，葡萄牙人通事贡萨尔维斯前来向海道副使送礼，由于当时有其他官员在座，海道副使便说，这笔款是交国库的。后来，这笔款以租金名义上缴朝廷，从此“租居”成了事实，葡萄牙人由原来无地租变为每年向中国政府缴纳地租 500 两，当然，这也证明了澳门领土属于中国，葡萄牙人从最初直到 1848 年，一直向中国政府缴纳地租。地租银的形成和规范化,还说明广东官府在事实上已承认葡萄牙人在澳门的“租居”地位。

还有一些学者认为,除了葡萄牙人行贿和中国官员受贿的原因,海道副使汪柏允许葡萄牙人入居澳门,还有其他三个原因:第一,当时中国东南沿海经常发生海寇与葡萄牙人(蕃夷)互相勾结劫掠的情况,对此,广东地方官员采取招抚蕃夷而剿灭海寇的策略,一方面允许葡萄牙人改个名字并在课税后于沿海进行贸易,一方面以武力镇压海寇。第二,在经济上,广东的饷源依赖蕃夷的赋税,这是广东财政的一大收入,当地方治安不稳,军饷需求增加时,更需蕃税补充,容许葡萄牙人入澳贸易,既可分化海寇与蕃夷,又可增加官府收入,充裕饷源,甚至有助于剿灭“倭寇”,可谓一举多得。第三,明朝嘉靖皇帝追求长生不死,在朝臣怂恿下,修斋建醮,不惜重价觅取龙涎香制作万寿香饼。当时澳门便是搜求龙涎香的一个海澳,当葡萄牙逐渐成为垄断南洋香料贸易的大国时,只有默许他们入澳贸易以应付皇帝的要求。

还有一些学者指出,野心勃勃的葡萄牙商人租居澳门后,以澳门为据点,刻意发展澳门与中国大陆、日本、东南亚和欧洲的贸易活动,不仅使澳门成为中国南部的重要海港,而且在16世纪中叶至17世纪初,逐渐成为东西方国际贸易的中转港和贸易中心。中国的生丝、丝织品、瓷器等深受葡萄牙商人欢迎,他们带来的香料、糖果、苏木等外国产品,也丰富了中国的市场,不仅中国各地商人都自广州赴澳门“承买番货”,欧洲各地的商人也蜂拥而至。公元1578年,明政府重新开放广州的对外贸易,澳门成为中国对外贸易的重要口岸。

随着葡萄牙人定居澳门日众,势力渐强,别国商人相继离去,澳门遂为葡人所占据。他们在此筑城建寺,独享其利。于是,澳门由原来各国船只停泊交易场所变成葡萄牙人在东方的贸易基地,被划入葡萄牙的势力范围。1623年,葡萄牙任命首任澳门总督,赋予其统治澳门的权力,但仍向中国缴交地租。

有学者指出，葡萄牙人“租居”澳门之后，明政府并没有放弃对其主权管理，对澳门采取“建城设官而县治之”的方针，设置管理澳门的机构和官吏，如提调、备倭、巡缉等职，这些官员统称“守澳官”。澳门的主要行政司法等职能则由香山县知县主管，他对居澳中外居民具有广泛的管辖权。明代政府根据澳门各个时期的不同情况，制订了多个具有法规性质的章程和条例，责成租居澳门的葡萄牙人遵守。中外居民之间的纠纷乃至刑事案件，亦由中国官吏依照中国法律审理裁决，并饬令澳葡当局遵照执行。

除对居澳葡人实行日常管理外，明政府还对澳门葡人采取严密的防范措施。万历二年（公元1574年），在扼守澳门与香山县咽喉的地方莲花茎建立关闸，由中国官兵把守，规定时间开放，以便利彼此贸易。关闸为中国传统古城楼建筑，位于澳门与大陆陆上交通咽喉——莲花茎中央，被称做“粮卡”，最初每月开启两次，后来每五天开启一次，向居澳葡人提供酒米食物及生活必需品，而且是按照居澳葡人数目限量供应。这样，倘若葡人有不法行为，则可关闭闸门，“扼其咽喉”，断绝粮食供应，“不血刃而制其死命”。这一措施，在当年葡人从澳返葡至少需要半年时间的情况下，确有一定效果。

尽管葡萄牙人从未放弃过扩张行动，不断违反明政府规定，但明政府从没有放弃过对澳门行使主权和管理，明代曾有多位封疆大吏巡阅澳门，传达中央政府对在澳葡人的政策，处理重大问题。直到1840年鸦片战争后，由于清政府暴露出腐败无能，葡萄牙政府决定尾随西方列强，派出代表同钦差大臣耆英谈判，要求取得与香港同等的地位，豁免每年500两的地租银，由葡兵驻防澳门半岛，并在通商方面提出一系列不合理的要求，清廷予以断然拒绝，但仍让葡人继续享受多种优待。1844年，葡人擅自在氹仔黑沙建立炮台，葡萄牙女王玛丽亚二世颁布法令，擅自宣布澳门为自由港，允许所有外国商船来澳自由贸易，并驱逐中国海关官吏、丁役，迫使清政府无法直接对澳门行使主权与治权。

葡萄牙人“租居”澳门的过程是先“借居”，又“贿居”，然后是“租居”，最后企图摆脱主权方的管理，但是澳门历来是中国的神圣领土，这是任何人都抹杀不了的事实。

惟君为上

严嵩掌权之谜

明代官场政治斗争非常复杂，腐败惊人。在一个皇帝刚愎自用、喜怒无常，官员相互倾轧、结党营私，政治风波异常险恶的年代，要长久地把持朝政，对于很多人来说难如上青天，但是严嵩却做到了。他并非出身官宦之家，更没有特别的背景，那么，严嵩为官的诀窍是什么呢？

明代嘉靖年间，出了一位权臣严嵩，以一介寒士经科举入仕，不仅平步青云，而且背负"奸臣"之名入内阁，把持朝政长达21年之久。

明代官场政治斗争非常复杂，腐败惊人，内阁更是各派势力争夺权力的一个制高点。每一次权利斗争牵连之广泛，杀戮之惨烈，超过以往任何朝代。在一个皇帝刚愎自用、喜怒无常，官员相互倾轧、结党营私，政治风波异常险恶的年代，要长久地把持朝政，对于很多人来说难如上青天，但是严嵩却做到了，应该说确有其独到之处。严嵩虽然并非出身官宦之家，更没有特别的背景，不过他也不是泛泛之辈，而是以文才享誉当时的知识分子，他精于诗词文章，书法也是一绝，《明史》说他"为诗古文辞，颇著清誉"。严嵩26岁中进士，做过翰林，参与过《宋史》编纂，后由礼部右侍郎转左侍郎，升吏部尚书等官职，在朝廷中崭露头角。

那么,严嵩为官的诀窍是什么呢?

有人认为,严嵩的确很有本事,但并不是政治、经济、军事方面的真才实学,相反,在这方面他是个庸才。如嘉靖二十九年(公元1550年)秋,俺答以大兵进犯京师,嘉靖皇帝召严嵩问计,严嵩说:“此穷寇乞食耳,毋足患。”嘉靖皇帝又问:“何以应之?”严嵩则默然无以为对。其默然是因为他实在不好说出应对之策,而他对兵部尚书丁汝夔说:“地近丧师难掩,当令诸将勿轻战,寇自去。”用今天的话说就是:在京师作战不比塞上,如果战败,则难于向皇帝掩饰,所以应当明令诸将,不可轻易出战,待俺答抢掠兴尽之后,他自然就会退兵了。说到底,不顾民之生死,委之于敌,让敌人任意抢掠蹂躏,这就是他的退敌之策。谁能想像到作为朝廷首辅,遇事竟然一筹莫展,无奈之余,便把朝廷政务委诸其子。清代史学家谷应泰称其为“茸阘庸材”,确实说得十分准确。这些学者认为,严嵩的本事是迎合“君王需要”的实用本事。

当时明世宗(嘉靖)信奉道术,一意祈求长生不老,所以朝中“青词”(一种写在青藤纸上,辞藻华丽,祈福消灾的文字)盛行,“词臣率供奉青词,工者立超擢,卒至入阁”。在严嵩前后,不少大臣都以这种方式赢得帝王欢心,进而入阁为辅,包括后来扳倒严嵩势力的徐阶。“青词”这种文字游戏,对大才子严嵩而言,可以说是小菜一碟。所以当时论青词“独嵩居最”,“非嵩无当帝意者”。不光青词,在其他场合,严嵩也能大展所长,例如为皇帝上尊号、撰写吹捧皇帝的《庆云赋》、《大礼告成颂》等,都能博得皇帝的欢心。

严嵩很会揣摩皇帝的心思,不管什么事情都会站到皇帝一边。即使与皇帝想法不一,严嵩不会死抱原则,而是马上就转向,以皇帝的心意为自己的心意,并一心把事办好,如此,皇帝岂能不开心。世宗信奉道教,一些大臣很不以为然,但严嵩绝对不会。“帝以奉道尝御香叶冠,因刻沈水香冠五,赐(夏)言等。言不奉诏,帝怒甚。嵩因召对冠之,笼以轻纱。帝见,益内亲嵩”。正因为这样,夏言被贬责,而严嵩则拜英武殿大学士，直入文渊阁。以后，世宗益视严嵩为心腹。

有学者提出，在一个黑暗的政治环境中，溜须拍马者比比皆是，甜言蜜语也有不少人精通，严嵩为什么能从中“脱颖而出”呢？这必须达到一个更高的境界：即与皇帝相融合，形成一种鱼水关系。

嘉靖初年，严嵩已近六旬，出仕多年，为官之道已修炼到家，深知世宗的性格与嗜好。世宗刚愎自用，严嵩遂谦恭柔顺；世宗反复无常，严嵩遂慎言敏行；世宗自许英主，严嵩遂惟马首是瞻。世宗虽然宠信严嵩，但并非没有戒心，“当是时，帝方欲广耳目，周知百官情伪”，宦官在其中充当了奸细角色。严嵩每次见到宦官“必延坐，亲纳金钱袖中”。世宗信道，严嵩也力捧术士。所以尽管朝野有怨，但在皇帝眼中，严嵩是完美的，以至到严嵩倒台，皇帝仍在思念，甚至连皇帝也不想做了，“意忽忽不乐，谕阶欲遂传位，退居西内，专祈长生”。可见鱼水关系的程度。

严嵩是一个贪钱爱财的人，执政期间，聚敛了大量财富，“不肖者奔走其门，筐篚相望于道”，里面包括商人、官吏甚至王公。其势败被抄时，除异宝、奇珍、田地、房舍之外，仅没收的白银就有 205.5 万余两，这也成了言官们的靶子，弹劾奏章纷纷而来。但是在皇帝看来，贪财不过是小节，丝毫不影响对其的倚仗。有时候风声太紧，严嵩自动请辞，皇帝也不允，还对他表态：“此言已尽，但尽心翼赞，以副简任，不必复辞。”

有了这个保证，严嵩知道“帝英察自信，果刑戮，颇护己短”，遂不动声色逐步打击异己。通常的做法是，如欲害一个人，先说这个人忠，然后再挑皇帝不愿意听到的或有所忌讳的事作话题，说这个人正在做这件事，激怒皇帝。就这样，一些曾经反对过他的人纷纷遭到毒手，如御史叶经上疏揭发严嵩交通藩邸，受其贿，滥予封爵。严嵩在忍过一时之后，乘叶经主管山东乡试之机，摘发策中言语，断章取义，说他有讽刺皇帝之意，使嘉靖皇帝大怒，将其捕至京师，廷杖而死。

兵部员外郎杨继盛上疏论严嵩十罪五奸，严嵩又设法激怒皇帝，将杨继盛廷杖之后下狱，备受苦楚并最终遇害。而一些依附他的人却地位稳固，此等权术手腕，实在高明。因而有学者认为，严嵩能在内争倾轧中巩固权位，长年屹立不倒，还在于他有一个掌握实权，覆盖朝野的亲信班子。赵文华曾以贪名昭彰被贬官，后来他重贿严嵩，遂复入京为郎，不久改为通政，被人称作“权门犬”，此后又进一步与严世蕃结交，认严嵩为义父，被擢为工部侍郎。他发现吏部尚书李默与严嵩观点不同，便上疏弹劾李默，终使李默备受拷掠，死于狱中。仇鸾本是有罪被废之人，然与严嵩结交之后，便立即官运亨通起来。在俺答入寇之时，他与俺答义子脱脱相约，请毋犯大同，且许与之通市。俺答汗进犯京师，他奉命率军入援，遇敌便溃，然因其是严嵩党羽，仍能加官太子太保，总督京师地区军事。严嵩把许多落职闲居的官员罗致门下，成为自己的党徒心腹，而严嵩势大，趋炎附势的官员也不在少数。

但是恶贯满盈总有败露之际，已经八旬的严嵩日渐老迈，再也无力将皇帝的宠信“进行到底”了，儿子严世蕃虽有才具，但“剽悍阴贼”，贪心越来越大，不知收敛，终被新崛起的大学士徐阶以“通倭”罪将其遣送戍边，后斩首。随后严嵩被抄家，贬为平民，两年后郁郁而终。

严嵩倒台之后，其手下党羽纷纷落网，势力土崩瓦解。严嵩当权时何等风光，但机关算尽之后，下场不过如此，权力倾轧没有永远的赢家，这是权臣的命运，也是皇权政治的必然。

刚直有偏

海瑞官场屡被孤立之谜

海瑞一生经历了正德、嘉靖、隆庆、万历四个皇帝，他敢于直言，坚持正义，历来都被看作是清官的典型。他无论担任什么官职，都穿布袍，吃糙米，食自己种的菜。但是，海瑞在官场却相当孤立，他一生提出过不少治国施政的意见和方案，被采纳的几乎没有，这是为什么呢？

海瑞一生经历了正德、嘉靖、隆庆、万历四个皇帝，他敢于直言，坚持正义，历来都被看作是清官的典型。所谓清官，即个人生活清廉俭朴，为官清正廉明，不贪污，不受贿，不徇私枉法，洁身自好，如果要求再高一点，还应是刚正不阿、嫉恶如仇、不畏强暴、打击贪官污吏、为百姓申冤做主的人。

海瑞就是这样一个清官。他无论担任什么官职，都穿布袍，吃糙米，食自己种的菜。海瑞一生未置田产，只靠祖上留下的十亩地养活一生。他没有子女，在他死后，人们发现他生前用的是葛布帐子和破竹箱，比穷书生还不如，丧事还是别人集资为他办的。据说，他为母亲做寿时，也只买了两斤肉，在当时传为佳话。他知道百姓贫穷，去农村巡视时，命部下挑着菜和米随行，自己开伙，从不扰民。万历年间，首辅张居正派御史来看他，也只用“鸡黍”招待。他以右佥都御史巡抚应天十府时，疏浚了吴淞江和白河，使百姓得到实惠。他打击地主豪强，救抚贫民和受欺压者不遗余力，富家占有的贫民土地都被夺回发还。正因为如此，海瑞深得民心，做巡抚仅半年，百姓听说他调离时，“号泣载途”，并在家中供上他的画像。海瑞在南京逝世后，载灵船在江上经过时，两岸满是穿着丧服送灵的人，哭祭者延续到百里以外。

但是，海瑞在官场却相当孤立。按惯例，明朝官员可以为自己的父母请封赠，一般只有犯了罪或受过处分的人才不获批准，但官居正二品的海瑞却没有能为母亲请得“太夫人”的称号，在当时是少有的例外。海瑞一生提出过不少治国施政的意见和方案，但被采纳的几乎没有。他能大刀阔斧地实行自己的政见，只有在巡抚应天十府任上的短短半年时间，除了疏浚江河的成果得以保留外，其他措施在他离任以后就被废止了。因此有学者认为，如果用“实绩”来评判的话，海瑞不过是个一般的清官，对明朝的政治、经济和社会并没有很大的影响，他在很大程度上只是一个道德的典范。民间流传的很多海瑞故事，多数是出于百姓的良好愿望而编造的。

也有学者认为，海瑞在官场受到孤立，是因为他的所作所为得罪了大多数官员，贪官当然恨他。如总督胡宗宪的儿子路过淳安县时作威作福，海瑞将他扣留，没收了他带的几千两银子，还说：“以前胡总督巡视时，命令路过的地方不许铺张，而这个人行装豪华，一定不是胡公子。”并派人报告胡宗宪，胡宗宪哭笑不得，不能治海瑞的罪，心里却十分怨恨。都御史鄢懋卿巡视过县时，海瑞称“县小容不得大人物”，招待很差。鄢懋卿很不痛快，却不便发作，回去后授意下属诬陷海瑞，使他降了职。海瑞出任应天巡抚时，下属官吏有贪赃行为的连忙辞职，有的地主豪强闻风逃往他乡躲避，原来的红色大门漆成黑色，连负责监督南京织造的太监也减少了轿子和随从的排场。海瑞曾向皇帝建议，恢复太祖时的惩贪法律，即贪赃所得满八十贯钱处绞刑，更严重的贪官要剥皮。这自然引起大小贪官极大的怨恨和恐慌。

也有学者认为，尽管海瑞有良好的愿望，但他的措施却是不现实的，恨他、怕他的不止是贪官。他在应天十府打击豪强时，一些“奸民”乘机诬告，使一些官僚大姓被错罚。他又裁减了驿站的费用，使过路的士大夫都得不到招待，给正常往来的官员包括像海瑞自己一样的清官带来很大的不便，因而遭到普遍不满。明朝南京的机构本来就是闲职，官员无所事事，懒散惯了，但海瑞却要加以改变。有一位御史偶然招艺人演了场戏，海瑞想按明太祖定下的规矩，狠狠打他一顿屁股，这使官员们惊恐不安，一些官员大骂海瑞迂腐，巴不得海瑞早点下台。一些史书称他“意主于利民，而行事不能无偏”，是公允的评价。

还有学者认为，海瑞的悲剧在于他所处的时代，对此，《明史》不可能涉及，以后的学者似乎也没有注意到。为什么海瑞这样的清官会受到如此大的抵制和孤立？隆庆年间首辅高拱、万历初年首辅张居正和以后的执政者，无不暗底下尽力阻止皇帝重用海瑞。为什么明朝吏治那么腐败，以至到了无官不贪的地步，而海瑞那样的人物却成了凤毛麟角？据史载，明朝官吏俸禄出奇的低，洪武二十五年确定的文武百官年俸，最高的正一品只有 1 440 石（米，部分折成钱支付），最低的从九品为 60 石，未入流的 36 石。一省之长的布政使是从二品，知府是正四品，知县是正七品，年俸分别为 576 石、288 石和 90 石。相当于全国最高学府校长的国子监祭酒是从四品，年俸 252 石。按照惯例，官员的部分幕僚、随从其报酬和部分办公费是在年俸中开支的，所以依靠正常的俸禄无法过上舒适的生活，低级官员更连养家活口都有困难。由于官员的正常收入太低，明朝初年以后，大小官吏贪污成风，几乎无人不在俸禄以外设法搞钱，真正的清官就相当拮据。海瑞最后两年多任南京右都御史，年俸是 732 石，是高级官员中第三位的高薪，但相当多的下属是要他支付薪水的，而他自己连子女都没有，生活又如此节约，死后却毫无积蓄，可见官员们靠正常收入是无法维持生活的。所以，奸臣赃官自然不用说，就是一些历史上有影响的人物，也免不了广为聚敛。消除这种现象的关键在于，切实解决官吏的实际困难，使大多数人能够合法地获得较高的收入，从而使贪污行为失去最普遍的借口。看来海瑞一直没有认识到这一点，这可能就是他被人认为迂腐，屡被官场孤立的主要原因。

风口孤焰

张居正改革失败之谜

万历十年六月，张居正病逝。十二月，反对派开始发难，他们攻击实行“一条鞭法”是乱了国家。张居正被查抄家产，其家属也惨遭迫害。凡被认为与张结党的官员，统统被削职。那么，为什么张居正苦心经营十年的改革会一朝颠覆，毫无招架之力？

张居正出任首辅的十年，正是明朝后期万历元年至十年（公元1573—1582年），这期间，正是国家的多事之秋，不仅是一姓王朝正在走向衰败，整个封建社会也在走向没落。张居正通过十年改革，从政治推向经济，强国富民，取得了显著成效。但是，由张居正主导的这场改革也预示了身后隐伏的危机，这就是“人在政在，人亡政息”。万历十年六月，张居正病逝。十二月，反对派开始发难，他们攻击张居正改革“务为烦碎”，清丈土地是“增税害民”，实行“一条鞭法”是乱了国家。最后，张死时特加的官爵、封号被撤销，还被查抄家产，他的长子被逼自杀，其家属也惨遭迫害，饿死十多人。凡被认为与张结党的官员，统统被削职，他一腔心血建树的新政更是付诸流水，改革全遭覆灭。

为什么张居正苦心经营十年的改革会一朝颠覆，毫无招架之力？

有人认为，这是封建专制制度所决定的。在封建时代，皇帝具有至高无上的权威，张居正的威势是因为代行皇帝的权力，反对派不足与之抗衡，但这只是为时不久的特殊条件。新政初期，明神宗(万历)是个不甚解事的少年，张居正是他的老师，故处处听从张的指点，对改革自无二议。随着年龄的增长，至高无上的皇权逐渐膨胀，对张居正规劝戒游宴、节赏赐、却珍玩和勤读书的说教越来越不满，这一裂隙早就被反对派窥视在心。帝权和相权本是一对相依相克的矛盾，权高振主就会遭到皇帝的忌恨，往往成为宰相的悲剧，张居正也不例外。张居正暴病身亡后，反对派的发难首先得到皇帝的支持，落井下石的、乘机报复的，群起而攻之，祸延所有支持改革的官员，不到一年，改革派被清洗殆尽。在皇帝一言定法或废法的年代，政以人举也必将以人亡，作为改革家的个人命运与新政连为一体，往往以喜剧开场而以悲剧告终，这是封建体制下政治变迁和社会改革的普遍现象。

也有学者认为，张居正改革思想的局限也是致祸之由。他以“近民便俗”为改革的依据，是超群出众的见解，但他又表示：“今国家要务，惟在遵守祖宗旧制。”给新政披上“法祖”的外衣。既是改革，为什么还要借助祖先亡灵？这是因为张居正所处的16世纪下半叶，封建王朝已经迈过它的黄金时代走向衰落，凋零的现实让他感到今不如昔，而国初的兴盛又令他心醉神往，“每思本朝立国规模，章程法度尽善尽美，远过汉唐”。他把明初的法制看得尽善尽美，只是由于不肖子孙违背祖制，才逐渐败落。所以，他努力的目标是“守成业而致盛治”，就是按照旧规章绘制新蓝图，“法祖”对他而言不仅是方式，更是一种社会理想，较之宋代另一位著名改革家王安石的“祖宗不足法”的气魄，他的革新精神自然大为逊色，以至在与反对派的斗争中没有鲜明的旗帜，甚至给对立面提供口实，御史刘台责难改革说：“谏官因事论及，必曰‘吾守祖宗法’。臣请以祖宗法正之。”真是以其人之道还治其人之身。

也有一些学者认为，张居正打击不法权贵虎头蛇尾，不能真正铲除,反而刺激了他们的不满和仇恨,以致后患。打击不法权贵是张居正推行新政遇到的最棘手的问题,其出发点是为了让他们“守法安靖,自可长保爵禄”。但改革既是一场触动不深的社会改良运动,就不可能真正摧抑豪强,往往半途而废。以清丈土地为例,补税只限于自置田地中非法占有的部分,大批钦赐田地不在清丈之列。凡是清出的土地,一经交税,就可以合法所有,虽然增加了国家税收,却不能解决土地高度集中的弊病。清丈不彻底,欺隐舞弊犹如鼠穴,此塞彼通,难以堵绝,权贵的不法行为经营日久,盘根错节,一朝反扑,张居正反遭其害。他身后罹难一大罪状就是“假丈量遮饰,骚动海内”,一番苦心招来的却是残酷无情的打击。

还有人认为,作为一个改革家,张居正具有刚毅、深沉、傲然、机警的品格,然而他还具有骄横、专断、褊狭、喜奢华的另外一面,且好听阿谀奉承之词,致使他用人选才失误,加速新政的破灭。他生前起用了一批得力的改革派,但他的失误却是没有及时物色一个能肩担重任的后继者。他并非没有深谋远虑之人,但却没有想到由于他威权独揽,气势夺人,以至没有第二个能孚众望的继承人取代他的声威。刚愎自用,偏听偏信,使他自蔽视听,不能客观地考察人选。更使他没有想到的是,正当58岁精力犹旺之时,一场宿疾痔疮的复发,三个月即告病危。弥留之际,匆促接受司礼太监冯保的建议,保举原礼部尚书潘晟入阁。潘本是平庸之辈,还未上任即遭弹劾而辞职,继任者是一向受到张居正垂青的张四维,此人家资万贯,倜傥有才,但品行素来不端,可他攀附权势,曲意奉承张居正,极尽逢迎拍马之能事。一朝大权在握便立即转向,起用一批被张罢职的官员。首先发难攻击张居正的李植,就出自他的门下,废除乘驿之禁也是他的授意。继任的申时行也是张居正的助手,他以一手漂亮文字博得张居正的欢心,于万历六年入阁,协理政务。但他的为人正如明末著名戏剧家汤显祖的评价“柔而多欲”,是个貌似宽厚,实则利欲熏心的伪君子。张四维回乡奔丧,申时行继任首辅后,拟旨宣布张居正“诬蔑亲藩”、“专权乱政”、“谋国不忠”等几大罪状，皆出自他的手笔，而张居正的一切新政全都报废。如果没有这样的两面派和伪君子窃居要职，推波助澜，新政尚可延续时日。张居正英明一世，却毁于偏好奉迎，没有洞察埋伏在身边的异己分子，以至祸发萧墙。可以说，张居正的失败也是他的成功招致的必然结果，这是封建专制时代改革家难免的悲剧。

君子堕行

张居正为官用权之谜

万历年间，内阁首辅张居正主持实施了一系列改革措施，使国家安定，经济发展，一时出现清明富强的景象。但是，历史上，对张居正的评价历来褒贬不一，有人说他执法如山，为官清廉，所以得罪了不少人；也有人说他生活奢侈糜烂，行贿受贿，所以死后不久就被人攻击，以至改革前功尽弃。

隆庆、万历之际，明帝国已是江河日下，不但朝廷财政濒于破产，官场中贪贿成风，官吏玩忽职守，北方边患日亟，乡村豪强大量兼并土地，民不堪生。就在这个时候，内阁首辅张居正从政治、经济、军事各方面进行重大改革，使国家安定，经济发展，一时出现清明富强的景象。

张居正（公元1525—1582年），字叔大，号太岳，湖广江陵（今属湖北）人，又称张江陵，嘉靖二十六年（1547）进士。张居正曾先后任翰林院庶吉士、编修等，后由首辅徐阶推荐为编撰《承天大志》的副总裁，嘉靖四十五年，进翰林院侍读学士。隆庆元年（公元1567年），升礼部侍郎兼翰林院学士，不久任吏部侍郎兼东阁大学士，后为吏部尚书，建极殿大学士。隆庆六年，明神宗（万历）即位，张居正为内阁首辅。

张居正当政期间，实施改革的主要措施有：清查大地主隐瞒的庄田，推行一条鞭法；裁汰官府冗员；任用戚继光等加强边防；荐用潘季驯治理黄河、淮河水患。在做法上，振衰起弊，重建中央朝廷威权，言出法随，令行禁止。他的施政纲领共有六条，这就是《陈六事疏》中说的："省议论，振纪纲，重诏令，核名实，固邦本，饬武备。"其中最主要的是省议论、核名实两条，张居正深知官场中空谈成风，办事效率极低，因而在实施一些措施前不主张讨论，注重措施落实后的实际效果。他还提出"立贤无方，唯才是用"，大力搜求选拔人才，标准只有两条："能办国家事，有礼于君者"。他起用著名水利专家潘季驯治河，用名将戚继光、李成梁练兵备边，一时人才济济。他吸取前人教训，不立朋党。为了重振纪纲，刷新吏治，他强调该予责罚的不得包庇，非有军功不得滥封爵；皇亲贵戚宁可给予财富，不得轻授职务；官职无论大小，一律不得世袭。使人有专职，事可责成，官场上下面目为之一新。

有人认为，张居正之所以能变衰乱为中兴，固然由于他具有过人的才能和毅力，而他的廉洁也是重要因素。明代，官场上下送礼受贿成风，腐败越演越烈，张居正深知其弊，极力倡导廉政，收礼格外谨慎，或是干脆不收，或是在情不可却时酌收薄礼，或是劝送礼者将购办礼物的钱捐助公益事业，以此养成廉洁的风气。他不仅自己不贪，而且还多次阻止其他官吏的腐化和混乱，甚至说服本朝皇帝万历的母亲，把修建庙宇的私房钱用来改造京城的桥梁。对万历外祖父的贪污，他执法无情。他认为必须惩治贪污，建议对贪污显著者"严限追赃，押发各边，自行输纳，完日发遣、发落，不但惩贪，亦可为实边之一助"。他主政后，不仅大力整顿吏治，而且还抓了重大腐败案件，严肃查处。云南黔国公沐朝弼，谋害亲子，与嫂通奸，"视人命如草菅，通夷、占军、谋财、夺产，贻害地方"。对这样一个罪恶多端的腐败分子，本当逮捕法办，但因他是开国功臣西平侯沐英的后代，有司不敢下手，张居正断然将他绳之以法。正是因为张居正执法如山，所以他的改革事业能够排除阻力，推行下去。

但是也有人不同意这种看法，他们认为，张居正固然惩治腐败，但未能持久，更重要的是，在反对别人腐败的同时，自己也在腐败。张居正的个人生活非常奢侈、糜烂，其父病逝，他奉旨归葬，坐着32人抬的豪华大轿，吃饭时菜肴过百品，还“以为无下箸处”，甚至大吃海狗肾，“竟以此病亡”。大宦官冯保是他的政治盟友，冯保贪财好货，张居正让儿子张简修送七张名琴、九颗夜明珠、五副珍珠帘、三万两金、十万两银及其他珍玩到冯保家中。张居正在做官前，家中不过有田数十亩，余粮甚少，遑论金银。当了内阁首辅后，虽是一品官，月俸也不过87石米，即使将一辈子的官俸加在一起，折银至多不过两万余两，而他送给冯保那么多的金银财宝从何而来？这是不言而喻的。张居正死后，万历皇帝派人抄家，虽未抄出如想像中的巨额家产，但也折金银19.58万两，另有良田八万余顷，这决不是张居正区区薪俸所能置办的。

有学者认为，明朝是一个极其腐败的王朝，官场贪污受礼成风，不受礼倒反而奇怪了。张居正身处这样的环境，自然不能免俗，从他的信中可以看出，连戚继光、李成梁这样功业卓著的名将也在送厚礼，可见风气之盛。张居正以个人之力抵制，其作用实在有限，他的改革当然不可能触动腐败的根本。为了推行改革，张居正对太后和太监冯保委曲求全，没有坚持儒生们的礼法，清流们骂他。他的改革得罪了许多既得利益者，这些人更是恨之入骨。所以张居正死后，很多人往他身上泼污水。

有人反驳说，张居正依靠冯保这样的贪赃枉法者作为改革的政治盟友，无疑是授人以把柄，成为他们打击改革派、扼杀改革的突破口。而且，张居正自己的腐败行为，不但给自己抹黑，更是给改革抹黑。很难设想，一个自身腐败的改革家能把改革事业进行到底。

双重人格

董其昌人品之谜

《明史》中对董其昌的评价是“性和易，通禅理，萧闲吐纳，终日无俗语”。但是近年来，有学者认为，官方为董其昌描述的道貌岸然形象是假的，在民间，董其昌口碑极差，他不仅作风轻狂，而且为富不仁，以至万历四十四年发生了轰动一时的“民抄董宦”事件。

明代，松江书画极盛，书画名家代不乏人。明中叶以后，在元末形成的吴门山水画派渐趋兴盛，最终雄踞明末画坛。这其中，出自松江的人物就有顾正谊、赵左、陈继儒、沈士充等人，而董其昌更是个中翘楚。

董其昌，字玄宰，号思白，别署香光居士，原籍上海董家汇，出仕后占籍华亭。生于明世宗嘉靖三十四年（公元1555年），卒于明崇祯九年（公元1636年），享年82岁。有趣的是，以书画见称的董其昌，其走上书画之路却完全出自一个偶然的原因。据记载，董其昌17岁（隆庆五年，1571年）时参加松江府学考试，松江知府衷贞吉因为他的书法不佳，将他取为第二名。受此刺激，董其昌开始发愤学习书法。但是，颇为自负的个性使他高估了自己的能力，据称书法方才学了三年，就自以为深得魏晋旨趣，根本不将本朝书法大家祝允明、文徵明放在眼里。万历七年（公元1579

年),25岁的他参加南京乡试,见王羲之《观奴帖》唐摹本,惊叹不已,因而“搁笔不书者三年”。见识的增加,不仅开阔了董其昌的眼界,也使他对自己的自负深自贬抑,最终成为明末书画大家之一。当时人曾评:“其昌山水树石,烟云流润,神气具足,而出以儒雅之笔。风流蕴藉,为本朝第一。”其书画在当时名闻朝野,奉为墨宝,“尺素短札,流布人间,争购宝之”。《明史·文苑四》称其书法“超越诸家,始以宋米芾为宗,后自成一家,名闻外国”。其画作“集宋元诸家之长,行以己意,洒洒生动,非人力所及也”。另外,董其昌还是一位书画鉴赏大师,“精于品题,收藏家得片语只字以为重”。

早年曾经多次参加过科举的董其昌,在34岁(万历十七年,1589年)那年终于时来运转。这年秋天,他考中乡试,次年会试得中第二甲第一名进士,被选为庶吉士,入翰林院学习。期间,教习庶吉士的礼部左侍郎田一俊病故,董其昌自告奋勇护丧到田氏家乡福建,并在回程中将沿途的山水游玩一遍。万历二十年(公元1592年)春,董其昌还京,其时正值庶吉士三年的学习时间结束(散馆),董其昌获授翰林院编修,正式开始了他的仕途生涯。这一年,他已经38岁。

但是,入仕的董其昌仕途进展却不比书画一样神速。万历二十二年,皇长子朱常洛出阁讲学,董其昌受命充任讲官。不幸的是,当时正值明中央政府内部党争激烈,那一年,顾宪成被削籍还家,由此揭开了东林党同诸党之间的斗争。董其昌似乎并没有站在代表清流的东林党人一边,万历二十六年(公元1598年)末,因为没有处理好同执政者的关系,董其昌被逐出京城,获准回家养病。

六年以后,董其昌受命出任湖广提学副使。但他却不是一个勤政的官员,常常游山玩水,有时还愚弄学生。有一回考试,前一天,他在官署门前贴了个大告示:“明日不考文”。第二天考试时,学生坐着等待出题,长久没有声响。一问,董其昌说:“题目我昨天已经出在外面了。”原来他将“明日不考文”当作考试题了。如此轻狂的做法,加上在任时得罪了当地一些头面人物,自然遭到很多反对,到任仅仅一年的董其昌,不得不灰溜溜地辞职还乡。

《明史》中对他的评价是“性和易,通禅理,萧闲吐纳,终日无俗语”。但是近年来,有学者认为,官方为董其昌描述的道貌岸然形象是假的,在民间,董其昌口碑极差,他不仅作风轻狂,而且为富不仁,以至万历四十四年发生了轰动一时的“民抄董宦”事件。当时,有说书人编撰所谓《黑白传》到处说唱,一时社会上遍传,说董其昌一家如何依仗官势,在家乡鱼肉乡民,飞扬跋扈。脚本中说,某年,董其昌的儿子董祖常指使家人陈明纠众打殴生员陆兆芳,并霸占陆家使女绿英。董其昌盛怒,告到官府,将说书人钱二和一位被他认为是作者的秀才范昶捉拿并殴打,范昶因此愤极身亡。事后,范 83 岁的老母及媳妇一行人到董家论理,谁知还未进董府大门,就被一伙豪仆围住,将轿子打毁,人被扯进董宅堂屋,谩骂侮辱,随去的妇女还被剥去衣裤毒打猥亵。此事激起民间愤怒,引起社会的强烈反响,“各处飞章投揭,布满街衢,儿童妇女竞传‘若要柴米强,先杀董其昌’之谣。至于刊刻大书‘兽宦董其昌’、‘枭孽董祖常’等揭纸,沿街塞路,以致徽州、湖广、川陕山西等处客商,亦共有冤揭粘贴。”这时的董其昌还未看清民意之不可侮,以为靠关系和势力可以摆平。三月十五日这一天,当地及附近平民百姓涌到董宅,“聚者万余”,与董家对质,僵持到傍晚,愤怒的民众冲入院内,一番打砸抢之后,捣毁并放火焚烧了董宅,董其昌多年搜集的古今珍贵书画、篆刻收藏全被付之一炬。据说,有一个过路士子,自称自己的扇面乃董其昌手笔,本想炫耀一下自己与董大人的交情,结果适得其反,扇子被扯碎,人也差点被痛打一顿。可见董其昌在当地已是一个民愤极大的恶霸。

也有人认为，民间传说到底有多少可信度，仍然有待考证，董其昌做过太子讲官，在士大夫中颇有好名声和好人望，他早年困顿贫寒，不仅爱好参禅曹洞宗，以佛家教义修身养性，而且也有“周贫”的豪举。据记载，他在平湖教授私塾时，曾有大姓人家子弟以60金出卖古人墨迹以求度日，董其昌乃将自己教书所得如数给之，自己“垂囊而归”，被家人责骂。他却不以为意，“临摹数日，自谓至乐”。“礼部侍郎田一俊以教习卒官，其昌请假，走数千里，护其丧归葬”的义举，也为他赢得赞誉。至于后来发达后，家大业大，家族中发生的一些恶行可能他并不所知。例如豪夺田地，当时有一种说法，“奴辈不法，董宦未知也”。还有，董祖常强占民女，董其昌并不知情，当然，“子不教，父之过”，董其昌难逃其责。客观地说，当时董其昌官大名重，富甲一方是可以想像的，野史称其“膏腴万顷”当非虚言，民间的凋敝破落与地方大吏的富庶奢靡如同天上人间，民间的仇怨并非对董其昌一人而发。

有人不同意这种观点，说董其昌人品猥琐低劣，并非空穴来风，在官场上，他与品行不端的阮大铖之流为伍，对官场的险恶，他能察言观色，眼看魏忠贤受到众多朝廷要员攻击，原先一直追捧魏忠贤的董其昌，在这年魏忠贤生日时，大张旗鼓地骑马郊游，“一不留神”把手摔断了。于是，写寿表的任务就落到“北董南张”的张瑞图身上（张家后来因此蒙难）。董大人的无恶不作，也非“没来由”。其子董祖源之妻，正是华亭另一名人、恶霸、嘉靖时内阁大学士徐阶的玄孙女，又是万历时内阁大学士申时行的外甥女。而董其昌本人，则是内阁大学士许国所取中的进士，并同内阁大学士王锡爵之子王衡有着亲密的交往。盘根错节的关系，确也有理由让董其昌藐视众生，胡作非为。更有人进一步指出，董其昌一方面潇洒儒雅，另一方面却猥琐低劣，究竟哪一面更加真实？平民百姓当然不理会什么天才俊逸，他们更看重其日常所作所为，在他们眼中，书画双绝的董其昌是一个势利小人。当然，后人不会因为董其昌劣迹昭彰而否定他作品的成就，作为艺术大师和特权阶层的董其昌,原先可能并不可恶,他后来的劣行越来越严重,正是因为被纵容或默许使然,乃是当权者慷慨地提供了这一机会。董其昌表现出的两方面的特质,虽截然不同,但都是真实的。

屡战屡胜

戚家军骁勇善战之谜

明朝中后期，倭寇经常在我国沿海边境作乱。从1559年开始，戚家军屡次攻坚、解围、迎战、追击，将进犯的倭寇歼灭，而从未在战斗中被倭寇击溃。戚家军骁勇善战，闻名天下，他们屡战屡胜的秘密是什么呢？

戚继光（公元1528—1588年），字元敬，号南塘，晚年易号孟诸。出身于山东登州卫一个世袭军官之家。祖籍原在河南卫辉，后迁至山东东牟（今莱芜），因避元末战乱，六世祖戚详率全家迁居到离凤阳很近的濠州定远昌义乡。戚继光父亲戚景通刚毅好学，有军事才能，先后出任过山东备倭军事都指挥、大宁（今河北保定）都指挥使以及京师神机营副将等职。戚景通56岁时得子，故对儿子要求相当严格，不仅悉心教导戚继光读书识字、传授武艺，还常常灌输一些保国安民、为人处世的道理。尽管戚家出身将门，但家境十分清苦，戚继光十岁时父亲回籍奉养祖母，更是艰辛。嘉靖二十三年，戚景通病逝，年仅17岁的戚继光承袭了山东登州卫指挥佥事的世职，开始长达45年的戎马生涯。

明朝中后期，倭寇在沿海边境作乱，经常派遣小部队进入村落，这些入侵者善于使用当地的向导，有层次地展开兵力，并以佯攻、驱使难民在队伍前面等方式迷惑官军，起初在与官军作战时，几乎每战必胜，官军溃退时四处逃散，被践踏或被挤落水致死者为数累累。有一次，总督胡宗宪也在败退中被推落水，几乎淹死。

不过，这种局面到戚继光的戚家军组成后，发生了根本的改变。从1559年开始，戚家军屡次攻坚、解围、迎战、追击，将进犯的倭寇歼灭，而从未在战斗中被倭寇击溃。戚家军骁勇善战，闻名天下，屡战屡胜的秘密是什么呢？

有学者认为，戚继光练兵成功是主要原因。练兵首先是选兵，戚继光认为，士兵“第一切忌不可用城市游滑之人……可用只是乡野老实之人”。若是市井油滑之徒，在作战中会遇到不少问题，如军纪不严，甚至滥杀无辜冒功，一遇到短兵相接就怯懦不前或临阵脱逃。他以体态丰伟、武艺精熟、聪明伶俐、力大如牛四点为标准严格挑选。在选编士兵时，还有“三不用”，即“凡城居者不用，尝败于敌者不用，服从官府者不用”。当时，义乌百姓为争夺开矿权，与永康矿夫发生大规模械斗，双方都十分勇猛，戚继光就请募兵义乌，这一主张为总督胡宗宪采纳。戚继光前往义乌募兵，一时应募者云集，其中有个叫王如龙的矿工首领，“闻檄而率子弟出山”，他们后来成为戚家军的中坚，王如龙也成为屡立战功的虎将。

戚继光还制订了一套切实可行的训练方案。首先，教育士兵认识到自己是从百姓中来，应为解除百姓祸患而战。他指出，你们本为立功名报效而从军，是杀贼的人，贼是杀百姓的人，百姓们岂不是要你们杀贼的？其次，加强军纪，严明赏罚，“若该赏处，就是平时要害我的冤家，有功也是赏……若犯军令，就是我的亲子侄，也要依法施行”。他的舅舅（当时是他的部下）仗着自己是长辈，不肯听戚继光调遣。戚继光当众责罚了舅舅。晚上，他又以外甥的身份脱冠向舅舅表示歉意，使舅舅心服口服。将士们目睹了戚继光执法如山，不徇私情，都有所震动，这样，戚继光树起了自己的威信。他还以岳家军

“冻死不拆屋，饿死不掳掠”的精神要求士兵，将各种紧要号令编印成册，发给士兵。对军官要求也相当严，“所谓身先士卒者，非独临阵身先，件件苦处要当身先；所谓同滋味者，非独患难时同滋味，平处时亦要同滋味。而次技艺岂可独使士卒该习，主将不屑习乎？”戚继光本人就是一位身体力行的军官，他十分重视练习武艺。他曾对部下说，学习武艺是防身立功杀贼的本领，你武艺高，决杀了贼，贼如何又会杀你？你武艺不如他，他决杀了你。你若不学武艺，是不要性命的呆子。针对倭寇的作战方式，参照东南沿海地形，分析敌我双方的短长，戚继光创立了“鸳鸯阵”，再配合鸟铳手、弓弩手、火箭手，组成步军大营，经过戚继光两个月严格而有效的训练，“无不以一当百也”。

也有学者认为，戚家军屡战屡胜，除了部队的素质外，主帅戚继光卓越的指挥才能是决定胜利的关键因素。每次战役，在临阵前两三天，戚继光要求侦察士兵隔两小时报告一次敌情。如果有可能，他还让人用泥土塑成地形的模型。他的部队中备有每月每日日出和日没的时间表，当时还没有钟表，他用一串 740 个珠子的念珠作为代用品，按标准步伐的时间一步移动一珠，作为计算时间的根据。能够作这样精密的考虑，几乎就没有什么因素不在他的掌握之中。嘉靖四十年（公元 1561 年）四五月间，倭寇大举进犯浙江沿海各地，倭船数百艘，人数达一二万，由象山海口侵入奉化、宁海之间，企图牵制明军主力，乘虚直攻台州。戚继光识破了倭寇的真实意图，先在台州部署了必要兵力，亲率大军赶往宁海剿倭，倭寇以为得计，派兵直犯台州城，戚继光再挥师南下，先敌一步至台州城下，以鸳鸯阵大败倭寇，追出 40 余里，俘斩敌人数百，其余倭寇全部淹死在江中，5 000多被掳百姓得到解救。不久，倭寇后续部队窜至台州东北大田一带，谋袭处州（今丽水），戚继光得讯后，在通往处州的必经之地设下埋伏，以1 500人全歼倭寇2 500人，充分显示了他出奇制胜的指挥艺术。

还有学者认为，戚继光能够一帆风顺，固然是由于本身的卓越才能，但是得到一位有力者的支持也是必不可少的因素，他就是谭纶。

此人进士出身，长期在东南滨海地区任职，累迁至福建巡抚。戚继光提出的募兵训练计划，得到谭纶的热烈赞赏和实际支持，源源供给戚继光的部队以足够的军需装备。戚继光出任福建总兵，主要出于他的推荐。1567 年，谭纶升任蓟辽保定总督，负有防御京城的重任。不久，他把戚继光调到辖区中担任最高将领。谭纶和戚继光的合作受到了张居正的赏识，朝廷中凡是故意和戚继光为难的文官，后来都被张居正不动声色地陆续迁调。1577 年，谭纶病死，张居正和戚继光的关系更为密切。可以说，没有张居正的全力支持，就没有后来的戚家军。但是，这种关系却在以后给戚继光带来很大的不幸。张居正死后，有大臣上疏万历皇帝，戚继光是伏在门外的一头猛兽，只听张居正操纵，别人无法节制。随后，清算张居正的运动开始，他和辽东总兵李成梁同时作为前首辅的党羽被参劾，万历皇帝原谅了李成梁而把戚继光革职，一代名将晚年陷入了寂寞和凄凉，在贫病交迫中死去。

大义灭亲

戚继光斩子之谜

嘉靖年间，戚继光率领戚家军在海门一带抗倭。一次，戚继光命儿子戚祚国领兵在花冠岩一带埋伏，戚祚国年轻气盛，交战心切，没有听从戚继光的指挥，结果让一部分倭寇逃脱了。事后，戚继光下令将戚祚国推出去斩首。近年来，历史学界对戚继光是否斩子的争论不断见诸报端。

戚继光是明代著名的军事将领，他为抗御外族侵略，保国安民立下了不朽功勋，世世代代为普通百姓所铭感。在戚继光长期活动的地区，他的影响早已深入当地人民生产和生活的各个方面，有关他的传说和故事不胜枚举，其中以《戚继光斩子》流传最为普遍，在浙闽沿海和河北长城沿线都有流传，只是故事发生地点、被斩者姓名和情节说法各异。

一种说法认为，斩子发生在浙江临海市。在浙江临海市白水洋镇有一条花样石子街，有一座太尉殿，相传是为纪念被斩的戚继光儿子戚祚国而建的。嘉靖年间，戚继光率领戚家军在海门一带抗倭。一次，倭寇在海门沿海上岸，准备去临海、仙居一带抢劫。戚继光命戚祚国领兵在花冠岩一带埋伏，自己出兵佯败，把倭寇引到上界岭，等倭寇全部进入包围圈后，再两军夹击，一举全歼。戚祚国年轻气盛，交战心切，没等倭寇全部进入包围圈就下令擂鼓冲锋，结果让一部分倭寇逃脱了。事后，戚继光下令将戚祚国推出去斩首，陈大成等将领跪在地上要求从宽处罚，留下一条性命将功赎罪。戚继光不答应，说："我是一军主帅，如果我的儿子犯了军令可以不杀，以后还怎么带兵？军中的命令还有谁去执行？"于是，就在白水洋上街水井口这个地方，戚继光忍痛斩了儿子。后来，当地百姓为了纪念这位打了胜仗又被斩首的戚小将军，在水井口用小石子铺起了花样石子街，又在花冠岩山下修建了太尉殿，（据说，戚祚国死后被朝廷封为"太尉"）让人们永远记住他的抗倭功绩，也永远记住戚继光铁面无私、从严治军的精神。

另一种说法认为，斩子发生在台州，且被斩的不是戚祚国，而是他在义乌练兵时收养的义子戚英。当时，倭寇屡次骚扰台州，为了彻底消灭倭寇，戚继光选择桃诸镇为控制点，造城立辕，招募台州、金华两府丁壮，训练新军。一次，倭寇绕过桃诸城，准备掳掠仙居县。戚继光得到密报，当即命义子戚英带领1 000名新军，埋伏于仙居县东边杨府一带，派部将胡守仁带领500名新军，设法将倭寇引进杨府平原，然后把队伍隐伏在白水洋镇西界岭头，拦截溃退之敌，深沟壁垒，将倭寇包围消灭掉。但是，戚英自视甚高，妄改戚继光的战略部署，在白水洋迎战。胡守仁领兵到白水洋时，发现戚英没有按戚继光的部署行事，就劝他速退杨府，白水洋由他隐伏，等倭寇进入杨府平原后，双方夹击，全歼倭寇。但戚英固执己见，拒不接受劝告，胡守仁只好分出200名新军埋伏在林交山渡口的山林中，等待暗击败倭。

当倭寇长驱进入白水洋花街时，西有戚英千名新军，北有胡守仁迎头痛击，死伤累累。倭酋率军后退，企图逃往海上，又在林交山渡口与埋伏的新军展开了一场肉搏战。因新军连日奔波疲惫，人数又少，全部壮烈牺牲。等到胡守仁的追兵赶到渡口时，数十名残倭已向东逃窜不见踪影了。当戚继光得知有数十名倭寇漏网后，怒发冲冠，在塘头朱溪边，安营立辕，设立行刑台，历数戚英擅改作战方略，盲目自大，不听忠告，设伏不周，致使残倭漏网等罪状，按军法处斩戚英。

还有一种说法，认为斩子发生在福建莆田，当地还编成莆仙戏《斩子》演出，颇有影响。但当地资料记载，被斩的叫戚印，不叫戚英。也有专家认为，福建莆田流传的斩子故事可能仅仅是传说，清乾隆《仙游县志》中"崇勋祠"一节附注载："考之传记：继光至莆田，将出师，烟雾四塞，其子印为前锋，勒马回，求驻师。继光怒其犯令，杀之……当时，方万有解围一记，最为详悉，独不载，是虽传闻，或异……"从中可以看出，县志的编纂者对戚继光在莆田斩子的记述是"考之传记"，说白了，就是来自传说。另外，编纂者还注意到当时仙游县城解围后，莆田人方万有写了一篇《解围记》，记载戚继光率军入莆剿倭的故事，"最为详悉"，而对"斩子"这一重要事件"独不载"。对于戚继光所斩儿子的名字，有学者认为，在大量历史档案资料、地方志书和义乌农村"义乌兵"家谱中，只见有戚英而没有戚印的名字，把戚英说成戚印，可能是莆仙方言"英"与"印"发音相近的缘故。

近年来，历史学界对戚继光是否斩子的争论不断见诸报端。一种观点认为，戚继光斩子有这么回事，但所斩的是"义子"戚英，地点在浙江台州仙居县水洋镇花街的塘头朱溪边。因为戚继光出生于1528年，而1561年在台州打完最后一仗，戚继光才34虚岁，不可能有已成为青年将领的儿子。据《戚继光墓志铭》记载，戚夫人王氏只生了一个女儿，没有儿子，嘉靖四十二年（公元1563年），戚继光背着妻子纳妾沈氏，但沈氏仍没生子，戚继光遂再纳妾陈氏。陈氏给戚继光生了三个儿子，即戚祚国、戚安国、戚报国。陈氏生了戚祚国后，沈氏也生一子，取名为戚昌国。历史上，这些儿子都没有随父从戎的记载，因而所斩的当是义子戚英。

另外一种观点认为，戚继光斩子纯属民间传说，并非史实。因为《明史》、《罪惟录》、《明书》、汪道昆《孟诸戚公墓志铭》、董承诏《戚大将军孟诸公小传》、《闽书·戚继光传》等较为可信的史料均无记载，戚继光的儿子们编著的《戚少保年谱耆编》对此也只字不提。那么，为何“斩子”在浙闽沿海甚至在河北长城沿线流传不绝？这是因为历代百姓尊敬戚继光，尊崇他抵御倭寇、保民卫国的不朽功勋，往往将流传的故事宁可信其有，而且会把发生在其他地方的事也说成是本地的事。

源于天象

万历皇帝葬式之谜

1957年，考古人员打开定陵地宫，据说，开棺后发现，万历皇帝仰面朝天，右手放在头右侧，扶着自己的面颊。左臂下垂放在腹部。右腿稍弯曲，左腿直伸，两脚向外撇开，姿势不同寻常。那么，万历皇帝的葬式为何采用"右手扶着面颊"的怪异姿势呢？

明朝第13位皇帝神宗朱翊钧(公元1563—1620年)，年号万历，年仅10岁登基，在位48年，是明朝在位时间最长的皇帝。他的陵墓为定陵，于万历十二年(公元1584年)开工，历时6年完成，耗银八百万两，是他与孝端、孝靖两位皇后的合葬墓。陵墓建成时皇帝只有28岁，直到1620年才正式启用。

定陵于1956年5月开始挖掘，1957年打开地下玄宫，发掘整理历时两年零两个月，以总计用工2万余人、耗资40余万元的代价，终于使这座深藏了368年的地下玄宫重见天日，出土文物近3 000件。

定陵发掘时，最引人瞩目的是墓主人尸体保存情况。开棺前，考古人员曾做好蜡尸(用蜡将尸体封住)的准备，但揭开棺盖一看，万历皇帝尸体放置在一条锦被上，锦被两边上折，盖住尸体。尸体头西脚东仰卧，肌肉已经腐烂，仅剩骨架，只有头发保存较好。朱翊钧头上打着发结，发结上插着几枚金簪，嘴边残留着几根黄胡须。头戴翼善冠，身穿绣龙袍，腰束玉带，足登长统靴，两腿长短有些差异，像是生前有毛病。从骨骼上看，万历皇帝身材并不高大，还稍稍有些驼背。仰面朝天，头顶微向右偏，右臂向上弯曲，手放在头右侧扶着自己的面颊。左臂下垂略向内弯，手放在腹部，手中持一串念珠。右腿稍弯曲，左腿直伸，两脚向外撇开，姿势不同寻常。万历皇帝的葬式为何采用“右手扶着面颊”的怪异姿势，一直是个未解之谜。

有学者认为，葬式是某种观念支配下采取的形式，而不是随意的行为，不同的葬式反映了一定的观念。根据考古发掘资料，我国古代葬式有仰身直肢葬、屈肢葬、俯身葬等姿势，其中仰身直肢葬最普遍。那么，定陵的葬式源于何种观念呢？首先要弄清墓主的原葬姿势。

从帝、后骨架情况看，三人葬式稍异，不像一般的葬式。根据发掘现场观察的情况分析，孝靖后骨架情况应与原葬式相似，而万历帝与孝端后则有出入。因为人死后入葬，不可能故意摆成一腿弯曲、一腿直伸状，显然，万历帝的葬式不是原状。孝端后虽然两腿平放，但头部向右侧卧，脊椎也向右侧弯曲，因此其原状应为侧卧式。万历帝头部、脊椎情况与孝端后类似。再者，尸体如果平放，一般晃动应不会有大变动，只有侧卧式，碰撞时易变动。从两人骨架情况分析，原葬式应为向右侧卧，万历帝应为双腿弯曲，很可能因为晃动和碰撞而改变了原葬姿势。因为棺椁从百里之遥的京城靠人工抬运到陵区，沿途颠簸。据《泰昌实录》记载：葬神宗皇帝及孝端皇后时（孝靖皇后比万历皇帝早逝九年，已入葬天寿山东井平冈地），仅抬杠军夫多达8 600人。一路上绳索常有损坏，不断更换。棺椁到巩华城（今沙河）时，抬棺椁的木杠有断裂声，右边一角曾坠地，可以想像，尸体姿势有变化是完全可能的。

那么，万历皇帝原葬式为什么是向右侧卧呢？据北京十三陵特区办事处王秀玲女士一篇论文，首次揭开了万历皇帝葬式之谜，大胆推断出明代帝王均为身体侧卧，双腿微曲如睡眠状的“北斗七星”葬式。王秀玲认为，古人以紫微星垣比喻皇帝的居处，“北斗七星”在古代被认为是极星，指向正北，位于天空中心，在星宿中属紫微垣。古代常以星象变化预测人事吉凶，紫微垣对应的是人间帝王，是帝星所在，所以北斗极星又被认为是天帝居住的地方。古代皇帝认为自己是上天派到人间的主宰，自称“真龙天子”，信奉“君权天授”、“天人合一”的思想，视皇位为“天位”，基于这种思想，他们将死视为“升天”，也就意味着到北斗七星上去住了。从古代风水角度来看，“北斗七星”式的S形葬式最能够“聚气”。王秀玲说，古代科学还不发达，古人对天体有一种神秘感，认为北斗七星具有避邪功效，而北斗七星的形状恰为一个巨大的、聚气的S形。皇帝选陵址，要选能“聚气藏风”、山环水抱的地方，因山环水抱必有气。明十三陵的选址及设计是与古代风水理论相合的，按照“事死如事生”的观念看，皇帝死后，也需要生气，S形“北斗七星”葬式能够“聚气”，有了生气，就有了万物，预示着子孙万代繁衍旺盛。

不仅葬式源于天象，陵墓的地面、地下玄宫布局都与天象有关。朱元璋的陵墓孝陵，主要建筑走向就呈北斗七星布局。在十三陵中，包括已发掘的定陵地宫布局既是仿生前皇宫模式，也是源于天象。在古代，历朝帝王陵墓大多沿用生前所居宫室的某些形式和特点，陵墓选址则与天象有关，陵址前后左右要有山，象征前朱雀、后玄武、左青龙、右白虎。以山象征天上的星座，而皇帝的陵墓位于星座之间，自然是置于天宫之上了。朱元璋采用天象来设计皇宫、帝陵，他的思想肯定要影响到他的子孙后代，作为朱元璋子孙的历历皇帝葬式“源于天象”也就不奇怪了。到目前为止，明代只有万历皇帝朱翊钧的陵被发掘出来，其他还未发掘，据王秀玲推断，明代帝王可能都采取“北斗七星”葬式。

还有一种说法，认为万历皇帝葬式源于释迦牟尼圆寂时的姿势。相传佛祖释迦牟尼80岁时，自知阳寿将尽，便从王舍城出发，在弟子阿难的陪同下，作一次巡行。他们走到离摩罗国首都拘尸那迦不远的一个村庄波发附近，在村外希尼亚瓦提河西岸的两株莎罗树下，头朝北，面向西，右手支头，左手放置身上，双足合并，作侧卧姿势圆寂。万历帝和两位皇后的尸体姿势极像释迦牟尼“圆寂”的姿势，因为万历皇帝及其皇后非常信仰佛教，从定陵出土实物也充分证明这一点。帝、后服饰上有不少佛教内容的纹饰，如孝靖后尸体最上层覆盖的是一床“经被”，上面有朱书经文，字迹已模糊，但中部的“南无阿弥”四字和右下方“华严”二字均能辨出。孝端棺内有一件黄串枝花卉童子攀藤暗花缎绣佛字方补女夹衣，其胸补在“佛”字上部绣一凤，周围绣八宝纹，佛字下部饰莲花纹，背部在佛字上下两侧各绣一凤。最有说服力是，万历帝手中有一串念珠，由此可以想像万历皇帝信佛的程度，不仅生前信，死后仍念念不忘。所以说，他们的葬式仿释迦圆寂的姿势是有可能的。

车炮结合

明代设计“坦克”之谜

明代开始，火器大量从西方流入中国，在军队中被广泛使用。一些有识之士意识到，以火器的威力配合战车使用，在战场上或许会相得益彰，使两者的特长都能充分发挥。于是，一些发明家开始设计一种加载大炮和火铳的新型战车。有人说，这就是现代坦克的雏形。

坦克在20世纪的战争中有“陆战之王”的美誉。最近有明史专家指出，明嘉靖年间已出现了现代坦克的雏形，这是一种为适应山地作战而设计的单轮战车，名为“全胜车”。车上除备有铳、炮、枪、斧外，还有行军小帐，以备夜间露宿用。为便于山地作战，车上载重一般不超过75公斤。车由五人操作，两人轮流更推。实战时，如果需要坚守，全胜车可以“依车布阵”，每一里路布车十辆，能掩护150至200名士兵，还可随地势高低护藏骑兵。

近年来，有学者认为，如果要寻根溯源，我国冷兵器时代的战车可称是坦克的鼻祖。春秋时就曾有以大规模战车作战的实例，作战时，战车隆隆开道，步兵紧随其后，战车广泛使用于战场，是主要的战争工具。

但也有人不同意这种看法，他们认为，战车上配的是长矛弓箭，没有强大的火力作依托，也没有厚重的装甲作掩护，且驭马而行，不能随心所欲越过堑壕，冲破敌军的防御工事，除了笨重这一点相似外，和现代坦克不可同日而语。正因为战车受地形、战斗队形、成本等因素的局限，在战场上的作用逐渐降低，战车被放弃，骑兵成为战争中主要的突击力量。到战国时，战车已渐渐退出战争舞台，除作战指挥和一些特殊活动，如检阅、出巡或粮草辎重运输，基本已无用武之地。

一些学者指出，明代开始，火器大量从西方流入中国，在军队中被广泛使用。这就为“坦克雏形”的研制创造了条件，《明史 · 志 68》载：“至明成祖平交阯，得神机枪砲法，特置神机营肄习”，这个“神机营”就是“洋枪队”。火器的威力让朝廷且喜且惧，喜的是其强大的杀伤力，惧的则是一旦被广泛普及，恐危及自身安全。所以，只是“在边墩堡，量给以壮军威，勿轻给”。这就造成了火器不能在战场上真正发挥威力，不能根据实战进行改良，制造水平无法提高，故虽有先进武器，却不能转换为战斗力。不过火器的强大威慑力也让一些有识之士意识到，以火器的威力配合战车使用，在战场上或许会相得益彰，使两者的特长都能充分发挥。于是，一些发明家开始设计一种加载大炮和火铳的新型战车。

据《明史 · 志 68》记载，正统十四年，给事中李侃设计了一种战车，用“铁索联络，骑卒处中，每车翼以刀牌手五人，贼犯阵，刀牌手击之，贼退则开索纵骑”。此战车服役于宁夏边境，因宁夏当地多沟壑，所以并未在实战中使用过。景泰元年，郭登又设计出一种“偏箱车”，出则左右相连，前后相接，钩环牵互。每车“枪砲、弓弩、刀牌甲士共十人，无事轮番推挽”。“车前置牌画猊首，远望若城垒然”。郭登的“移动城堡”式战车后来经过改造，“前锐后方，上置七枪，为橹三层，各置九牛神弩，傍翼以卒。行载甲兵，止为营阵”。嘉靖四十三年开始批量生产。

明代，还发明过一些类似的装甲车雏形，如“兰州守备李进请造独轮小车，上施皮屋，前用木板，画兽面，凿口，置碗口铳四，枪四，神机箭十四，树旗一。行为阵，止为营”。又如“吏部郎中李贤请造战车，长丈五尺，高六尺四寸，四围箱板，穴孔置铳，上辟小窗，每车前后占地五步”。一些边镇将领对此类构思颇有兴趣。成化时，大同总督余子俊曾组建过这样一支“坦克”部队，“以车五百辆为一军，每辆卒十人，车隙补以鹿角”。隆庆年间，戚继光出任蓟门总兵时，曾做过骑、车结合的尝试，“每营重车百五十有六，轻车加百，步兵四千，骑兵三千”。辽东巡抚魏学曾请设战车营，仿偏箱之制，上设佛郎机二，下置雷飞砲、快枪六，每车步卒二十五人。万历末，经略熊廷弼请造双轮战车，每车火砲二，翼以十卒，皆持火枪。

但是，这些构思、设计以及小规模生产的明代“坦克”很少在战场上正式使用，这其中的原因各有说法。

有人认为，这些“坦克”皆缺乏机械动力，而且边地险阻，沟壑纵横，不利车战。

也有人认为，这些发明虽有不错的构思，但都过于笨重，毫无机动性和灵活性，行动不便，只适用于防守，很难适应变化无常的战场。明朝的对手为来去如风的游牧骑兵，当时的大炮很笨重，火枪需要填充火药，效率很低，将火器与战车结合，虽不失为一种很好的构想，但是这些“坦克”之所以一直停留在构思、设计以及小规模生产阶段，不能在性能上有所突破，以至不能在战场上使用，与当时腐败的政治不无关系。统治集团忙于争权夺利，很少有人真正关心它的设计和制造，因而处于自生自灭状态，除了史书上零星的记载以外，它的设计图纸、基本模样都已经失传，这是十分可惜的，也成了我国兵器发展史上的一桩谜案。

仰慕先贤

“东林书院”得名之谜

所谓“东林党”，其实并不是一个有纲领的政党团体，也并未真正结党，最多是一个带有政治色彩的学术集群。他们除诵习古书外，兼议论时政，批评人物，一时间，书院成了全国舆论中心。

明代末期，党事纷乱，政治腐败到极点，士大夫分邪正两派，互相攻击，宦官魏忠贤与邪派勾结，迫害正直的朝臣。万历二十二年，无锡籍大臣顾宪成因“京察”案被革职回乡，重修宋朝学者杨时所建的东林书院，一些失官归隐的大臣高攀龙、钱一本、薛敷教等人聚在一起，讲授程朱道学。嗣后邹元标、赵南星等相继来东林书院讲学，远近士子，闻风相从。上述诸人后来被认为是“东林党”创始人，其中顾宪成、邹元标、赵南星被誉为“海内三君”。书院除诵习古书外，兼议论时政、批评人物，一时成为全国舆论中心。在朝的一部分正派官员也与东林通声气，依靠舆论力量对抗邪党。在朝的邪派官员则以“东林”二字为犯罪的代名词，给政敌加上东林名号，借题攻击。这种党争攻击一直到明朝灭亡为止。

所谓“东林党”，其实并不是一个有纲领的政党团体，也并未真正结党，最多是一个带有政治色彩的学术集群。“东林党”这个称谓，是由他们的政敌强加的。

顾宪成、高攀龙为首的政治集团大多是无锡人，他们活动的区域也在无锡附近，为何被其政敌阉党、浙党等称为“东林党”呢？

从最简单的解释来看，是由于他们聚众讲学的东林书院而得名。东林书院旧址在今无锡市苏家弄3号，旧时称“东林精舍”，相传为宋代杨时寓居无锡的讲学处，后曾一度废为僧庵。明万历年间，在常州知府欧阳东风和无锡知县林宰的赞助下，罢官归里的顾宪成、顾允成等人在废址上重建书院，仍以“东林”名之，从此“讽议朝政，裁量人物”，一时士大夫“率退处林野，闻风响附”，“东林”之名大著。

那么，原先建造书院的南宋学者杨时，为何用“东林”二字来命名讲舍呢？有学者考查过宋代以来所有无锡城乡地名，均无“东林”之名，“东林”从何而来？也许，这得从杨时的经历和思想言行方面去寻求答案。杨时早年中进士，因敬慕程颢、程颐的学问人品，“调官不赴”，专程以师礼见二程，“程门立雪”说的就是杨时拜见二程的故事。此后，他“历知浏阳、余杭、萧山三县，皆有惠政，民思之不忘”。当金兵大举南侵之际，他极力反对投降，主张加强边防，提出收复失地要以“收复人心为先”的建议。然而执掌朝政的蔡京、童贯之流却置之不理，救国无门，他屡次“乞归林泉”。这期间，他曾游庐山东林寺，追怀东晋文学家陶渊明、名僧慧远、道士陆修静等人谈儒论经的雅事，并留有《东林道上闲步》诗三首。清代初年，就有人据此猜测先生“或爱庐山东林之胜而移名吾邑讲学处”，这种猜测是有一定道理的，历史上，常有文人学士因留恋或向往某处名胜古迹而将其美名移至他处。北宋苏舜钦被谗遭贬后，居苏州，买地筑亭造园，因慕湖南沧南之水可濯缨濯足，故名“沧浪亭”。苏东坡客宜兴丁山，颇爱此处山水，买田种橘，在此定居，又怀念家乡四川，故名丁山为“蜀山”。

有学者认为，杨时的“移名”与苏舜钦、苏东坡有所不同，并非单纯出于“爱庐山东林之胜”，而是执意继承和发扬白莲社之风。位于庐山西北麓的东林寺,是我国佛教净土宗(莲宗)发源地。东晋太元六年,名僧慧远在此建寺讲学,并创设白莲社,倡导"弥陀净土法门",后世推尊他为净土宗始祖,国内外许多名僧来此求经拜佛。唐代,扬州高僧鉴真东渡日本前也来到该寺,后与该寺和尚智恩同渡日本传经讲学,慧远和东林净土宗教义也随之传入日本,至今日本东林教仍以庐山东林寺慧远为始祖。慧远"净土宗"认为,世俗众生居住的世界为"秽土"、"秽国",而佛居住的地方为"净刹"、"净界"、"净国",因而他邀僧俗18人成立"白莲社",发愿往生西方净土。杨时以"东林"命名书院,也就有它特殊的含义。

杨时的志向和意图被东林党人所继承,他们不但修复东林书院,还建造杨时祠堂——"道南祠"(取意程颐目送杨时南归时所说"吾道南矣"之语),聚朝野之臣、林下之士讲学于此,仿庐山东林寺,溪云庭月,景色幽美,追慕古贤,远思悠悠,抨击时弊,慷慨陈词,聊舒胸臆,与当时统治阶级内部的腐朽势力——阉党、邪党抗衡,力讦他们的秽状劣迹,"进则正言直谏于朝,退则明善淑人于野"。天启五年,魏忠贤矫诏杀死了顾命大臣杨涟、左光斗以及魏大中等东林党人,又毁了复兴20余年的东林书院。为复建东林书院而竭尽全力的高攀龙来到那儿,他明知自己即将遭害,仍然写下了千古绝唱的《过东林废院》诗:"蕞尔东林万古心,道南祠畔白云深。纵令伐尽林间木,一片平芜也号林。"这也清楚地说明"东林"二字所包含的意义,他们以林比书院,以木喻党人,坚信东林党人伐不尽,正义之气永存。

荣死诏狱

李贽自杀之谜

李贽是学术界公认的晚明启蒙思想家。明万历三十年(公元1602年),囚居在北京皇城监狱里的李贽,在吩咐狱卒为他剃发之后,取剃刀自割喉咙,流血倒地。次日夜子时,李贽在春寒料峭的监狱里血尽气绝。那么,究竟是什么原因促使李贽自杀?

明万历三十年(公元1602年),囚居在北京皇城监狱里的李贽,在吩咐狱卒为他剃发之后,取剃刀自割喉咙,流血倒地。气息奄奄之际,狱卒问他:“痛否?”李贽以指蘸血在地上写道:“不痛。”狱卒又问:“为何自杀呢?”李贽又写:“七十老翁何所求?”次日夜子时,李贽在春寒料峭的监狱里血尽气绝。

李贽是学术界公认的晚明启蒙思想家。对他的死,人们无不认定是由于封建统治者的迫害。不错,李贽是万历皇帝亲自下令把他逮捕究治的,从这一角度看,无疑是统治者消灭异端思想的又一典例。但李贽明明是自杀“成仁”的,万历并无杀他的夺命朱批,大金吾的司法建议也只是“大略止回籍耳”,李贽完全可以回籍终老。那么,究竟是什么原因促使李贽自杀?当年跟随李贽、与他亦师亦友的袁宏道、袁中道等人,认为其中“真有不可知者”,就连自信

"称事先生之久者无如钶、宜知先生之真者亦无如钶"的汪本钶,对李贽的最后交待也不相信,认为不是李贽的"真实语"。

有学者认为,李贽的学说吸收了王守仁学说(尤其是王学中王畿一支)和若干禅宗思想,但远不能为这两家所包容。王守仁是站在统治阶层内部进行道德调整,李贽的思想则鲜明地代表了社会变革的要求,他是中国古代第一个对封建统治思想提出全面批判的人。李贽学说的主要内容是:首先,比前人更彻底地反权威精神。他说:"夫天生一人,自有一人之用,不待取给于孔子而后足也。"表现出反对偶像崇拜、尊重个性和个人权利的态度。他认为六经和《论语》、《孟子》,这些书要么是史官、臣子的过分褒美,要么是迂阔懵懂的弟子的胡乱记录。这种空前大胆的言论,不仅具有打破奴化教育和思想禁锢的意义,而且提出从根本上摆脱对历史"元典"的依赖而重新建设社会思想文化的要求。其次,李贽对物质生产相当重视。认为工商业者开采矿藏、贩运货物,都是对社会、对个人有益的事,并不"可鄙"。因此,他对人欲表示充分肯定,认为追求物质享受、好色好货、为自身谋利益是人的天性,是合理的要求。在他看来,一切脱离个人物质追求的高深"道理"都是虚伪的空谈,这实际上揭示了私有制社会中最根本的事实和道德基础,言辞犀利地抨击了禁欲主义和假道学。万历三十年,李贽被捕下狱,他的自杀是对封建专制统治者强烈的抗议。

也有一些学者提出,李贽不是死于封建统治者之手,因为告发李贽并纠拿治罪的是东林党人、礼科给事中张问达,张捏造了大量耸人听闻的谣言和污蔑不实之辞,甚至制造"桃色新闻"。在李贽被捕后落井下石,建议万历皇帝将李贽治罪并发动清算李贽思想运动的也是东林党人冯琦。东林党领袖顾宪成谴责李贽"是人之非,非人之是",令天下"学术涂炭"。而万历皇帝尽管贪财好色,但有时头脑还算清楚,他认为,像李贽这样一个连正四品甚至更大的官都不愿做的人,不可能生活那么放荡,何况李贽已是风烛残年。万历皇帝似乎也明白，在官场上，散布男女关系的谣言是攻击别人的惯用手法，所以他对李贽的“桃色新闻”并不介意，而李贽离经叛道的思想言论则是绝对不能容忍的。因此，他以“敢倡乱道”的罪名将李贽逮捕治罪，立即派人奔赴北通州（今北京通县），从被削职为民的前御史马经纶家中，将卧病在床的李贽带走，关进监狱。朝廷随即下令：“李贽敢倡乱道，惑世诬民，便令厂卫五城严拿治罪。其书籍已刊未刊者，令所在官司，尽行烧毁，不许存留，如有徒党曲庇私藏，该科及各有司访参奏来，并治罪。”

为什么代表社会进步思想的李贽，偏偏是被同样具有进步倾向的东林党人告发而身陷囹圄？李贽的思想为什么会遭到他的后继者的误解和谩骂？

有学者认为，是因为“以天下名教之是非为己任”的东林党人把晚明“非名教所能羁络”的社会风气归罪于李贽的学说。沈瓒《近事丛残》说：李贽的学说“少年高旷豪举之士多乐慕之，后学如狂。不但儒教防溃，而释氏绳检亦多所屑弃”。这还得了？儒教是东林党人安身立命的招牌和门面，李贽的学说敢于翻其是非，揭其真相，发其隐私，触其痛处，自然要遭到清算。李贽有一句话，不见于他的著作，却被东林党领袖顾宪成在其日记《小心斋札记》中私下摘录保存下来：“李贽曰：‘与其死于假道学之手，宁死于妇人之手。’卓吾平日议论，往往能杀人，此语却能活人。吾不得以其人而废之。”以道学名义整人的人，自然深知假道学的利害，所以历来有千千万万的人委琐取容，丧尽良知。而心口不贰、正道直行的李贽，只有义无反顾地走上荣死诏狱的道路，死在假圣教以济私的道学家之手。

有学者认为，要了解李贽自杀之谜，应该体会他临终前说的“七十老翁何所求”这句话的隐衷。作为一名启蒙思想家，他的生要“手辟鸿蒙破混茫，浪翻古今是非场”，他的死同样是为了成就一种历史使命。推崇他的人称颂他是当世“圣人”，利玛窦称他是“中国人中罕见的典例”。总之，在天下士子无不为能踏进官僚阶层而皓首穷经的年代，李贽却有官弃官、有家弃家，自悔“五十年前真一犬也”的读书仕进生涯。在天下人皆以卫道为己任，扛着圣教的招牌文其伪、售其奸、谋其私的时代，李贽却公然背叛千年相延的封建道统和花样翻新的造神运动，“开古今未开之眼，开古今未开之口”，提倡“自然真道学”，主张一切“条教禁约皆不必用”，呼唤人的理性自觉和自由发展，培植多元文化心态。当时，官场和文坛充满假人、假事和假文，乃至举人、进士头衔也无不有假，行不顾言、言不顾行，阳为谦恭而实为谄媚，雍容揖让而暗伏杀机，又是李贽敢于揭破世相，识其真机，向被愚弄、被蒙蔽的百姓指出，“儒者不可以治天下国家”，“君子之尤能误国也”，主张“各遂千万人之欲”，高呼“庶人可言贵，侯王可言贱”，强调利在百姓的社会功利和人格平等的道德氛围。在“逢人便说三分话，未可全抛一片心”的官场，孟子的“为官不难，不得罪于巨室”成为各级官府的施政原则，许多善良的人为迁就这个以假为荣的社会而扭曲灵魂，李贽却毅然站出来，为得民心而不得官心的何心隐、海瑞等人鸣不平。道学家视女人为祸水，以禁欲为高尚，实际上却妻妾成群。李贽在尊重“真情”和人格尊严的基础上，鼓吹“大道不分男女”，写出惊世骇俗的《答以女子学道为见短书》的千古宏文，提倡妇女追求个人幸福和基于真情的男女社会交往。正因为李贽以纯真的“童心”看那污浊的世界，以犀利的笔锋“掊击道学，抉摘情伪”，才使天下所谓的正人君子胆战心惊，恐怕伪善面目被揭穿，不但道学家疾其叛道，同仁者也不满其“多怪少可”，乃至他“真像是与千百万人为敌”，人人称李贽为妖，争相抨击。

其实，李贽在数年前就为自己选定了“荣死诏狱”的最后归宿，称这是“天下第一等好死”。那时他在山西上党刘东星家中躲避当局的迫害，曾对前来问学的汪本钶透露了自己对“最后一著”的打算，遗言身后白布盖尸，土坑埋葬，并不无欣慰地说：“到那时名满天下，快活，快活！”最后他以这种方式“成就此生”，向世人表白自己“不见知己之恨”。为启蒙而洒热血的先驱者李贽，在他活着的时候不为世人所容,在他死后仍然遭到无情的谩骂和摒弃,连明末清初另一位启蒙思想家顾炎武也说:“自古以来,小人之无忌惮而敢于叛圣人者,莫甚于李贽。”李贽之死,彻底暴露了僵化的封建意识形态与社会新思潮之间不可调和的冲突,为明末思想史抹上了浓重的悲剧色彩。

扑朔迷离

晚明三大疑案之谜

明光宗朱常洛是明神宗朱翊钧的长子，在位时间仅 1 个月，是为泰昌帝。他是明代最富传奇色彩的一位皇帝，明宫梃击案、红丸案和移宫案，这三大疑案都与他有关。

明光宗朱常洛（公元 1585—1620 年）是明神宗朱翊钧的长子，神宗死后继位，在位仅 1 个月，因病服红丸而死，终年 36 岁，葬于庆陵（今北京市十三陵）。

朱常洛在位时间虽短，但他是明代传奇色彩最浓的一位皇帝，明宫梃击案、红丸案和移宫案，这三大疑案都与他有关。

第一件梃击案，缘起于朱常洛太子地位的争议，朱常洛生于万历十年，生母王氏原为慈圣皇太后的宫女。他的身世和父亲明神宗差不多，都是父皇偶然临幸宫女而生。虽然都是“偶然临幸”，神宗却不如他的父亲穆宗“负责”，他一直认为皇子的出生是他的一件丑事，这一观念持续到明神宗去世，因此朱常洛一生得不到父爱。

明神宗宠爱郑贵妃，更是将郑贵妃的儿子福王朱常洵视若掌上明珠，因此便有废长立幼的想法。他先是违反古制册封郑氏为贵妃，而没有册封长子的母亲。不久又提出三王并封的主意，将众皇子都封为王以降低长子的地位，因朝臣所阻没有成功。在朱常洛和朱常洵两人择一而立的问题上，因朝廷争论激烈，拖延了10余年，直至万历二十九年（公元1601年），在朝臣极力谏争和慈圣皇太后的支持下，朱常洛才被册立为皇太子。这一事件，史称“国本之争”。

朱常洛当上太子后，朝内党争和宫闱纠纷始终威胁着他的太子地位，好在朱常洛各方面表现中规中矩，明神宗无话可说。

就在太子地位渐渐稳定的时候，宫中却发生了“梃击案”。万历四十三年（公元1615年），蓟州（今天津市蓟县）男子张差持梃闯入太子居住的慈庆宫，准备行刺，被宫门太监抓住，先是御史刘廷元（浙党）审问，奏称张差是疯癫。但刑部主事王之寀（东林党）却审出实情，原来张差并不疯癫，是由庞保、刘成指使行动，而庞、刘二人均为郑贵妃宫的内侍。

当时有人怀疑，郑贵妃为了要让其子登上太子位而欲谋害朱常洛，朝议沸腾。但是神宗和太子都不愿追究，仅以疯癫奸徒的罪名杀了张差，杖死了庞保、刘成，此案草草了结。

也有记载说，执棍闯太子寝宫之人自称郑大混子，疯疯癫癫。三司会审要他供出主谋，他胡说八道，报了一大串大臣和宫中太监的名字，真假莫辨。结果朝臣阉宦、皇亲国戚，纷结党羽，相互攻讦。神宗皇帝毫无主意，今日听这个朝臣的话，明日信那个阉宦的话，杀人颇多，弄得朝中人人自危。

一些记载还说，当时朝廷中争论不一，支持郑贵妃的臣僚认为是张差疯癫所为；支持皇太子的大臣认为是陷害太子的阴谋。经刑部十三司会审，查明张差系京畿白莲教的一支红封教的成员，其首领为马三道、李守才，他们与郑贵妃宫内的太监庞保、刘成勾结，派张差打入宫内，梃击太子。

不过，此案究竟是否为郑贵妃指使，由于证据不充分，没有定论，成为明宫三大疑案之一。

第二件红丸案,有关朱常洛的死因。公元1620年(万历四十八年)8月,明神宗病逝,朱常洛于同月继位,改年号为“泰昌”。

朱常洛继位后,进行了一系列改革,革除弊政,如发内帑犒劳边关将士,虽然杯水车薪,却也是万历朝很难见到的。罢除万历朝矿税,这一税收曾一度使民不聊生,民变迭起。将由于进谏而得罪皇帝的言官全都释放,官复原职。面对万历中后期官员严重不足的情况,朱常洛重振纲纪,提拔了一批新官吏,补足缺额,使朝政有了新起色。

但朱常洛每日回宫后却沉于酒色,纵欲淫乐,加上身体羸弱,不到一月就病倒了。经内医崔文升诊视,服了泻药。朱常洛一日一夜竟腹泻达43次,病情日趋恶化,不敢再用。此时,鸿胪寺丞李可灼进献两粒红丸,泰昌帝用了第一粒,气喘减缓,食欲大开,病情稍见好转。再服第二粒后,泰昌帝昏昏睡去,于第二天清晨驾崩。由于皇帝服用红丸毙命,红丸到底是什么药?是否有毒?李可灼为什么要向皇帝进泻药?这些都已无法弄清。

有人说红丸是用女子经血和参茸糅合而成,初服精神为之一振,但他荒淫过度,不堪猛补,所以死去。有人则因郑贵妃请封皇太后而不许,怀疑是她指使李可灼下的毒。这件事史称“红丸案”,最后不了了之,成为明宫又一大疑案。

第三件移宫案,发生在泰昌帝朱常洛驾崩后。新帝即位之事关系国家命运,成为朝野关注的焦点。太子朱由校由于其父朱常洛不得万历皇帝的宠爱,自幼也备受冷落,直到万历帝临死前才留下遗嘱,册立其为皇太孙。朱由校的生母王才人虽位尊于李选侍之上,但因李选侍受宠,她备受李选侍凌辱而死,临终前遗言:“我与西李(即李选侍)有仇,负恨难伸。”而朱由校从小亦受李选侍的“侮慢凌虐”,终日涕泣,形成了惧怕李选侍的软弱性格。

泰昌帝即位后,朱由校与李选侍一起迁住乾清宫。一月后,泰昌帝驾崩,李选侍控制了乾清宫,欲当皇太后以把持朝政,此举引起朝臣的极力反对。泰昌帝驾崩当日,杨涟、刘一燝等朝臣即直奔乾清宫,要求哭临泰昌帝,请见皇长子朱由校,商谈即位之事,但受到李选侍的阻拦。在大臣的力争下,李选侍方准朱由校与大臣见面。杨涟、刘一燝等见到朱由校即叩首三呼"万岁",保护朱由校离开乾清宫,到文华殿接受群臣的礼拜,决定本月六日举行登极大典。为了朱由校的安全,诸大臣暂将他安排在太子宫居住,由太监王安负责保护。

李选侍挟持朱由校的目的落空,又提出凡大臣章奏,必须先交由她过目,然后再交朱由校,许多朝臣强烈反对。他们要求李选侍移出乾清宫,迁居哕鸾宫,遭李选侍拒绝。李选侍又要求先封自己为皇太后,然后令朱由校即位,亦遭大臣的拒绝,矛盾日渐激化。朱由校御乾清宫登极大典日期迫近,初五日,李选侍尚未有移宫之意,并传闻将继续延期移出乾清宫。内阁诸大臣站在乾清宫门外,迫促李选侍移出。朱由校的东宫太监王安在乾清宫内力驱,李选侍万般无奈,怀抱所生八公主仓促离开乾清宫,移居仁寿宫内的哕鸾宫。九月六日,朱由校御奉天门,即皇帝位,改明年为天启元年。

李选侍"移宫"数日后,哕鸾宫失火,经奋力抢救才将李选侍母女救出。反对移宫的官员乘机散布谣言,指责朱由校违背孝悌之道。朱由校批驳了这些谣传,指出:"朕令停选侍封号,以慰圣母在天之灵。厚养选侍及皇八妹,以遵皇考之意。尔诸臣可以仰体朕心矣。"至此,"移宫"风波才暂告结束。它与梃击案、红丸案一直是晚明朝野争论不休的问题,给后人留下了许多疑问,史称晚明三大疑案。

难以考证

《金瓶梅》作者之谜

《金瓶梅》是中国文学史上一部里程碑式的作品，《金瓶梅》问世时，由于种种原因，作者并没有署上真实姓名，随着时间的推移，学者们对它的作者情况始终抱着很大的兴趣。那么，《金瓶梅》的作者究竟是谁？

明代白话长篇小说《金瓶梅》是中国文学史上一部里程碑式的作品。它是中国小说史上第一部文人独立创作的长篇白话世情小说，对后世的小说创作产生过较大影响，在中国文学、文化史上具有重要地位，刚出现不久，就被明末著名文学家冯梦龙连同《三国演义》、《水浒传》、《西游记》一起称为“四大奇书”。不久，又被清初著名文艺理论家张竹坡称为“第一奇书”。

《金瓶梅》问世时，由于种种原因，作者并没有署上真实姓名。随着这本书日益引起人们的注意，学者们对它的作者情况始终抱着很大的兴趣。《金瓶梅》的作者究竟是谁？

从现有的各种材料来看，晚明时就有人提出，《金瓶梅》为“某大官家中的教师绍兴老儒”、“金吾戚里门客”、“某孝廉”等所作，由于这些观点纯系传说，并未受到重视。但沈德符在《万历野获编》中说，《金瓶梅》乃出于“嘉靖间大名士之手”，入清以来，“嘉靖间大名士”如徐渭、卢楠、薛应旗、赵南星、李卓吾等人，都曾被假定为《金瓶梅》的作者，此外还有汤显祖、冯梦龙、李先芳、沈德符、李渔、冯维敏、谢榛、臧晋叔、金圣叹、田艺蘅、王采、唐寅、李攀龙等说，不过最为流行的看法，有这么几种：

王世贞说。一些学者根据《明史·王世贞传》、《万历野获编》以及王世贞的身世、生平、籍贯、爱好、文学素养、社会经历、思想风貌、创作时间等，“与《金瓶梅》全书对勘”，认为书中描写的内容与王世贞的各种情况很相符。据传王世贞的父亲王忬，因献《清明上河图》赝品，为唐顺之识破，因而得罪权臣严嵩和严世蕃父子，最后被残害致死。王世贞为报父仇，特作小说《金瓶梅》献给严世蕃投其所好。书中隐射严嵩父子，揭露他们的种种丑行，而书上又涂有毒药，严世蕃将书阅毕，差点中毒送命。

李开先说。李开先的身世、生平以及他对词曲等市井文学极深的爱好和修养，与前人对《金瓶梅》的说法不谋而合，把《金瓶梅》和李开先的《宝剑记》作比较，就会发现有不少相同之处。这些研究者还认为，《金瓶梅》和《三国演义》、《水浒传》、《西游记》一样，都是在民间长期流传之后，经作家删减、描写而定的，而这位作家就是李开先。

贾三近说。有的学者从新发现的《三希堂法帖》第一册中王羲之《快雪时晴帖》后四篇题跋中，纠正了《万历野获编》作者沈德符的两处错误，从而否定了王世贞说。他们认为，以前有关《金瓶梅》作者的各种说法，都有一个共同的失误，即籍贯不是“兰陵”（即山东峄县）。而贾三近是峄县人，他有可能就是《金瓶梅词话》序中的“兰陵笑笑生”，且生活在嘉靖、万历年间的贾三近，生平经历、文学素养和精神气质与《金瓶梅》所反映的内容较为相符。

王稚登说。有些学者对这个说法提出了13条依据：(1) 他最先拥有《金瓶梅》抄本；(2) 他是古称“兰陵”的武进人；(3) 他对屠隆不满，因选其《哀头巾诗》、《祭头巾文》入小说，以示讥刺；(4) 小说中的诗歌曲与王稚登所辑《吴骚集》相似;(5) 王稚登所著《全德记》中某些内容、用语与《金瓶梅》相似;(6) 他的诗文与小说诗文一脉相通;(7) 王稚登熟悉小说中的方言;(8) 他与小说均有中原正统观;(9) 符合“嘉靖间大名士”的特征;(10) 他是王世贞的门客,故以小说为王世贞之父报仇;(11) 小说中王招室一家是王稚登家“豪族”丑类的再现;(12) 小说三次引用他感触深刻的诗句“侯门一入深似海,从此萧郎是路人”;(13) 小说反映的作者经历与他的情况较为相符。

屠隆说。有学者认为,《金瓶梅》成书的确切时间当在万历十七至二十四年间,这样,作者就不一定是“嘉靖间大名士”。从《金瓶梅》内容来看,作者应是一个很不得志、看穿世事、不满现实、玩世不恭而又做过京官,“好叙男女情欲和熟悉小说戏曲游戏文字”的人,万历年间文学家屠隆在他的著作《开卷一笑》中曾用过“笑笑先生”的代名,“笑笑先生”当为“笑笑生”,而“兰陵”应为江苏武进,这是屠隆祖先居住过的地方。他的书斋是“婆罗馆”,正是取名于武进的古巷。从屠隆的籍贯和生活习尚看,符合著《金瓶梅》的条件,万历十二年,当屠隆在京师正意气风发时,被讦与西宁侯纵淫而罢官,使他看到世态的艰险,同时更纵情于诗酒声色。这种遭遇和身世以及对社会的认识,都和《金瓶梅》中所揭露、鞭挞的相一致,屠隆对人欲的看法是“既想治欲,又觉得欲根难除”,这与《金瓶梅》阐述的观点也是吻合的。屠隆认为文学作品可以“善恶并采,淫雅杂存”,不必对“淫”的描写躲躲闪闪,这些都是写作《金瓶梅》的思想基础。

徐渭说。最早透露这一信息的是明袁中道《游居杮录》。当代学者潘承玉在《金瓶梅新证》中,首先从时代背景推断《金瓶梅》成书年代为嘉靖末至万历十七年稍后,这与徐渭的生活时代相吻合。接着,作者从地理、风俗、方言等多层面揭示了小说和绍兴文化的深刻联系,考证出《金瓶梅》早期抄本的流传线索,将其源头追溯至翰林院编修陶望龄。根据《金瓶梅》是一部“借宋喻明”、“借蔡讽严(嵩)”之作的定论,指出当时正是绍兴形成了全国第一个反严潮流,披露了徐渭与陶望龄以及沈炼为代表的一大批“反严乡贤”鲜为人知的史实，从沈炼被严嵩迫害致死，断言“徐渭因感于乡风并激于沈炼的冤死而写《金瓶梅》”。然后，又考证了徐渭晚年曾暗示过他花40年心血完成了一部长篇小说，而这部小说很可能就是《金瓶梅》。

民间艺人集体创作说。有的研究者从明人关于《金瓶梅》记载、词话源流及书中保留的说唱文学的特点认为，《金瓶梅》不是哪个大名士、大文学家个人创作出来的，而是在同一时间或不同时间里，由许多民间艺人参加、经过多人加工整理的作品。还有人更进一步指出，在《金瓶梅词话》以前，应该有一部《金瓶梅说唱词话》，后来把这一部《金瓶梅说唱词话》改写为《金瓶梅词话》，虽保留了“词话”的名称，实际上只是普通小说。

当代著名学者吴晗曾经查阅大量的正史、野史、笔记，以翔实的史料作依据，剖析了前人据以立论的主要根据——《清明上河图》与王世贞家族的关系，认为历史上王世贞父亲并非献假图受害，严世蕃亦没有因读《金瓶梅》而中毒，否定了《金瓶梅》为王世贞所作的观点。吴晗还从书中大量运用山东方言这一点，认为王世贞虽在山东做过三年官，但要像当地土著一样使用方言写出如此巨著是不可能的。然而，“笑笑生”究竟是何人，却仍然是一个难解的谜。

1931年，在山西介休发现了明朝万历四十五年的丁巳本《金瓶梅词话》，为《金瓶梅》作者和成书年代提供了另一种说法。有学者提出，《金瓶梅》作者是明代山西山阴县人王家屏。王家屏（公元1535—1603年）字忠伯，号对南，山阴县河阳堡人，曾以吏部左侍郎兼东图大学士入预机务，以礼部尚书兼东阁大学士致仕归里，所以，在雁同、朔州地区民间以“王阁老”相称。理由一是《金瓶梅》是以山东为背景写的，人物主要是山东人。按照“家丑不可外扬”的传统，假如是山东籍的作者，把山东男人写成淫棍，女人写成淫妇，恐怕有悖情理。所以，再愚蠢的作者也会来一个伪托，不写自己的出生地。而《金瓶梅》全书只写了两个山西人，一个救了无辜者一命，一个促使恶人死亡，这种贬鲁人褒晋人的倾向，反映了作者很可能是山西人。理由二是从地理上看，《金瓶梅》尽管以山东为背景，但作者对山东的地理概念却非常模糊，而对山西雁北倒十分熟悉。比如《金瓶梅》一百回中，本应描述周统制去山东高阳关防守，却由于作者笔误，写成了作者熟悉的家乡雁门关景色。从书中描绘的房屋建筑布局来看，实属典型的山西雁北地区风格，甚至连骂人的话"毛司的砖儿——又臭又硬"，用的都是雁北人的歇后话，雁北人至今称茅坑为"毛司"。另外，《金瓶梅》中人物衣着有雁北特点，如皮袄、毡帽等，特别是"腰子"尤具雁北特点，这种衣着即便是在山西省其他地方也十分罕见。理由三是《金瓶梅》是一部方言文学巨著，其中有许多纯属山西雁北方言，从书中摘出的3 000多条雁北方言中可以发现，它们偏重山阴和应县两地方言，而有些方言则纯属山阴独有。理由四是《金瓶梅》中有许多写作质量很高的奏疏，没有做过内阁官员的人很难写出如此规范、地道的行文。王家屏曾经官至东阁大学士及内阁辅臣，写奏疏自然是一把好手。

尽管《金瓶梅》作者名单越来越长，但至今尚没有一说为学术界普遍认同。为什么在中国古典文学名著中，《金瓶梅》的作者最扑朔迷离、难以考证呢？有学者认为，根本原因是《金瓶梅》的作者本来就不想让别人知道他是谁。《金瓶梅》中有不少赤裸裸的淫秽描写，在任何时代都是不能公开化的，因而《金瓶梅》问世以来，被列为禁书的时候居多。在重礼教的封建社会中，写这样一部书确是大逆不道，有辱门风，不仅为"正人君子"所不齿，弄得不好，还会有杀身之祸，殃及子孙。

看来，《金瓶梅》的作者是谁，只能是一个永远的谜了。

善于谋划

明代绍兴师爷兴盛之谜

明代晚期，浙江绍兴籍的师爷已经遍布全国各地，名声极大，久而久之，形成了一个专门的称谓——“绍兴师爷”。那么，明代为什么绍兴人当师爷的特别多呢？

师爷是明清时代地方官署中，主管官吏聘请的帮助处理刑名、钱谷、文牍等事务的佐理人员。师爷并无官职，靠自己的刑名律例（法律）、钱粮会计（财会）、文书案牍等方面的知识和才能辅佐主官，称为作幕、佐治或佐幕，又称幕友、幕宾、幕客、幕僚、馆宾、宾师、西宾、西席、老夫子、幕府朋友等，师爷是社会上对幕友的俗称，也是最普通、最流行的一个称谓。师爷还自称庸书、庸笔，师爷班子称为幕府，聘请师爷的主官称为幕主。

师爷肇始于明代中晚期，衰落于清末民初，前后约300年时间。明代晚期，浙江绍兴籍的师爷已经遍布全国各地，名声极大，久而久之，形成了一个专门的称谓——“绍兴师爷”。

据说明朝不少衙门都有绍兴师爷。当时，也有不少外乡人想当师爷，一次，有个知府要招聘绍兴师爷，许多外乡人赶来应试，为了找出地道的绍兴师爷，知府将举行考试。那天，应考者一人早就等在门口，可是考场里丝毫没有动静，直到晌午，大家肚子都饿了，才见一位侍从出来，带领大家进入考场。人们一拥而入进了考场，只见考场中间放着桌椅，桌上摆满了鱼、肉等山珍海味，另外还有一盘霉豆腐。那位侍从说："知府大人见时间已到晌午，就摆了这席酒菜，让大家吃了以后再考。"应考者又感激又高兴，一起开怀畅饮起来。不一会儿，他们把鱼、肉等好的全吃光了，然后等待考试。没多久，那位侍从又走了出来，看看桌面，说："考试已经结束，一个都不合格，不能录取，请你们回去吧！"

这时知府走了出来，不慌不忙地说了不取的原因。原来，霉豆腐是绍兴特产，地道的绍兴人都有一个习惯：鱼、肉吃腻后，总要挟几筷霉豆腐调调口味。太守得知这些人中谁也没动一下霉豆腐，就断定应考者都不是地道的绍兴人，因此一个都不录取。

那么，明代为什么绍兴人当师爷的特别多呢？

有人认为，自古以来，绍兴就是个文风炽盛的地方，文人辈出，读书人甚多。绍兴人以读书应试取仕为道，因此，绍兴的科举竞争相当激烈。绍兴民谚云："一百秀才莫欢喜，七个贡生三个举，四十五个平平过，四十五个穷到底。"这是说，绍兴的读书人要想在科举中出人头地非常不易。在这种情况下，科场应试不第又无力继续就学的绍兴读书人，通常退而学幕，选择当师爷。

也有人认为，明代绍兴师爷的兴起与当地人多地少的经济状况和绍兴人不恋乡土的乡风有很大关系。明代以来，由于人口增长，绍兴成了地狭人稠的地区，因此大批绍兴人不得不外出谋生，很多人当了师爷，游幕四方。绍兴人是水乡之民，富于冒险性，乐于迁徙，这些都与师爷奔走各地的职业特点相契合。

还有人认为，绍兴出师爷与绍兴人精细谨严、善于谋划的特点有关。精细谨严、善于谋划是师爷应具备的职业素质，比如当刑名师爷，面对纷繁的法令案例和复杂的案情，必须用心精细谨严，否则案牍字句稍有出入，就可能产生严重后果。绍兴人素以处事灵活、练达、圆通著称，适于当师爷，而且容易当得出色。

有人还指出，古代幕学的授受一般都在亲友故旧中进行，而亲友故旧多是本地同乡，绍兴人当师爷的本来就多，如果一个绍兴籍幕师教授多人学幕，自然会使绍兴籍师爷成倍增长，这也是明代绍兴籍师爷多的一个重要原因。

咄咄怪事

北京王恭厂大爆炸之谜

明天启六年五月，北京西南王恭厂（今宣武门）一带发生了一场罕见的大爆炸，东至顺城门大街，北至刑部街，方圆13里范围内，毁房数万间，死伤2万余人。长安街一带纷纷从天上落下人头人脸来，一场“碎尸雨”下了两个多小时。

明天启六年五月初六（公元1626年5月30日），北京西南王恭厂（今宣武门）一带发生了一场罕见的大爆炸，给北京城造成了十分惨重的破坏。这场灾难与3 000年前印度的“死丘”事件、1908年俄罗斯的通古斯事件一样，被科学家认为是世界上难解的三大自然之谜。

关于大爆炸的情况，在《明实录·熹宗实录》、《国榷》、《酌中志》，北京史地著作《帝京景物略》、《宸垣识略》中都有记载，尤其在当时相当于现在政府新闻公报性质的邸报底本、佚名抄撰《天变邸抄》中，对王恭厂灾变记述极为详细。

据目击者之一、宦官刘若愚所著《明宫史》卷二中记载：“辰时，忽大震一声，烈愈急霆，将大树二十余株尽拔出土……又有坑深数丈，烟云直上，亦如灵芝，滚沸向东北……嗅之皆火药味，自宣武门街迤西，刑部街迤南，将近几厂房屋猝然倾倒，如践踏者，木土在上而瓦在下。杀有名姓者几千人，而阖户及不知姓名者又不止千余人也……凡死者肢体多不全，不论男妇尽皆裸体，未死者亦皆震褫其衣帽焉，真从来未有之变也。”

据明末历史学家计六奇等收集的目击者见闻说，爆炸之前本来天空晴朗，忽然，轰雷炸响，隆隆滚过，震撼天地，只见从东北渐到京城西南角涌起一片遮天盖地的黑云，不一会儿，又大震一声，天崩地裂。顿时，天空漆黑一团，伸手不见五指，东至顺成门大街，北至刑部街，长三四里，周围13里，万余间房屋建筑变成一片瓦砾，两万余居民非死即伤，断臂、折足、破头者无数，尸骸遍地，秽气熏天，满眼狼藉，惨不忍睹，连野马鸡犬都难逃一死。王恭厂一带地裂13丈，火光腾空，震声南自河西务，东自通州，北自密云、昌平，到处震耳欲聋，毁坏严重。老百姓有侥幸活命者，鬼哭狼嚎，披头散发，惊恐万状。不久，南天上一股气冲入苍穹，天上的气团有的像乱丝，有的像灵芝，五颜六色，奇形怪状，很久才渐渐散去。

还有人说，出事时，明熹宗朱由校正在乾清宫用早膳，突然，大殿震荡起来，不知发生了什么事，吓得他不顾一切往外逃，拼命向交泰殿奔去，内侍们惊得不知所措，只有一个贴身太监紧忙跟着他跑，刚到建极殿旁，天上忽然飞下鸳瓦，正巧砸在这个太监的脑袋上，当即脑浆迸裂，倒地而亡。熹宗皇帝也顾不上他，一口气跑到交泰殿，正好殿内墙角有一张大桌子，他连忙钻进去。

那么，这次大爆炸的罪魁祸首是谁？300多年来，多少专家、学者对此进行探讨，种种说法莫衷一是。

有人认为，大爆炸是火药库引起的事故，爆炸中心地带位于北京城西南隅的工部王恭厂，这里是工部制造、储存火药的火药库。明代的爆炸性火器已经相当发达，具体有两大类：一类是地雷，品种繁多，有石头雷、陶瓷雷、生铁雷等数十种；另一类是水雷，有水底雷、水底龙王炮和混江龙等。可能是搬运不慎，或者是气温较高引起自燃而爆炸。但是这种解释较为勉强，火药厂最多只能储藏几百吨炸药，爆炸力不可能如此巨大，明末还发生过多次火药爆炸事件，都未造成如此巨大的灾难。况且，据一些专家考证，王恭厂当时是铸锅厂，而火药局在现在的皇城遗址公园北端，两地尚有一段距离。

也有人认为，大爆炸是由地下可燃气体引发的。据记载，当时天空晴朗，万里无云。后来从东北方向传来一声闷雷似的轰响，隆隆的声音渐渐向西南移动。突然，一声巨响，王恭厂方圆十几里顿时涌起漫天灰土，紧接着天色便昏暗下来，不一会儿就笼罩在一片黑暗中了。人们只觉得大地猛烈震撼起来，数万间房屋轰然倾倒，许多大树连根拔起……王恭厂附近的象房被震塌，象群仓皇奔逃。人们惊魂未定，王恭厂又是一声轰鸣，地面突然迸裂，出现两个十几丈深的大坑。从坑中升起一股股烟云，飘飘然向东北方向滚滚而去。专家认为，首先，这是一次喷发式的爆炸，是由王恭厂射向东北方，即向顺承门、故宫乾清宫、密云一线。当时可能有轻微东南风，故抛洒物落西安门、德胜门、昌平、西山一带。从什刹海火神庙经北海、中南海直指象来街地下，当时有一地隙，容纳了足量的可燃气体，故而从火神庙、都城隍庙和前门楼角都有气体逸出。在都城隍庙、王恭厂到前门一线地下，遇到坚硬隔断，使来自东北方向的地隙到此截断而冲向地面。

有学者认为，这是一次地震造成的灾害。1623—1626 年间，北京郊县及邻近的唐山、保定等地多次发生地震，灾变前曾出现光、地声、地震云等前兆，而且史书记载，北京东北密云县发生地震的时间正好和王恭厂爆炸时间吻合，王恭厂爆炸掩盖了地震的事实。但是这种意见也不尽完善：为什么史书只记录了西、南两个方向灾情，东、北方向却安然无恙呢？综合史料记载的灾变过程、破坏范围、伤亡惨重等事实，可以肯定，这是一次自然灾害，但究竟是什么天灾，或者几种天灾共生齐发，至今没有令人信服的结论。

也有学者认为，这是一次地震引发的大气静电场力酿成的奇祸。因为事发前几日，该地区常有一些火球、萤火、火光等现象发生，这些是与地震有关的静电异常表现。“大震”的声响从东北渐至西南,移动的方向和宣武门下隐伏的东北向的顺义——良乡断裂正好相符,同时“天崩地裂”这一巨大的力量只有地震时才会产生,所以这是一次地质灾害。宣武门正好处在北京坳陷轴部,地下富含油、气,在地壳活动时通过断裂溢出地表,这些易燃气体导致火球现象,提高了低空静电强度,使大气易燃易爆。在一次五六级的地震爆发时,地震波的激光放电作用使得“灰气涌起”,这样,地震、大气爆炸的强烈冲击波以及它们激导出的强大静电场力加起来,终于造成这次旷古罕见的大灾害。

此外还有飓风说、陨星说、地球内部热核高能强爆动力说、陨星反物质与地球物质相逢相灭说等,但它们都无法解释爆炸中出现的许多怪异现象。

其一,事先征兆怪异。据《东林始末》记载,5 月 2 日夜里,前门城楼角有数千萤火,忽并合如车轮。《天变杂记》记载,“北安门(即地安门)内侍忽闻粗细乐先后过者三,众惊而迹其声,自庙出,开殿审视,忽火如球滚而上于空。”俄顷,东城发出震天爆炸声。其二,人群失踪。据记载,宣府杨总兵一行连人带马并长班共 7 人,爆炸后没了踪影。西会馆的塾师和学生共 36 人,爆炸后也消失得无影无踪。承恩寺街上行走的女轿,事后只见轿被打坏在街心,女客和轿夫不知去向。更奇怪的是,菜市口有个姓周的人,正同其他 6 人说话,巨响后,头颅突然飞去,躯体倒地,而近旁的 6 个人却安然无恙。其三,石狮卷空,碎尸落地。爆炸时,许多大树被连根拔起,飘落远处。石驸马大街2 500公斤重的大石狮子,居然飞到五里之外的顺城门处,巨大的木头从京城飞到 180 里之外的蓟县。东至顺城门大街,北至刑部街,方圆 13 里范围内,毁房数万间,死伤 2 万余人。尤其王恭厂一带为甚,死尸横陈,臭气熏天,残垣断壁,触目惊心。长安街一带纷纷从天上落下人头人脸来,德胜门外落下的人的四肢更多。一场“碎尸雨”一直下了两个多小时。其四,不论男子还是妇女,灾变后尽皆裸体，寸缕不挂，令人惊骇。据记载，遇难者衣服鞋帽尽被刮去，全为裸体。《天变邸抄》记述："所伤俱赤身，寸丝不挂，不知何故？"《日下旧闻》记述，元宏街正好有一乘女轿经过，一声震响后，轿顶被掀去，女客全身衣服都被刮走，赤身裸体坐在轿中，竟没有伤及皮肉。他们的衣服哪里去了呢？据《国榷》记载："震后有人告，衣服俱飘至西山，挂于树梢，昌平县校场衣服成堆，器皿、衣服、首饰、银钱俱有。"这真是千古未闻的咄咄怪事，看来要破解这个千古之谜尚有待时日。

臭名昭著

太监魏忠贤专权之谜

明天启年间，太监魏忠贤权倾朝野，被称为“九千岁”。魏忠贤本是一个酒色无赖之徒，没有读过书，却做上了司礼监秉笔太监，代皇帝拟旨，窃权专断，内阁、六部形同虚设。魏忠贤凭什么这样胡作非为、专权乱政呢？

很多历史学者认为，中国封建社会最腐朽、黑暗的时期应该是明天启年间。太监魏忠贤权倾朝野，被称为“九千岁”，许多朝廷官员甘当魏忠贤的鹰犬，甚至当他的干儿孙，各地还争相为魏忠贤造生祠，规格竟然与“万世师表”的孔子比肩！建祠的地点更是显赫，在杭州西湖，太监的生祠建在岳飞墓和关公庙之间。据说，曾有一位过路的士人忍不住长叹一声，谁知惨遭毒打，身首异处。更可怕的是，朝廷忠臣前仆后继一一惨败后，熟读经书的士人开始选择沉默，更有很多人选择了拍马逢迎。魏忠贤凭什么这样胡作非为、专权乱政呢？

有学者指出，魏忠贤本是一个酒色无赖之徒，没有读过书，曾娶妻冯氏，生一女。在一次赌博中失胜，为群小所辱，一怒之下自宫，更姓李进忠。来到北京后，22 岁时被选入宫中，复本姓魏进忠，天启二年改名忠贤，隶于司礼监秉笔太监。后来通过行贿，在太监魏朝引进下，做了熹宗生母王才人的一名办膳太监。泰昌元年(公元1620年)，光宗即位册立东宫，魏忠贤升为东宫典膳局官。当时，太监魏朝是熹宗倚重的老太监王安所得宠的红人，魏忠贤为拉拢魏朝，和他结拜为兄弟，魏忠贤为兄，魏朝为弟，因此宫中有“大魏、二魏”之称。熹宗的乳母客氏原与魏朝相爱，后魏忠贤与客氏相私。一日，二魏为争夺客氏竟在乾清宫暖阁大打出手，醉骂相嚷。熹宗知道客氏喜贤厌朝，为他们当了一回“裁判”，将客氏判给魏忠贤。不久，魏忠贤由惜薪司迁司礼监秉笔太监。明代宫中有二十四监，司礼监冠于首，领东厂、内书堂、礼仪房、中书房等。一般入司礼监者须能读书识字，但魏忠贤目不识丁，之所以得入司礼监，乃客氏之助。司礼监权势甚重，其中秉笔太监掌章奏文书，照内阁票拟批朱，这给魏忠贤弄权提供了方便之门。

有学者认为，魏忠贤能窃权专断，还由于明熹宗的弱智。明熹宗朱由校自幼体弱，智力也有缺陷。他虽然贵为皇帝，但对社稷大事缺乏兴趣，宁愿缩在深宫享乐或从事他的业余爱好。据说，这位大明皇帝喜欢油漆和盖房，常“自操斧锯凿削，即巧工不能及也”，有时终日营造，“成而喜，喜不久而弃，弃而又成，不厌倦也”。魏忠贤性极狡猾，每趁天启全神倾注于制造家具和设计宫殿模型时急上奏章，天启无心处理朝政，说是说：“朕已悉矣，汝辈好为之。”这就给了魏忠贤窃权专断的机会，于是按照自己的好恶处理事情，久而久之，大权在握，内阁、六部形同虚设。

也有学者认为，魏忠贤虽然没有文化，但要弄权术颇有水平。在宫中，除了内倚客氏，又有心腹太监王体乾、李朝钦等三十余人相助为虐。在外廷，他也网罗党羽约八十余人，历史上称为“阉党”。当时有所谓“五虎”、“五彪”、“十狗”、“十孩儿”、“四十孙”之称，他们呼朋引类，相互勾结，自内阁、六部至四方总督、巡抚，皆有其党羽。位列“五虎”之首的崔呈秀是魏忠贤的义子，甚得魏倚重。为了讨好魏忠贤，他将不归附魏忠贤者指为东林党，写入《同志录》，而与东林党不合者则列入《天鉴录》，并将此二册献给魏忠贤，崔因此被提升为兵部尚书、少傅兼太子太傅，仍兼左都御史。号称“五彪”之魁的许显纯掌镇抚司，“五彪”之一的田尔耕掌锦衣卫，他们广布侦卒，到处寻衅，民间偶语触犯魏忠贤者，则提拿至锦衣卫或镇抚司拷打，“剥皮、剐舌，所杀不可胜数”。故民间闻锦衣卫、镇抚司逮人，皆心惊胆寒。“十狗”之首周应秋，百般巴结魏忠贤之侄魏良卿，周家善烹饪，尤精于烧猪蹄。魏良卿每到周家，周必献食，时称“煨蹄总宪”。许多官吏为依附魏忠贤，往往拜魏为义父，如傅木魁、阮大铖、倪文焕等人。内阁首辅顾秉谦亦想效仿，怕魏忠贤嫌他年纪大，遂让自己的四个儿子认魏忠贤上公祖爷。文臣魏广微想取宠于魏忠贤，也怕嫌他年纪大，故托阮大铖说情，求做魏忠贤的侄子。魏忠贤见魏广微甘为自己效劳，又是同姓，故许以兄弟相称，魏广微因此得以入内阁。在阁期间，凡事皆禀告魏忠贤，书札摺子外书“内阁家报”，故魏广微又有“外魏公”之称。

魏忠贤生于正月三十日，每逢生日，自元宵节起开始温寿，“送寿礼者、做法事祝延签字者，每早乾清宫两丹墀几满”。到了正日子(正月三十日)，“绶带挤击，挨摩之声铿然，闻有挤伤衣带腿足者”。更有甚者，“九千九百岁爷爷”、“千岁千千岁”之声不绝于耳。

魏忠贤虽不识字，但颇有记性。凡内阁所送文件，皆先至惜薪司王朝用处，王阅后，在要紧处夹一白纸条，复于上下空白处用指甲捏一痕，加封后送至值房，由魏忠贤心腹李朝钦掌收，李将重要的事关照魏忠贤。凡乾清宫听奏本，皆由李永贞宣读，王体乾为之讲解。天启听本时，凡劾魏忠贤的切要之语皆不读。如天启不在，则奏章上的事务由魏忠贤等共同商量处理。

天启六年(公元1626年)六月，浙江巡抚潘汝祯第一个请给魏忠贤立生祠，皇帝准其请，并赐名“普德”。此后各地闻风而起。魏忠贤把它看作是衡量各地官员对他效忠的尺度，各地官员争先恐后地立生祠，于是生祠“几遍天下”，北京地区数十里间祠宇相望。蓟州巡抚刘诏立魏忠贤生祠,建金像,头戴冕旒,执笏,俨如帝王。迎像时,则"五拜三稽首,呼九千岁"。甚至有用沉香木雕像者,"眼耳口鼻手足,宛转一如生人,腹中肺肠皆以金玉珠宝为之,衣服奇丽,髻上穴空其一,以簪四时香花"。每建一祠,少者数万,多者数十万,所伐树木及掘田宅者无算。开封建祠毁民舍二千余间,临清建祠毁民房万余间。有的祠建成宫殿九楹,仪如皇帝;有的用琉璃瓦,"上食飨祀如王公"。

对于反对自己的正直大臣,魏忠贤则残酷迫害。天启四年,副都御史杨涟上疏,参劾魏忠贤二十四大罪状,如破坏祖法、肆意擅权、排斥异己、滥封滥赏、建生祠于各地、伤财害民等等。王体乾将杨涟奏章宣读给天启听,凡弹劾罪行要点之处,皆避而不读,魏忠贤花言巧语逐条诡辩,客氏又在旁为魏忠贤美言。过了几天,杨涟奏本上竟朱批:"一切政事皆朕亲裁。内宫事严密,外廷何以知道!"此后,吏科都给事魏大中又联合六科大臣十余人,再上疏弹劾魏忠贤,并请杀魏、客二人。后来,杨涟、魏大中和佥都御史左光斗等皆被逮捕至京下狱,同时下狱者还有顾大章、周朝瑞、袁化中,时称"六君子"。"六君子"刚直不屈,皆惨死狱中,杨涟临死时,土囊压身,铁钉贯耳。

魏忠贤陷害正直大臣,自天启四年十月讫熹宗死(公元1624—1627年),"毙诏狱者十余人,下狱谪戍者数十人,削夺者三百余人,革职贬黜者不可胜计"。正直朝臣有的被降、调,有的告病、告老回乡。

天启死后,其弟朱由检即位,年号崇祯。工部主事陆澄源等上疏弹劾魏忠贤,魏佯称辞去总督东厂职务,崇祯不许,仅令"奉圣夫人"客氏出外宅居住。其后嘉兴贡生钱嘉徵劾魏忠贤十大罪状,崇祯将其发往凤阳守陵。魏忠贤虽失势,但家财尚厚,他带了好马千匹,壮士七八百人护送财物。这时,朝中大臣纷纷上疏,指责魏忠贤"擅窃国柄,诬陷忠良,罪当死。姑从轻降发凤阳,不思自惩,素蓄亡命之徒,环拥随护,势若叛然"。崇祯遂下令逮捕魏忠贤回京。魏忠贤正行至阜城，闻此旨令，当夜自缢而死。“诏磔其尸，悬首河间”，并籍没其家，将全部财产估价变卖助饷。同时，又籍没客氏家产，立命客氏赴浣衣局掠死。

不久廷臣上“钦定逆案”，帝为诏书颁示天下：(1) 首逆魏、客凌迟；(2) 崔呈秀等同谋者六人，立即处决；(3) 许显纯等交结近侍十九人，秋后处决；(4) 交结近侍魏广微、周应秋等十一人充军；(5) 顾秉谦等一百二十九人徒三年输赎为民；(6) 黄立极等四十四人减等革职；(7) 魏、客亲属等五十余人，视其罪行，分别处之。又对内宫被害之妃嫔等人，一一复封；外廷含冤而死者，一一恢复名誉；对关押在狱者，如耿如杞等释放复官。

魏忠贤终于得到他应得的下场，但是，这么一个臭名昭著的人物，竟然在明王朝专权乱政达七年之久，加速了明王朝从里到外的腐烂。有学者认为，明虽然亡于崇祯，实亡于天启，亡于魏忠贤。

正不敌邪

“东林党”人失败之谜

东林党，这个中国历史上历时最久、影响最大的士大夫集团，在他们不当权的时候，訾议国政，抨击当局，赢得一些人的追随和民众的拥护。但是，短短四年，就被宦官魏忠贤驱尽杀绝，全部覆没。为什么这样一批声势显赫的饱学之士，却不能提防一个目不识丁的宦官从背后举起的屠刀？

中国古代书院总计有数千处座，每处都有不少楹联，而无锡东林书院的“风声、雨声、读书声，声声入耳；家事、国事、天下事，事事关心”这一脍炙人口的楹联可称为千古绝唱。因为它所表达的不仅是东林党人的心声，也是千百年来士大夫、知识分子所追求的道义和良知。有学者认为，东林党人是道德理想主义的殉道者，他们身体力行，鞠躬尽瘁，为明王朝献身亡命却蒙冤受屈，然而他们又停留在理想的境界，在实践中表现为无能、无奈、软弱、退缩、麻木不仁，直至遭受灭顶之灾。

他们不当权的时候，訾议国政，抨击当局，赢得一些人的追随和民众的拥护。天启年间，命运出现了转机，从在野的清流一变而为主持朝政的主要力量，首辅刘一景、叶向高，吏部尚书赵南星、礼部尚书孙慎行、兵部尚书熊廷弼，都是东林党人或其支持者，一时间，王朝的军事、政治、文化、监察和人事大权都被东林党人掌握，“东林势盛，众正盈朝”（《明史》）。然而，他们坐失了良机，很快丧失优势地位，短短四年，就被宦官魏忠贤驱尽杀绝，全部覆没。

为什么这样一批声势显赫的饱学之士，不能提防一个目不识丁的宦官从背后举起的屠刀？这样一个苦心经营17年，中国历史上历时最久、影响最大的士大夫集团，失败得如此惨重？这是后人苦苦思索而难得其解的问题。

有学者认为，所谓“东林党”，其实并不是一个有纲领的政党式团体，最多只是一个带有政治色彩的学术集群。作为一个集团，他们在受攻击时互相援助，并在得势时采取一致行动，清洗他们的敌人。他们当权后主要忙两件事：一是起用一大批在前朝失势的党人；二是排斥异己，打击宿敌齐、楚、浙、宣、昆党。而在东林内部，又以乡里为界，分裂成许多小组织互相斗争。他们没有利用有利时机，拿出一套行之有效的治国方案，而把主要精力和才智消耗在党派斗争上，这是失败的一大原因。在他们踌躇满志的时候，对阉党的聚集力量麻木不仁，丧失警惕，而且提出一个错误的政策，就是“笼络群奄”，姑息养奸，试图劝告魏忠贤不要干政，这无疑是与虎谋皮。眼看阉党势力日益壮大，东林党人认识既不一致，行动又迟缓，在魏忠贤的爪牙插手内阁，首辅、吏部尚书相继被逐时，次辅竟然胆怯辞职，以图息事宁人。在大敌当前之际，他们不是反对最大的敌手，而是忙于提携同党和派系斗争，所以被阉党轻而易举地击败。

一些学者还指出，东林党活跃的年代，在西方已开始走向近代化，人文启蒙成为社会的先声，在中国也萌发了一股不同于以往的社会思潮。与西方不同的是，这不是基于经济的动因，也不是开放式的人文启蒙，而是由“非君”思潮引发的政治伦理启蒙。十六、十七世纪之交，首先是万历朝兴起一股对皇帝劝谏、批评和抨击的风潮，奏疏甚至连篇累牍，有的直数神宗皇帝酒色财气四毒俱全，有的疏陈“今禁城之内，不乐有君。天下之民，不乐有生”。言词之激烈、情绪之愤慨，超过中国历史上任何一个朝代。批评皇帝在古代称为批麟，东林党人以批鳞为荣，以“批鳞君子”为美称。在朝大僚尚是如此，在野的士大夫更是肆无忌惮，讥评朝政成为街谈巷议的内容。首辅沈一贯记述当时情形说：“往时私议朝政者不过街头巷尾，口喃耳语而已。今则通衢闹市唱词说书之辈，公然编成套数，抵掌剧谈，略无顾忌。”可见非君思潮影响之广。“非君”是讽谏君王。当王朝统治发生危机的时候，一些有识之士出来批评皇帝的过失，以唤起皇帝励精图治。这本是封建伦理许可的行为，但像这样蔚然成风，已超出一般的讽谏，所起的效果也不仅仅是规劝帝王过失，而是对君主肆虐的揭露和控诉。皇帝是封建社会中央集权的最高政治代表，皇帝权威的下跌是皇权急剧败落的重要特征，晚明“非君”思潮的崛起，充分反映了封建社会内部最高层出现了溃裂。

从“非君”进而“抑尊”，提出抑制君主权力的思想，这是东林党后人提出的命题。遗憾的是，东林党人没有走出这一步，却把自己送至历史的尽头。东林党人虽以批鳞为荣，但他们也是忠诚的皇权卫士和虔诚的封建伦理纲常的躬行者。在他们被捕遭受陷害的虽以批时候，民众奋起抗争，可他们明知受冤，却劝阻民众，心甘情愿地献出生命。杨涟被押解途中，“都城士民数万，拥道攀号，争欲碎官旗而夺公，公四向叩道，告以君臣大义，始得解散”。左光斗被捕时，县民散发传单，动员殴打捕人，左却苦苦劝阻，俯首就擒。高攀龙被捕前闻讯，写下“君恩未报，结愿来生”的遗言自杀。李应升被捕时，数万人出动拒捕，李却一再拜求市民解散，还说：“臣罪应难赦，君恩本自宽。”自动就缚。民众却不管这一套纲常说教，拿起武器冲进公堂，见着缇骑就打，当锦衣卫在苏州捕周顺昌时，引起民众公愤，士民数万围殴缇骑，势如山崩，当场打死一人，其余差官仓皇逃匿。比起人民嫉恶如仇的精神，东林党人的迂腐显得可怜可笑！愚忠成为他们顽固的阶级偏见和精神枷锁，以视死如归显示他们是一群真正效忠皇权的楷模，失败则是他们思想局限的必然结局。

非议难挡

袁崇焕处死毛文龙之谜

崇祯二年(公元1629年)五月,兵部尚书兼蓟辽督师袁崇焕来到旅顺附近的一个小岛,将左都督兼东江镇总兵毛文龙在帐前斩决。这是袁崇焕一生中最有争议的一件事,在他生前死后就有许多非议。

崇祯二年(公元1629年)五月,兵部尚书兼蓟辽督师袁崇焕离开宁远来到旅顺附近的一个小岛,和左都督兼东江镇总兵毛文龙会谈。六月初一、初二、初三日,袁崇焕继续和毛文龙密谈,袁要求设立文官监军,粮饷由宁远转发,改编部队。连谈三日三夜,毛文龙始终不同意,袁崇焕给他最后一次机会,劝他辞职回乡,毛文龙一口拒绝。初五日,袁崇焕邀毛文龙一起检阅将士比赛射箭,众人上山后,袁崇焕的亲信参将谢尚政指挥各营士兵布成一个大围,毛文龙和随从官员百余名在围内,毛部兵丁隔在围外。

袁崇焕随即命人除下毛文龙的衣冠,绑了起来,历数毛文龙12大罪状:“1. 明朝制度,大将在外,必由文臣监督,你专制一方,军马钱粮不肯受核。2. 杀戮降人难民,谎报冒功,说杀的是清兵。3. 宣称如果南下,取登州和南京犹如反掌。4. 每岁饷银数十万,但发给兵士的粮饷每月只有三斗半，侵盗军粮。5. 在皮岛开马市，擅自与外国贸易。6. 数千名部将都冒称姓毛，擅自封官。7. 败退时剽掠商船。8. 强抢良家妇女，使部下效尤。9. 驱策难民到辽东偷挖人参，不肯去的就不发粮食，让他们大批在岛上饿死。10. 将大量金银送去京师贿赂，拜魏忠贤为义父，在岛上替魏忠贤塑像。11. 铁山一仗，大败丧师，却报称有功。12. 设立军区已八年，不能恢复寸土，观望养敌。"说完，袁崇焕向毛文龙部属谕示："只诛毛文龙一人，其余各人一概无罪。"将毛文龙在帐前斩决，毛麾下将士无一敢动。

诛杀毛文龙大概是袁崇焕一生中最有争议的事了，在他生前死后就有许多非议，归纳起来大致有三：一是毛文龙罪不当死，袁崇焕杀他太冤枉；二是杀毛文龙使东江镇军心大乱，发生了一系列叛逃事件，最终导致东江镇覆灭；三是杀毛文龙引起了崇祯的不满，成为后来崇祯冤杀袁崇焕的诱因之一。

有人认为，毛文龙其实罪不当死，袁崇焕宣布的12条罪状，有些是欲加之罪，如"取登州和南京犹如反掌"之类的话，明显是开玩笑而已。第6条"部将数千人悉冒己姓"，显然是发现东江镇诸将都姓毛之后临时加上去的。第5条，因为"擅开马市"就说是"私通外番"，也未免牵强。至于杀降冒功、侵吞军饷、剽掠商船、强抢民女、驱使难民远窃人参、掩败为功、观望养敌等，应该说都有其实，但是并非东江镇一家毛病，而是当时明军的通病，因此是否应该处斩值得商榷。还有，说他"拜魏忠贤为父，塑冕旒像于岛中"，毛文龙确实是巴结魏忠贤，为天下人所不齿，但他毕竟不像崔呈秀等人那样为虎作伥，他巴结魏忠贤更多的是以此保身，要保住自己的地位，不得不与魏忠贤搞好关系。

也有学者认为，袁崇焕杀毛文龙真正的目的是第一条——不服督师管辖。毛文龙一向自行其是，从不把督师放在眼里，尤其是他官至总兵，开镇东江之后更加如此，以至宁远、宁锦两次大战，辽西走廊打得惊天动地时，东江镇却不出一兵一卒相援，也不进袭后金后方以为策应。不仅如此，由于东江镇节制整个海上却不积极进取，使得明朝欲通过海上袭击后金的战略成了泡影。而且在军饷如此匮乏的情况下，毫无作为的东江镇每年要耗饷数十万，就更令人无法容忍了。从这一点来说，袁崇焕杀毛文龙是在情理之中的。

也有人对此表示怀疑，认为袁崇焕在出京之前就与大学士钱龙锡密议过除掉毛文龙的事，此时袁崇焕尚未上任，不存在毛文龙不服管辖的问题，因而这一条实际是欲加之罪。

反对这种意见的学者认为，袁崇焕并不是坚持非杀毛文龙不可，在登岛之后，他曾作过几次尝试，想用其他方式解决问题，但遭到毛文龙的拒绝。当面提的要求都遭到拒绝，袁崇焕又怎么能指望自己远居宁远或山海关时毛文龙会服从管辖呢？

那么，为什么在当时或者更晚一些时候，比毛文龙更加桀骜不驯的将领并没被处死，而袁崇焕却要杀毛文龙呢？有学者认为，因为朝廷给他五年复辽的期限迫使他必须在短时间内整顿好军队，他不能放任毛文龙不管。而袁崇焕耿直的禀性也是一个原因，他没有过多地考虑各种复杂的关系，而是率性而为，在与钱龙锡的密谈中，他就提出“入其军，斩其帅”，他也正是这样做了。在明末诸多文臣统兵大员中，敢于这样快刀斩乱麻地对待骄兵悍将的只有袁崇焕一人！因此，如果毛文龙在别的时间、地点，遇到别的督师，也许不至于死。但是他偏偏遇到了袁崇焕，而袁崇焕诛杀毛文龙也不是一时冲动或党同伐异，而是与当时的形势有着密切的关系。

那么，东江镇的解体与袁崇焕杀毛文龙是否有关呢？有学者认为，毛文龙死后，部将心中不服，其中重要的叛将有孔有德、耿仲明、尚可喜。这三人投降清政府，为清朝出了很大力气，后来都封王。清初四大降王，除吴三桂外，其余孔、耿、尚三人都是毛文龙的旧部。

反对者认为，东江镇解体与袁崇焕杀毛文龙无关，在毛文龙死后的一段时间内，东江镇并没有异动。孔有德、耿仲明叛乱是崇祯四年的事，此时袁崇焕已被崇祯皇帝处死一年多了，事由是因为耿仲明的弟弟鼓噪索饷,与毛文龙之死并没有直接联系。尚可喜则是崇祯七年降清,而东江镇最后覆灭是崇祯十一年。因此,与其说孔有德、耿仲明、尚可喜等人叛逃,东江镇覆灭是袁崇焕杀毛文龙的后果,不如说这是袁崇焕死后,辽东明军崩溃狂潮中的一个支流。如果毛文龙在,说不定叛逃得更早。梁启超在《袁崇焕传》中说:“毛文龙不死,安知其不执,为诸降王长?”因此,将东江镇解体归罪于袁崇焕是不公平的。

但是迄今为止,仍然有不少学者认为袁崇焕杀毛文龙是不对的,就是在当时,舆论也大多同情毛文龙。很多朝臣认为,毛文龙即使有罪,他是一方重要的将官,只能由皇帝下旨诛杀,袁崇焕擅杀大将,是严重的侵犯君权。一般来讲,处死将领必须得到朝廷批准,但考虑到加强某些官员的权威,给予他们临机决断的权力,明朝采取授予尚方剑的方式。尚方剑只授予极少数指挥战略方向的重要统帅,它直接代表了皇帝的权威,被授予尚方剑的统帅有先斩后奏之权,袁崇焕就是动用尚方剑来斩毛文龙的。但是,尚方剑的权力也不是无限的,通常情况下是“副将以下就地正法,总兵官革职听勘”。也就是说,像毛文龙这样的总兵官,即使袁崇焕有尚方剑,也只能“革职听勘”,更何况毛文龙也曾被天启皇帝授予尚方剑。作为蓟辽督师的袁崇焕和蓟辽属下一个镇的总兵官竟然都拥有象征最高权威的尚方剑,这看起来十分奇怪,其实这是明王朝控制统兵将帅的一种手段,即所谓“分而治之,大小相制”。而袁崇焕则是在试图打破这种格局,他想将过于分散的指挥权集中起来,而毛文龙则代表着反对方的地方将领。当然,袁崇焕的做法最终还是失败了,因为反对这个举动的不仅仅是那些地方将领,还包括不希望看到臣子拥权过重的皇帝。《明史》记载,崇祯皇帝在看袁崇焕杀毛文龙的奏折时,“意殊骇”,一个臣子竟然使皇帝“殊骇”,这是什么感觉?因此,有学者认为,崇祯皇帝后来处死袁崇焕,可能与此事有关。

千古奇冤

崇祯帝杀袁崇焕之谜

袁崇焕率部逼皇太极退兵后，北京解围，袁崇焕却被崇祯帝判为凌迟处死，兄弟妻子流三千里，籍其家。这是继南宋赵构冤杀岳飞后，最令人扼腕叹息的一起冤案，让人悲愤痛惜。

崇祯三年，镇守边关的辽东巡抚袁崇焕被以“谋叛”大罪论死。“八月，遂磔崇焕于市，兄弟妻子流三千里，籍其家。崇焕无子，家亦无余赀，天下冤之。”这是继南宋赵构冤杀岳飞后，最令人扼腕叹息的一起冤案，让人悲愤痛惜。

袁崇焕（公元1584—1630年）字自如，又字元素，广西藤县人，祖籍广东东莞，出生于平南。万历四十七年（公元1619年）进士，授福建邵武知县。天启二年（公元1622年）入京朝觐，升任兵部主事。单骑赴山海关考察关内外形势，自请守辽抗金，擢山东按察司佥事、山海关监军。组织修筑宁远（今辽宁兴城）等地城堡，招练兵马。天启四年，再迁山东布政司右参政。督率军民修缮边镇，开疆拓土。天启五年十月，抵制辽东经略高第之命，拒绝将军队撤回关内，率部留守宁远，升山东按察使。次年，努尔哈赤率兵13万，攻打孤立无援的宁远，却被袁崇焕的一万守军打得大败而归。

努尔哈赤纵横天下数十年,第一次尝到了惨败的滋味,还在战斗中负伤,不久郁郁死去。这是明清长期交战中,明军取得的首次胜利。又过了一年,皇太极欲为其父报仇,亲率两黄旗、两白旗精兵,围攻宁远、锦州,攻城不下,野战不克,损兵折将,连夜溃逃。袁崇焕从此威震辽东,令清兵闻名丧胆。但却受宦官魏忠贤党徒诬陷,辞官归。崇祯元年(公元1628年)起任兵部尚书兼右副都御史,督师蓟辽,兼督登莱、天津军务。

崇祯三年十月,皇太极率精骑十万,避开袁崇焕把守的锦远防线,绕道察哈尔入长城,攻占遵化。袁崇焕率五千骑兵急速追赶,士不传餐,马不再秣,两天两夜急行军三百多里,竟比清军早三日到北京。崇祯见袁军赶到,大喜,召见袁崇焕,赐御馔和貂裘,但袁崇焕要求让士兵入城休养,却没被批准,只得驻扎在广渠门外。清兵一路攻来,到高密店时,侦知袁军已在北京,无不大惊失色,以为袁军从天而降。二十日,两军在广渠门会战。袁军后来又到了四千骑兵,合起来不过九千人,以九千人大战十万清兵,以一当十,从早打到晚,清兵终于不支,败退十几里才稳住阵脚。

皇太极退兵后,北京解围,袁崇焕却被崇祯帝判为凌迟处死。凌迟自宋代被确立为法定刑,大概是中国最残酷的刑罚之一,民间又称活剐,是一刀一刀地行刑,整个行刑过程甚至可以长达数天。不过袁崇焕没有用那么长时间,因为他最后被北京城的老百姓活吃了。有记载说,袁崇焕由"镇抚司绑发西市,寸寸脔割之。割肉一块,京师百姓从刽子手争取生啖之。刽子乱扑,百姓以钱争买其肉,顷刻立尽。开腔出其肠胃,百姓群起抢之,得其一节者,和烧酒生啮,血流齿颊间,犹唾地骂不已。拾得其骨者,以刀斧碎磔之,骨肉俱尽,止剩一首,传视九边"。袁崇焕的头颅最后被传视九边(一说并没有传视九边,而是被其帐下谋士佘氏偷葬于今北京崇文区)。崇祯的意思大概是想杀一儆百,但是他显然没有达到目的,因为"自崇焕死,边事益无人,明亡征决矣"。

崇祯杀袁崇焕是地地道道的自毁长城,有学者提出,观崇祯一生作为,并非如历史上亡国之君那么昏庸荒淫,也没有坐视国事日非而不顾,一度被朝野誉为“明主”,那么为何作出如此不明之举呢?

一般认为,崇祯杀袁崇焕是中了反间计。当时,有魏忠贤阉党余孽上书崇祯,说袁崇焕要逼迫明廷订城下之盟,崇祯对此半信半疑。皇太极又趁机制造反间计,据朝鲜人朴趾源《驿讯随笔》记载:“清人设间,使其将高鸿中于所获两明太监前,故作耳语曰:‘今日辍兵,意者袁巡抚(是袁崇焕旧职)有密约。顷见二人来见汗(指皇太极),语良久而去。’杨太监佯卧而听之。旋纵之归,遂以告于帝。遂下崇焕于狱。”直到乾隆年间,清人根据《清太宗实录》编写《明史》“袁崇焕传”,世人才知道,原来那两位太监是清兵有意放回,他们偷听到的机密也是清兵有意散布的,而这一切都是皇太极亲自导演的一出“蒋干盗书”。袁崇焕之冤终于大白天下,然而这时候大明王朝已经灰飞烟灭一百年,大明遗老也都死得干干净净了。

也有学者认为,崇祯杀袁崇焕与崇祯的性格和心理有关。明朝朱家皇帝皆有偏执性格,莫不多疑刻薄,刚愎自用,凡事以自我为中心。从明太祖多疑刻薄,成祖狠毒无情,宪宗滥用私人,武宗狂妄自大,神宗偏激逆反,都可以找到影子。崇祯即位之际,国家早已积重难返,国事日非。忧愤之中的崇祯,不免“临朝浩叹,慨然思得非常之材”。愈是如此,妄想性的褊狭愈强烈,到后来,认为一切皆归于“士大夫误国家”。对身担重责的大臣,崇祯通常是先寄予极大的期望,一旦失望之后,又一变而为切齿愤恨,必杀之而后快。故崇祯在位17年,所戮大臣不计其数,其中总督7人,巡抚11人。内阁重臣频繁替换,先后用了近50人。崇祯用人惟才是用,但崇祯一朝居然无可撑局面之人,其真无人乎?是个性不容人也。

刚开始,崇祯对袁崇焕也是寄予厚望的。由于袁崇焕说了一句不该说的大话,即五年内平辽,其实这是根本不可能的事,可崇祯信以为真了,这就种下了第一个祸根。事后,深知崇祯性格的给事中许誉卿问及此事，袁崇焕回答："圣心焦劳，聊以是相慰耳。"许誉卿提醒说："上英明，安可漫对，异日按期责效，奈何？"袁崇焕这才自知失言，所以后来他又改口说："以臣之力，制全辽有余，调众口不足。一出国门，便成万里，忌能妒功，夫岂无人。即不以权力掣臣肘，亦能以意见乱臣谋。"皇帝嘴上安慰他，还赐他尚方剑，可是心里又认为袁崇焕辜负其信任，有被欺之感，这可以说是第二个祸根。

诛杀毛文龙，这是第三个祸根。毛文龙虽为地方军阀，但天启以来，明廷对其颇为倚重，"累加至左都督，挂将军印，赐尚方剑，设军镇皮岛如内地"。而且从战略上考虑，毛文龙以海岛为基地，以游击战术出击，确实起到了牵制清兵的作用。尽管毛文龙有贪功冒饷、不肯受节制、难以调遣等问题，但罪不当杀。毛死后，辽东南从鸭绿江到旅顺的主要城镇、海港、海岛以及朝鲜，先后被后金占领，明军几乎全部退出上述地区，毛文龙多年的惨淡经营化为泡影。何况毛文龙死后，其部下尚可喜、耿仲明先后作乱，而后降清。对此，皇帝是相当不满意的。

袁崇焕还有一个罪名，那就是擅主和议，是指他与皇太极的议和。当时，尽管明屡战屡败，但基于天朝尊严，"诸将罔敢议战守"。而皇太极与明军每打完一仗，都要主动议和，这多半是带有欺骗性的缓兵之计。袁崇焕对此并非不知道，但是在军事上处于劣势的明军更需要有时间休养兵马，巩固城池，因此对皇太极的议和他都积极响应，两人书信往返不断。明廷对议和虽然不以为然，却也并不怪罪。但是与皇太极关于和议的私下书信往来，很容易授人以柄，引发猜疑。崇祯对议和的态度表面比较暧昧，内心却绝对反感，主要是碍于面子，不愿与后金平等对话，害怕外廷议论。后来京都危机，袁崇焕议和之事被曝光张扬，这是第四个祸根。

崇祯三年十月，皇太极进犯北京，袁崇焕急驰入援，与清军血战，皇太极只得退兵。由于清兵首次打到北京城外，许多高官贵族在城外置有家产，惨遭清兵蹂躏，于是便把怨气发泄到袁崇焕头上，骂他

“纵敌”,于是怨声载道,加上袁崇焕确有与敌和议的事实,更使得朝士“诬其引敌胁和,将为城下之盟”。

崇祯痛恨的是袁崇焕戍边以来,未曾为他分忧,尽管辽东稳固,但清军依然可以大模大样地绕过山海关骚扰边境,五年平辽的诺言看来是不实之词,这是崇祯所不能容忍的。此外,清军居然兵临京师,引发朝野骚动和不安,这等奇耻大辱必须有一个替罪羊来平息,否则天朝面子何在?此后,袁崇焕因和议曝光广受非议,对一个狂妄自大、目中无人的王朝来说,这恰恰是最难以启齿的羞耻,这是最后一个祸根。

因此,袁崇焕的悲剧就在所难免地发生了。应该说,崇祯未尝没有过思想斗争,但性格让他更愿意以妄想和猜疑了结。事后,崇祯为自己辩护说:“己巳之冬,京城被攻,宗社震惊,此士大夫负国家也。”

有学者提出,这出悲剧与明朝的君臣矛盾有关。袁的处境本来就是崇祯的处境,崇祯杀他,只能说是私怨。私怨之下,国难反倒是次要的。对皇帝而言,亡国是遥远的,可是眼前让自己难受的朝臣却是真实的,所谓“叛逆”、“擅杀毛文龙”、“擅主和议”只是借口,真正杀袁崇焕的法律只有一条:君要臣死,臣不能不死。事实上,等到袁死后,崇祯皇帝私底下也打算实行议和策略,不过为时已晚了。这说明崇祯心里对袁崇焕是佩服的,所不服的是他的角色:除了他是皇帝,他哪一样比得过袁崇焕呢?于是有学者认为,如果袁崇焕能再忍一忍,把个性的锋棱、尖角磨得圆容些,让少年皇帝以为都是自己办成的,过足英主瘾,也许局势就不至于恶化。可惜袁崇焕文采、武功、韬略都十分出众,惟一缺少的是修炼。于是他的本事越大、越忠心、越为社稷着想,便越凸显出皇帝的无能,功高震主又不急流勇退,下场也就可想而知。总之,袁崇焕被杀的原因十分复杂,他冤死于外族的反间计,冤死于皇帝的无道,冤死于北京官民的不理解,堪称千古奇冤。

奇才罕见

徐光启推崇西方科学之谜

徐光启是明末政坛上少有的学者型的官员，他曾任礼部尚书兼东阁大学士、文渊阁大学士，却毕生致力于研究天文、历法、水利、测量、数学、农学等自然科学与技术，翻译西洋科学著作《几何原本》等，总结中国历代农业生产经验，编撰了《农政全书》，是当之无愧的中国近代科学的先驱。

明朝晚期，在党争激烈、黑暗腐朽的朝廷中，居然出现一位汇通中西，以科技治国的重臣徐光启，这不能不说是一个奇迹。徐光启曾任礼部尚书兼东阁大学士、文渊阁大学士，毕生致力于研究天文、历法、水利、测量、数学、农学等自然科学与技术，曾翻译西洋科学著作《几何原本》等，总结中国历代农业生产经验，编撰了《农政全书》，他是当之无愧的中国近代科学的先驱。

徐光启，字子先，号玄扈，公元 1562 年 4 月出生于上海一个贫苦家庭。这样的家庭无法给他的童年提供优越的条件，仅能勉强供他读书。小光启聪明好学，20 岁时如愿考中秀才，但此后的运气却不太好，连续几次乡试都名落孙山。家境依然贫寒，通向功名的道路依然漫长，迫于生计的徐光启一面继续应付科举考试，一面帮家里干些农活，还不得不远赴广东、广西等地，做有钱人家的家庭教师。1597

年,35 岁的徐光启再次奔赴乡试考场,为了节省路费,他竟挑着行李,冒着大雨,步行 100 多里。这次考试,一开始阅卷人仍把徐光启圈在榜外,直至发榜前两天,主考官、著名学者焦闳复查落选试卷,一阅到徐光启的卷子就“击节叹赏”,拍案叫绝,赞叹说:“此名士大儒无疑也!”于是把徐光启从落选者提为第一名举人。一时间,徐光启名噪南北,他应试的那篇文章直至清代还被编入《读墨简练百篇》中,作为全国秀才们的学习范文。

这次中举无疑给徐光启带来新的希望,一些士大夫贵族都对他刮目相看,上海的大官僚地主顾冒祚甚至把自己的女儿嫁给了徐光启的儿子。然而对徐光启来说,他并不是一个热衷功名的人,20 岁中秀才,35 岁中举人,漫长的 15 年中,他却将大部分时间都用在攻读四书五经、八股时文上面。他后来曾对儿子说,参加科举考试,一是为了遂父母心愿,二是为了改变困窘的家庭状况及自卑心理。

那么,通过科举考试而走上仕途的徐光启,为什么会对自然科学产生浓厚的兴趣,并且经过毕生的努力,在科学领域取得了不朽的功绩呢?

有学者认为,徐光启其实早就对八股文不感兴趣,他一直致力于“实学”的研究,参加科举考试不过是踏入仕途的“敲门砖”而已。1604 年,徐光启中进士,为翰林院庶吉士,从此他把八股文扔到一边,专门致力于实学。徐光启是个学者型的官员,以自己平日所学去救正时弊,针对明王朝政治、军事、经济的腐朽状况,他提出一系列改革方案,如《拟上安边御虏疏》、《处置宗禄查核边饷议》、《海防迂说》、《漕河议》等,都是他纵论时务的心血之作。但是由于人微言轻以及大贵族、大官僚的排挤和反对,徐光启的这些合理方案不能得以实施。因此,胸怀报国之志的他把目光投向科技,希望以科技富国强兵,拯救国家。

这时候,意大利耶稣会传教士利玛窦也从南京来到北京。徐光启在赴京考试路过南京时就结识了利玛窦,这位传教士带来的三棱镜、自鸣钟、日晷仪等科技产品深深吸引了徐光启，利玛窦讲的科学道理都是他过去在古书上没有读到过的，从此，他对西方科学发生了浓厚的兴趣，被新奇的西方科技和文化所折服。利玛窦来到北京后，两人可以更方便地交流和探讨，政治上失意的徐光启将满腔报国之情寄托于科学技术，他向利玛窦学习天文、算学、历法、水利、地理等知识，希望把西洋科学在中国普及。为了实现这个理想，他先从基础科学入手，首先翻译欧几里得的《几何原本》，由利玛窦口授，徐光启笔译。之后，还翻译了《测量法义》，又与另一位传教士熊三拔等人合译了《泰西水法》、《同文算指》。后来，他在研究中国古代历法的基础上，吸收了当时欧洲天文学方面的最新科学知识，对天文历法的研究达到了很高的水平。

也有学者认为，徐光启对西方科学发生浓厚兴趣是因为他对农业的研究，主张“经世致用”的徐光启对国家之本的农业一直给予重视。徐光启生活的年代，正是明王朝崩溃的前夕，朝政腐朽，加上连年发生水、旱、虫等严重自然灾害，人民生活在水深火热之中。因此，他对国家大事和农业生产非常关心，想有所作为。他不仅多次上疏建议垦荒屯田，兴修水利，并且亲自试验垦荒，对多种作物的栽培技术进行研究，提出许多改良生产工具、耕作方法和播种高产作物等有效措施。徐光启认识到，要发展农业，需要有一部好的历法，因而对中外历法进行深入研究。崇祯二年(公元1629年)5月5日发生了一次日食，钦天监预报的时刻与实际不符，崇祯大发雷霆。徐光启说:“钦天监是按元代郭守敬的《授时历》推算的。一部历书沿用太久，必然有不合实际的地方，所以应当及时修订。”崇祯当即派他主持历书的修订工作。

为了制订出一部好的历书，徐光启与意大利、德、奥等国著名高等学校联系，了解当时欧洲最新的科学知识，又引进了欧洲的时辰钟和伽利略发明的望远镜，对天象进行精密观测，绘制出《全天球恒星图》。经过三年努力，终于编成了相当精确的《崇祯历书》，我国至今沿用的农历，就是在这部历书的基础上编成的。

徐光启对农业的贡献还有一部《农政全书》。这是一部农业科学的百科全书。共计60卷，60万字，分为农本、田制、农事、水利、农器、树木、蚕桑、蚕桑广类、种植、牧养、制造和荒政共12门，可谓集农、林、牧、副之大成。凡农业及与农业有关的政策、制度、措施、工具、作物特性、技术知识等，应有尽有。书中引录了229种古代和西方的文献资料，杂采众家，汇通中西，不仅对这些材料进行分类汇辑，而且加入不少详注，有时还记录下自己亲自实验的结果。

还有的学者认为，徐光启热心于西方自然科学是因为对西方宗教产生了兴趣。他34岁时在广东遇到意大利传教士郭居静，交谈十分融洽，在郭静居那儿，他第一次见到一幅世界地图，知道在中国之外竟有那么大的一个世界；又第一次听说地球是圆的，有一个叫麦哲伦的西洋人乘船绕地球环行一周；还第一次听说意大利科学家伽利略制造了天文望远镜，能清楚地观测天上的星体运行。所有这些对他来说，都是闻所未闻的新鲜事。从此，他开始接触西方近代自然科学。四年后，他赴北京应试，路过南京时，还专门去拜访著名的欧洲传教士利玛窦，询问人生真谛。以后又与另一位传教士罗如望交往，并接受他的洗礼，成为中国历史上第一批天主教徒，取教名保罗，这在伦理道德规范森严的明代，不啻石破天惊的举动。但徐光启此举并非出于宗教狂热，借西洋科技富国强兵才是他的根本动机。徐光启的行为遭到朝廷中保守官员的激烈反对，他们攻击西洋学术乱人学脉，是“奇器淫技”，主张厉行海禁，驱逐耶稣会士，指责徐光启和李之藻等加入天主教的官员“目无君父”、“不尊礼法”。

对于保守派的攻击，徐光启给予严正驳斥，他认为西洋传教士带来的科学技术是“致国家强盛，保天下太平的良策”，他还在《简平议说序》中说，打破民族障壁，虚心博采外域先进文明，是推进中国学术发展的重要途径，不仅表达了自己一片爱国热情，更表达了一种广阔的世界观和难得的开放精神。

徐光启的努力最终得到朝野不少有识之士的肯定。他死后，崇祯皇帝“缀朝一日”，以示哀悼，灵柩运回上海，安葬在徐氏家族世代聚居的“徐家汇”。徐光启的墓地也是中西文化的组合：墓前既有朝廷追封加谥官职的墓碑，又有教会立的拉丁文碑铭，这在当时是极为罕见的。

景山悲风

崇祯帝自缢何处之谜

1644 年 3 月 19 日中午，李自成率军进入承天门占据紫禁城，崇祯皇帝在走投无路的困境下，来到煤山东麓的槐树下自缢身死。三天后，他的遗体被发现。但是数百年来，一直有人对此说表示怀疑，崇祯真的死在这棵槐树下吗？

在北京景山公园内，东边山坡上有一棵古槐，相传是明朝崇祯皇帝朱由检自缢的地方。这棵被称为"歪脖子树"的古槐树，在"文革"浩劫中没能逃脱被砍伐的厄运，现在的这棵是后人补种的。关于崇祯帝之死，一般的说法是李自成率军攻入北京后，崇祯帝在走投无路的困境下，来到煤山东麓的这棵槐树下自缢身死。煤山就是今天的景山。

据史书记载，1644 年 3 月 18 日夜，太监曹化淳献门而降，外城破。此时崇祯在宫中饮酒长叹："苦我民尔！"命人找来太子，亲手给他换上破旧衣服，含泪再三叮嘱派人送出宫去。周皇后等后妃自缢而死，崇祯将 15 岁的公主左臂砍下，又在自缢未绝的袁贵妃肩膀上补了一剑。随后，已经丧失理智的他手执三眼枪和太监王承恩一起领着几十个人冲出东华门，但没能冲出内城。天色将明，崇祯来到前殿，鸣钟召集百官，却无一人前来，无奈的他跑到万岁山，在寿皇亭旁的槐树下自缢而亡，王承恩吊死在他的对面。崇祯死时光着左脚，右脚穿着一只红鞋，前衣襟上写着遗书："朕自登基十七年，逆贼直逼京师。虽朕薄德藐躬，上干天咎，然皆诸臣误朕也。朕死，无面目见祖宗与地下，去朕冠冕，以发覆面，任贼分裂朕尸，勿伤百姓以一人。"

崇祯帝真是缢死的吗？一些专家认为，其中还有不少疑问。1644 年 3 月 19 日中午，李自成率军进入承天门占据皇宫后，首要之事就是要找到崇祯。《烈皇小识》中说："逆闯入宫，问帝所在，大索宫中不得，伪尚玺卿黎志升进曰：'此必匿民间，非重赏严诛不可得，今日大事，不可忽也。'乃下令：'献帝者赏万金，封伯爵，匿者夷其族！'至二十二日，庚戌，得先帝遗魄于后苑山亭中。"景山本是皇室内苑，倘若崇祯真死在景山山坡那样明显的地方，何至于大张旗鼓搜寻三天之后才发现，因而也不排除崇祯隐匿于民间或死于兵乱的可能。

有人指出，崇祯死在煤山槐树上是不确切的。《明史》"李自成传"和"王承恩传"证实，崇祯帝不是缢死在槐树上，而是缢在"寿皇亭"中。《明实录·崇祯实录·卷 17》载："天且曙，仍回南宫，散遣内员，携王承恩入内苑，登万岁山之寿皇亭。俄而上崩，太监王承恩亦自缢从死焉。"《明史·卷 309·流贼传》云："十九日丁未，天未明，皇城不守，鸣钟集百官，无至者。乃复党煤山，书衣襟为遗诏，以帛自缢于山亭，帝遂崩。"《明史纪事本末·卷 79》亦说："遂仍回南宫，登万岁山之寿皇亭自经。"另外，夏燮《明通鉴·卷 90》、谈迁《国榷·卷 100》、徐鼒《小腆纪年附考·卷 4》等都载崇祯死于寿皇亭。

但是有人对此持有疑问，明代景山并无寿皇亭之称，只有寿皇殿在山后，其地与所传崇祯自缢处相距尚远。明代景山上并无建筑，今所存五亭系清乾隆时所建，可见此记载不确切。《甲申传信录》有这样的记载："（崇祯）易袍履与（太监王）承恩走万岁山，至巾帽局自缢。"这很符合崇祯在农民起义的浪潮中走上自戕的心理变化过程。崇祯一向刚愎自用，他的性格决定他不会投降，也不会轻易去死。在京城旦夕可破之时，他于 3 月 18 日取太监衣帽化装后，企图从崇文门、正阳门、朝阳门、安定门等处逃跑，皆因守门士兵不知他是皇帝而被阻。逃跑不成，崇祯在太监的陪同下跑到巾帽局。巾帽局是明宦官二十四衙门之一，专掌宫内靴帽制作，地处皇城东北角，是皇城内较偏僻的地方（今东城区织染局胡同东端）。李自成占据皇宫后，崇祯眼看大势已去，这才自缢身死，死时"以发覆面，白袷蓝袍白细裤，一足跣，一足有绫袜"，一副狼狈相。

除此以外，还有记述崇祯不同死地的，《明亡述略》云："丁未，内城陷，帝崩于西山。"《明季北略》记载，崇祯自缢在海棠树上，当时皇城内海棠以巾帽局附近的回龙观最盛。据《京师坊巷志稿》引"天启宫词注"："回龙观多海棠，旁有六角亭，每花发时，上临幸焉。"可见皇帝对这一带很熟悉，崇祯逃至此处自缢是可信的。黄云眉《明史考证》载："帝崩于万岁山。""万岁山，金人名琼花岛，元至元四年筑宫城，山适在禁中，遂赐今名。"显然，这是认为崇祯自缢于今北海之白塔山了。

红学家俞平伯在《崇祯吊死在哪里》一文中说：崇祯"北出宫廷爬上煤山，在那里又查看外国来的大炮，他又给李自成写了血书，要求他不要压迫老百姓，不要再用那些不忠的官僚。然后他自己就在管国人所住小屋里椽子上吊死了"。据一些历史学家考证，崇祯帝自缢于煤山还是比较可信的，但究竟是不是吊死在槐树下尚难下结论。

“遇顺则止”

李自成“大顺”国号之谜

崇祯十六年(公元1643年),农民起义领袖李自成在取得大明江山西北部大片土地后,在武昌建立政权,称“新顺王”。攻占西安后,又于次年正月正式立国,定国号“大顺”。李自成为何将新政权定名为“大顺”?有学者认为,这可能与民间流传的一则刘伯温(即刘基)的谶语有关。

崇祯十六年(公元1643年),农民起义领袖李自成在取得大明江山西北部大片土地后,开始在武昌建立政权,称“新顺王”。攻占西安后,又于次年正月正式立国,改西安为西京,定国号“大顺”,年号“永昌”。

建国后,李自成以明朝分封在西安的秦王府为新顺王府,发动大量民夫修整长安城,把城墙加高加厚,壕堑加深加宽。以牛金星为首的文臣草拟了一部《大顺礼制》,李自成攻入北京后,对《大顺礼制》又作了充实,改称《大顺汇典》,记述新朝各种礼仪极为详备。另外,还将皇宫大明门改为大顺门。但是这个大顺王朝转瞬即逝,甚至没能登上中国历史朝代年表,李自成也未能与刘邦、朱元璋齐肩列身于中国历史帝王谱系表。大顺王朝在它的缔造者已将革命推向成功,并已像模像样开朝定都的情况下,转眼消逝成为过眼云烟,这是令人感叹的。

那么，这个“其兴也勃，其亡也忽”的王朝为何起名“大顺”呢？

在中国历史上，国号是重要的政治象征符号，每逢改朝换代，首要的大事就是选择一个新国号，以示德运更新，天命有归。元代以前各朝，命名或“从初起之地”，或“因所封之爵邑”，基本上与兴起的地域有关，如秦、汉、魏、晋、唐、宋等，莫不皆然。到忽必烈建国“大元”，明确宣布是“以义而制称”。大明王朝的定名据说是因为这个王朝兴起于元末农民起义，当时各路起义军大多信奉明教，相信光明佛（即弥勒佛）现世，天下可从此太平。

李自成为何将自己缔造的政权定名为“大顺”？无独有偶，几乎与李自成同时，另一农民军领袖张献忠在成都建立“大西”政权，以“大顺”为年号。“大顺”为何同时受到李自成、张献忠的垂青？显然，无论是李自成还是张献忠的“大顺”，其性质与“大元”、“大明”一样，是因义取号。但“大顺”的含义是什么呢？

有人认为，从字面上看，“顺”有顺应、顺从之意，古代举兵者常以“顺天”、“顺民”为号召，明末农民起义军领袖中也有自称为“顺天王”、“顺义王”的。李自成、张献忠分别以“大顺”为国号和年号，可能取其“顺天应民”之意。

《礼记·礼运》云：“四体既正，肤革充盈，人之肥也；父子笃，兄弟睦，夫妇和，家之肥也；大臣法，小臣廉，官职相序，君臣相正，国之肥也；天子以德为车、以乐为御，诸侯以礼相与，大夫以法相序，士以信相考，百姓以睦相守，天下之肥也。是谓大顺。”可见“大顺”是对天下大治的理想社会秩序的概括。著名史学家吕思勉认为：“儒家之言治，高于大顺。”（《论学集林》“释大顺”条）不仅儒家推崇“大顺”，老庄学派也倡言“大顺”，老子在《道德经》中说：“玄德深矣远矣，与物反矣，然后乃至大顺。”在李自成和张献忠的部队中，有一些下层知识分子，他们对这些经典肯定有所了解，因此“大顺”可能由此而来。

但是也有学者认为，“大顺”可能出自民间流传的一则刘伯温（即刘基）的谶语。刘伯温是元末明初著名的军事谋略家、政治家。

他“博通经史，于书无不窥，尤精象纬之学”，在朱元璋东征西讨、创建明朝的过程中，刘基屡屡出谋划策，发挥了重要作用。大概由于他精通术数，足智多谋，因此他去世不久，社会上就流传了一些关于他的神异故事。到明代中叶以后，刘伯温几乎是家喻户晓，托名于他的预言也越来越多，并被文人学士收入笔记杂谈中。在梁亿撰写的《遵闻录》（收入邓士龙辑《国朝典故》卷62）中，就记录了一些刘伯温的谶言故事，其中一则云：“高庙（即明太祖朱元璋）尝命伯温卜历数之长短，伯温卜之曰：‘遇顺则止。’高庙遂以书手空，良久曰：‘三百单八亦足矣。’然此亦圣祖之谦德耳。盖其取天下于夷狄之手，名正言顺，虽汤武不能及。圣子神孙，享帝王莫大之业，虽与穹壤共敝可也。所谓‘三百单八’，何足云乎！”

中国历史上的农民起义领袖，都不免有帝王思想和迷信观念，他们大多迎合或制造一些谶语以表示天命眷顾，从而解释自己的合法性。李自成当然也不例外，在李自成军中，有一位出谋划策的重要人物宋献策，他“精于六壬、奇门遁法及图谶诸数”，此人先在江湖以算命占卦为业，投靠农民军后被“奉为军师”，专以谶语占卦鼓动人心。出于职业习惯，宋献策对刘伯温轶事一定很感兴趣，恐怕不会不知道“遇顺则止”的谶语。李自成对宋献策极为器重，“信之如神”（《明季北略》卷17），拟定国号这样的大事，必然要征求宋献策的意见，“大顺”很可能是受了宋献策等人的建议，以暗应谶语，表示自己是大明王朝的终结者。同样，张献忠以“大顺”为年号，也可能与“遇顺则止”的谶语有关。

功败垂成

大顺政权速朽之谜

李自成是明末叱咤风云的农民领袖，崇祯十六年，李自成率起义军攻克北京，推翻明王朝。但是，这个新成立的大顺政府只经历了42天，就在吴三桂的辽东精兵、多尔衮的清军铁骑，还有南明部队合力攻击下，兵败北京，大顺政权迅速灭亡。那么，李自成失败的原因究竟是什么呢？

李自成是明末叱咤风云的农民领袖，原名鸿基，陕西米脂人。幼时给人牧羊，长为银川驿卒，善骑射。崇祯初，高迎祥等起义，称闯王。自成为迎祥部下，称闯将。九年，迎祥牺牲，李自成被推为闯王。十一年，潼关战败，与刘宗敏、田见秀等18骑逃往商洛山中。翌年再起，又被困巴西、鱼复诸山中。十三年，突围入河南，提出“迎闯王，不纳粮”，大得民心，军势大振。十六年，在襄阳建立政权，称新顺王。次年，在西安建立大顺政权。不久攻克北京，推翻明王朝。但是很快，李自成兵败北京，大顺政权也迅速灭亡。

不少学者认为，入京后的李自成已经昏昏然，一头“进了皇宫”。大将们整日陶醉在胜利的喜悦中，有的忙着筹备登基大典，招揽门生，开科选举；有的忙着收拾降官，搜括赃款，严刑杀人，甚至强抢镇守山海关的明降将吴三桂的爱姬陈圆圆。对此，李自成都不闻不问，对近在肘腋的关外大敌也全不在意，仅派了几千兵去镇守山海关，而把其余几十万士兵屯集在京城里享乐。及至吴三桂反叛并带领清兵攻打北京时，他率部仓皇而走，不得不逃离北京，建立不到一个月的大顺朝就这样迅速灭亡。郭沫若在《甲申三百年祭》中说，李自成失败是由于没有接纳李岩的忠告。李自成进京后，李岩上疏，要李自成严肃军纪，用政略解决吴三桂的问题。然而，李自成没有听进谏言，其部下牛金星"玉带蓝袍圆领，往来拜客"，忙于筹备登基大典，"太平宰相的风度俨然矣"。几十万大军，上至一品将军刘宗敏，下至小兵小卒，在京城抢掠民财，尽情享乐，使军纪大乱。李岩还因牛金星谗言而被杀。郭沫若认为，假使李岩的谏言被采纳，先给吴三桂父子高爵厚禄，而不是刘宗敏式的敲索绑票，吴谅不至于为红颜而"冲冠一怒"；即使要对吴三桂动手，也应由刘宗敏那样的一等大将亲领人马镇守山海关，以防三桂叛变和清朝侵袭。然而事实是，山海关只有几千守兵，庞大的人马都在京城里享乐。李自成最大的教训在于没有管束部下牛金星、刘宗敏的胡作非为，天下太平、大功告成的自满情绪大膨胀，毫无居安思危的思想准备，以至后来一旦面对攻击即手忙脚乱，兵败如山倒。

但是也有学者认为，李自成进城以后，并不像后人说的那样军风败坏，到处抢掠。相反，大顺军进入北京后军纪严明，对百姓甚好，攻打正阳门时，还受到百姓的欢迎，他们捧来热茶、点心，有的在家门口摆设了"永昌皇帝万岁"的香案，庆祝农民军的胜利，军纪败坏是在山海关战败，退出北京时发生的事。

大顺军在北京一共经历了42天，大顺政权控制的范围包括整个西北、华北，以及山东、河南两省，湖北、江苏的部分地区。大顺政权的主要政策包括：(1) 接管政权，稳定人心。(2) 向南方地区派兵，占据要地，委派地方官，稳定地方。(3) 调军南下，准备南征南明朝廷。(4) 准备即位有关事宜。(5) 清点府库，没收皇宫、宗室、勋戚、太监的财产，打击官僚。就这些政策来看，李自成并没有被胜利冲昏头脑，也不存在急剧腐化。那么，李自成失败的原因究竟是什么呢？

有人认为，失败的原因首先是他缺乏政治远见和不重视政治治理人才，李自成的文官除牛金星、顾君恩外，其他多是明朝降官，这些官员中并不缺少有才能的人，其中有的后来被清廷选拔为六部之首甚至大学士。可是大顺政权规定文官受武将节制，起义将领居主要地位，对降官不能重用，这是战略上的最大错误。李自成过于迷信军事上的胜利，看上去占领大片领土，其实并没有良好的治理，而这些又不是武将所能担当的。相反，清军在入关以前就网罗了范文程、洪承畴等人，在决定战略方针时能够征求他们的意见。入关以后，对明、顺两个政权的官员一概收揽，还多次命令已经投降的汉族官员推荐人才，动员他们写信招降。对曾经对抗的敌人也以前所未有的器量容纳，充分发挥人才的才能和作用。

还有人认为，大顺政权在进入北京后，大规模实行追赃助饷是不合时宜的。大顺政权坚持三年免征赋税，通过没收前朝内帑以及宗室、勋戚、太监家产和对明朝官员实行追赃助饷的办法来解决财政问题。攻克北京后，缴获属于皇帝的私财（即内帑），可信的说法大概是白银3 700万两，黄金150万两，数量相当庞大，足够大顺政权两年以上的全部支出，不存在财政上的紧迫性。但是李自成仍然在统治区内普遍推行追赃助饷，使各地官绅人人自危，以至树敌过多，其中最大的失误就是导致吴三桂倒戈。在京城，没收吴三桂大笔财产，将吴三桂家人下狱，甚至刘宗敏抢走吴三桂的爱妾陈园园，使得本来就对李自成不太信任的吴三桂失去了信心，直接导致他投向清朝，以国破家亡的哀兵抗击大顺军。李自成进攻山海关失败，在于低估了吴三桂的实力和当前的形势。吴三桂的辽东兵力虽然只有三万，却是整个明军中最精锐的部队，在与清军的战斗中积累了丰富经验，而且据关而守，有火炮相助。李自成的大顺军实力也是相当的强，并且有兵力上数倍于敌人的优势，攻击山海关的时候，李自成首先将山海关团团围住，还意图劝降，这样延误了战机。而清军统帅多尔衮抓住了这个机会，在吴三桂兵力接近崩溃的时候杀了出来，李自成在毫无准备的情况下，看到突然出现的庞大数目的辫子军，知道这一战必败无疑，所以选择了主动撤退，不久杀害吴三桂的全家，放弃北京城。之后，李自成经不起屡战屡败的打击，又渐渐刚愎自用，重用牛金星，杀害大将李岩，自溃长城。尽管有几十万兵力，但是在吴三桂的辽东精兵、多尔衮的清军铁骑，还有南明部队合力攻击下，迅速兵败了。

还有学者认为，李自成犯了冒进主义的战略错误，他真正的辉煌是崇祯十三年(公元 1640 年)，这年他进军河南，获得灾民响应，提出“均田免赋”的政治主张，使队伍急剧扩大，连败明军。崇祯十四年攻克洛阳，杀福王。崇祯十六年，改襄阳为襄京，称新顺王。随后制定了先取关中，再攻山西，后取北京的战略，一年之内，就实现了上述目标。但在形势急剧变化，队伍迅速扩张的同时，李自成及其将领的头脑开始发热，不注重根据地的政权建设和队伍的基础管理，进军北京建立大顺朝后，因为对迅速变化的局势控制不当，结果很快招致灭亡。

莫衷一是

李自成生死之谜

李自成退出北京后，曾经转战河南、陕西、湖北等地，最后不知所终。有说他在九宫山被乡丁击毙，或说他逃到湖南夹山出家为僧，也有人说他被牛金星毒杀，最近又冒出一种说法，说他死于江西……总之，李自成归宿究竟如何，至今仍是一个谜。

李自成退出北京后，曾经转战河南、陕西、湖北等地，最后不知所终。关于他最后的结局，有好几种说法。《明史》说他在九宫山被乡丁击毙；《明纪》说他为乡丁所困，自缢而死；《明季北略》说他在罗公山军中病死；《沣州志》说他逃到湖南夹山出家为僧，年七十，坐化；《吴三桂演义》说他被牛金星毒杀。最近又冒出一种说法，说他死于江西……可谓众说纷纭，莫衷一是。

《明史》记载，1644 年，闯王兵败撤离北京，回陕西，遭吴三桂和清兵一路追击，又由陕西退入湖北。1645 年到武昌，又败，遂经咸宁退入通山县。5 月初，闯王仅带几名随从上通山九宫山观察地形，遭当地乡丁围困，寡不敌众，最后被一个叫程九百的乡丁杀害。《明史》还说，李自成已死，尸朽莫辨。根据是当时追击李自成的清朝靖远大将军阿济格给朝廷的报告，说李自成兵尽力尽，仅带亲信 20 人，窜入九宫山中，被村民围困，无法脱逃，自缢而死。他派人前去验尸，而尸体已经腐烂，无法辨认了。还有一个根据是，南明王朝驻湘将领、兵部尚书何腾蛟给唐王的报告称，他的部众已将李自成斩于九宫山下，只是丢了首级。

通山县还有这样一个传说，李自成在清兵追赶下，带了少数兵马到通山的黄沙，渡过富水河，经横石，南到李家铺（位于九宫山主峰之北），打算饭后上九宫山。不料清兵从阳新（兴国）过富水赶来，李自成和随从被冲散，他单骑向西行，上黄洞山，躲进黄土洞。次早，他翻山过中里，误走葫芦，上了牛迹岭，碰上大屋场人程九伯的母亲给程九伯送饭（粑），李自成用银子换了这个粑。而在远处望见李自成的程九伯却以为李自成在抢劫，手持扁担追来。李自成赶快翻岭逃到岭下的黄株包，程九伯赶到，两人扭打起来。李自成抽出宝剑，杀死了程九伯，夺路而走。附近是地主朱万年的寨子，朱万年指挥乡勇，放弩开铳打死李自成。其时大约是四五月间挖薯地的日子，几天后遗体腐烂，有几个农民用两口破水缸（当地用大石板拼作"水缸"，两个"水缸"正好成长方形）盛了李自成遗体，就葬在他牺牲的黄株包上。过了很久，清军才在追剿中闻知此事，所以"尸朽莫辨"是可信的。1988 年，国内史家将九宫山下的李自成墓作为他死难的纪念地。

但是也有学者不同意这种看法，他们认为"遇难"说难以令人相信。因为李自成骁勇非常，一直是官府的死敌，无疑是清王朝或南明王朝的大患，他的生死绝对是重大事件。而阿济格报告中说"尸朽莫辨"，纯属虚报不实，清王朝怎能相信？何腾蛟的报告简直就是谎报战功，南明王朝也不会相信。特别值得一提的是，李自成退居湖湘时，他的手下还有 40 余万兵马，九宫山一带至少也有数万人，说他仅带 20 名亲信与事实明显不符。况且，如果李自成真的被杀，他的几十万大军岂能善罢甘休？九宫山能平静吗？

那么，为什么"遇难"说在民间广泛流传？据推测，这是李自成与其部下放的烟幕弹。一方面，扬言李自成已死，可以打消南明王朝对这支大军的敌意；另一方面，使清王朝以为心腹之患已除，放松警惕，等待时机东山再起。

也有学者提出“禅隐说”，认为近年来发现的奉天玉和尚的文物，说明李自成晚年当过和尚。其实这种说法清乾隆年间已经出现，当时沣州知州何璘曾到夹山实地调查，见到一位服侍过奉天玉和尚、陕西口音的70岁老和尚，他告诉何璘，奉天玉是顺治初年来寺，并取出其画像，观之“肖似史书所记李自成的模样”。何璘撰写的《书李自成传后》被采入《沣州志林》，其后《楚南史赘》和《小腆纪年》等也都有摘录。有人指出，李自成在崇祯十六年（1642年）称“奉天倡义大元帅”，后又称“新顺王”，自号“奉天玉”，即以“奉天王”加一点来隐讳。近年夹山新发现的《梅花百韵》木刻版中，有一首《东阁梅》：“徐听三公话政猷”，那口气与和尚迥然不同，而像皇帝听三公阁老论政。另外，夹山现存的三块石碑：奉天玉弟子野拂立的“奉天玉”断碑、康熙十四年杨彝子写的《重修夹山灵泉院功德碑记》和道光三十年通州知州王大猷撰写的《重修夹山灵泉寺碑志》都证明，“奉天玉和尚”就是李自成。湖南澄州一带民间长期以来也流行一种传说，说是李自成在大顺军失败后遁迹石门县夹山寺为僧，并终老于此。不过这种说法在史学界从来没有引起过注意。

有些学者认为，按照李自成的个性，绝不会轻易去当和尚，奉天玉和尚不可能是李自成，何璘之说不可信，所谓奉天玉画像与史书记载并不一致，《明史》谓李自成“状貌狰狞”，且在崇祯十四年左眼中箭，被称为“瞎贼”，而画像左目未眇，可见与李自成无关。夹山现存的三块石碑并不能证明李自成终于夹山，只能证明确有奉天玉其人。《东阁梅》中“徐听三公话政猷”，无非是按题作诗，悬拟之辞，并不指实，且大顺政权也未置三公。总之，李自成归宿究竟如何，至今仍是一个谜。

孰是孰非

有无红娘子其人之谜

据说，红娘子原本是个踩钢丝的艺人，后来入了白莲教，带领起义军到处杀富济贫，与官府为敌。红娘子后来与李岩结为夫妻，并一起投奔了李闯王。但是有关红娘子的身世，史书记载语焉不详，史学界对是否真有红娘子、李岩其人，一直有着不同的看法。

在明末历史上，有一位巾帼英雄特别引人注目，至今还激起研究者的兴趣，这就是大名鼎鼎的红娘子。据说，红娘子原本是个踩钢丝的艺人，行侠好义，后来入了白莲教，带领起义军到处杀富济贫，与官府为敌。红娘子后来与李岩结为夫妻，并一起投奔了李闯王。

但是有关红娘子的身世，史书记载语焉不详。人们至今连她姓什么都还不知道，仅知道她是一个"踏绳妓"，走江湖的杂技表演者。所称"红娘子"，也许是她常穿红色衣服吧。

史学界对是否真有红娘子、李岩其人，一直有着不同的看法。最早对红娘子作过研究，并认定红娘子确有其人的是大学者郭沫若。他在1944年写的《甲申三百年祭》中，引用《明史·李自成传》的记载："会绳妓红娘子反，掳信，强委身焉。"说江湖卖艺的杂技演员红娘子造反后，看中杞县举人李信(岩),一定要嫁给他。李岩开始放不下举人公子的架子,不肯就范,在被迫做新郎后又逃跑,被官府抓进监狱。红娘子率领杞县饥民攻破杞县城,把李岩救了出来,结为夫妇,又劝李岩投奔李自成。这个故事颇有戏剧性,因此使郭沫若念念不忘,想改编为历史剧。后来他又在无名氏的《梼杌近志》和吴梅村的《鹿樵纪闻》中发现了有关李岩和红娘子的一些记载,与《明史》中所述无甚出入。因此,他认为《明史》中的记载可能就是根据吴梅村等人的著作写成的。

明史专家谢国桢也主张红娘子确有其人,写有《红娘子与卦子陈四》一文,引用了戴笠《怀陵流寇始终录》中有关红娘子记载。在他编的《明代农民起义史料选编》中,收集了毛奇龄的《后鉴录》。该书称红娘子为"踏绳妓"。上述史料均为郭沫若当年所未见,但内容与《明史》也没有什么出入。所有这些记载,有一点是共同的:有关红娘子的事迹,都与李岩紧密相联,讲的都是红娘子破杞县城救李岩这件事。

1949年以来的研究证明,绳妓红娘子破杞县城救李岩的故事,确实如郭沫若所言,最初见于吴梅村的《绥寇纪略》(即《鹿樵纪闻》)。吴梅村是明清之际的大诗人,声望很高,他的《绥寇纪略》成书较早,对后人影响较大。稍后,戴笠的《怀陵流寇始终录》、冯甦的《见闻随笔》、毛奇龄的《后鉴录》都采用这一故事。有人认为,《明史·流贼传》系毛奇龄主稿,他根据《绥寇纪略》等书,将这一故事写入《明史·李自成传》,这个故事也就流传开了。

但是也有不少学者坚持认为,红娘子和李岩其人历史上是不存在的,长篇历史小说《李自成》的作者姚雪垠认为,红娘子破杞县救李岩出狱"绝无其事",这个故事是一个虚构的传说。一些专家认为,尽管有不少文章对李岩作许多评价,认为他为李自成拟就了"均田免粮"、"迎闯王,不纳粮"等争取农民阶层的政治策略,他似乎是一个张良、诸葛亮式的人物。但实际上李岩不过是某些人虚构出来的"乌有先生",李岩其人其事,在他的家乡河南地方史料及父老的口碑中并不存在，当年，郑廉在《豫变纪略》中就矢口否认杞县有李岩其人。此外，康熙《杞县志》中还专门附有一篇《李公子辨》，否认李岩是明代大学士李精白之子，否认有举人李岩的存在。既然李岩是虚构人物，红娘子自然也实无其人了。

但也有一些学者认为，李岩虽不是李精白之子，也不是河南杞县的举人，但不等于无其人和其事。因为从当时保存下来的塘报及一些在京目击者的记载看，李自成军中确有一个被称为“李公子”、担任都督的李岩，他们认为，即使李岩确有其人，红娘子破城相救仍不可信。因为查乾隆《杞县志》，崇祯年间，从未发生过饥民攻破县城，杀死知县的记载。此外，许多记载有李岩事迹的史籍也都没有提到过红娘子。

还有一些学者认为，如果仅凭《豫变纪略》和《杞县志》来否定红娘子、李岩确有其人，恐难以令人信服。《豫变纪略》的作者郑廉虽然参加过明末农民起义，老家也与杞县相近，但郑廉参加起义军时才15岁，又是个小官，他不可能对全军将领都了解。其次，封建社会“成则为王，败则为寇”的观念，使杞县人不愿把一个失败的“流寇”李岩认为同乡，故意不写入县志也是有可能的。另外，大学士李精白曾声言长子已死，事实可能是长子参加了起义军，李精白怕受牵连，至于长子参加起义军后，改名为李岩也是可能的。李岩的身份肯定了，红娘子也就不会是子虚乌有了。

红娘子的最后结局同李岩一样，也是一个谜，按小说《永昌演义》中的说法，红娘子后来成了白莲教首领，在李岩死后，还见过出家当了和尚的李自成。当然，这只是小说家言，不是历史。

关于有无红娘子和李岩其人的争论，学术界至今还在继续。究竟孰是孰非，只好留待专家们拿出更多的依据来证实了。

历史罪人

吴三桂降清之谜

1644 年 3 月 19 日，李自成打进北京后，派人前往山海关劝降吴三桂。吴三桂接受了劝说，正欲进京拜谒新君李自成，忽闻爱妾陈圆圆被李自成手下大将刘宗敏掳去，吴三桂气恼万分，当即翻脸，宣告与李自成为敌，并引清军入关，将李自成的“大顺”军打败，清廷从此入主中原，一统中国。

吴三桂是明清易代时期的风云人物，提起吴三桂，很多人都知道他引清军入关，将李自成的“大顺”军打败，清廷从此立足中原，一统中国。

吴三桂出身辽东武将世家，舅父就是显赫一时的祖大寿，父亲吴襄也是当时军界的高级军官。

关于吴三桂降清的过程，一般史书是这样记载的：“大顺”军于 1644 年 3 月 19 日打进北京后，明朝文武官员纷纷归降，李自成确也基本收留，变明朝官员为“大顺”官员。对于地处边关重镇的山海关总兵吴三桂，李自成更是刻意收降。3 月 29 日，他派与吴三桂交情甚厚的明朝降将唐通，携白银四万两、封吴为“侯”的任命书及吴父写的劝降信，亲往山海关，向吴三桂游说。对明朝已失去信心的吴三桂很快接受了劝说，率部投向“大顺”新朝。吴三桂正式宣布归降李自成后，于 3 月底将山海关防务交唐通接手，自己则率军向北京开发，晋京拜谒新君李自成。不料4月初，当吴军进到接近北京的玉田县沙河驿时，遇到从北京城逃出来的吴家家人，得知长住京城的老父被囚，全家被软禁，爱妾陈圆圆被李自成手下大将刘宗敏掳去。吴三桂气恼万分，当即翻脸，冲冠一怒，拍案而起，下令吴军停止进京，并以急行军速度返回山海关，赶走唐通，宣告坚决与李自成为敌。诗人吴梅村写诗道："痛哭六军俱缟素，冲冠一怒为红颜！"

但是有学者不同意这种看法，认为撇开当时具体的军事、政治、经济条件，而把原因放在一个女人身上，理论上讲不通。即使吴三桂为了爱妾陈圆圆而与李自成为敌，但是吴三桂的父母和家里人（大概有三十多人）尚在北京，难道吴三桂不为父母生命着想，不为全家人生命着想？在封建时代，一个人的妻子被夺走，这是奇耻大辱，但夺走姨太太，这不算很大的事情。即使陈圆圆真被夺去，这个阔公子出身、二十多岁就当了总兵官、挥金如土的人，是不是一定会怒发冲冠？撇开政治和军事因素，一名武将为了一个爱妾甘受天下人辱骂，恐怕难以令人置信。

有人认为，吴三桂投降清廷完全是当时形势所迫。清兵入关之前，皇太极在位的时候，曾经去信和通过降将祖大寿对吴三桂招降，被吴拒绝。多尔衮多次想用高官厚禄招降吴三桂，也未成功。可见，吴三桂还是有民族骨气的。当然，这也许与其家人在京城当"人质"和他忠君思想有一定关系。

崇祯皇帝死后，吴三桂南有大顺政权，北有清兵十万虎视眈眈，在这样的情况下，他决定接受大顺政权的招降。然而，当他率军到达卢龙时，得知其父和家人被大顺政权关押看管，而且大顺政权的文武将臣在京城胡作非为，腐朽程度不亚于明政府。在这样的情况下，吴三桂返回山海关，但是并没有立即向清军求援。当时，吴三桂有四条路可以选择。第一，降清；第二，降大顺，这已经是不可能；第三，继续效忠明王朝，但已是奄奄一息的南明小朝廷；第四，拥兵自重，抵抗南北敌军。

这时，清朝如日中天，大有一统中国之势。南明小朝廷不仅力量小，而且腐朽，而自己抵抗南北敌军，显然是不可能，他只有降清。降清并不是他自愿的，而是被时事逼的，他并不希望清军一进不复返，本打算在清兵帮助下剿灭农民军，复辟明王朝。因此，当清兵占领北京城时，吴三桂要求清军退到关外，但遭拒绝。清朝统治中国是历史发展的必然，吴三桂引清兵入关只是一个偶然。

很多学者不同意这种观点，他们认为，吴三桂是一个地地道道的自私自利的军阀，他一直盘算的既不是国家利益，也不是民族大义，而是他自己的利益，他要保存的不是宁远、山海关，而是他自己的富贵、爵禄。那么，他为何迟迟没有答应皇太极和多尔衮的招降呢？原因是他认为明王朝的覆灭是早晚的事，但是没有料到如此迅速，他本想待价而沽，衡量一下明清双方开出的价码。在崇祯看来，吴三桂比之当年袁崇焕还要重要，明朝关外仅有的两个据点山海关、宁远都在吴三桂的统辖之下，崇祯是不会吝惜封侯的，而且明朝毕竟是故国，所以吴三桂宁愿继续观察和索要。在清军，前后五次入塞，都因山海关、宁远不在己手而不得不放弃关内的土地、城池，所以，吴三桂觉得清军是无论如何离不开他的，他当然保持矜持，这样价码才能开得越来越高。

如果吴三桂真是忠孝之士，那么，崇祯十七年(公元 1644 年)李自成攻打北京时，崇祯几乎一日数诏吴三桂入京勤王，可是吴三桂进军迟缓，宁远距离山海关只有 200 里，骑兵朝发夕至，而吴三桂居然在路上走了 5 天！北京陷落的时间是崇祯十七年三月十九日，吴三桂三月十六日抵达丰润，二十日就和李自成派来的招降使节唐通、白广恩接上了头，坐到一起谈起了条件。如果不是李自成错误的“追赃助饷”政策直接触犯了吴三桂的根本利益，这一段历史可能会改写。至于说吴三桂借清兵伐大顺以复明的设想，更是不值一驳，他先是降清，后又充当清廷的鹰犬，不念旧恩，将南明最后一个皇帝永历帝朱由榔赶尽杀绝,将他从缅甸捉回来杀死。几十年后,康熙亲政,吴三桂眼看自己的势力受到威胁,遂干脆自己做起皇帝来造反,结果也是聪明反被聪明误,自己气死不算,还要遗祸子孙,成为被千古唾骂的历史罪人。

赶尽杀绝

张献忠屠蜀之谜

明朝末年，四川发生了大屠杀事件，人口急剧减少。近百年来，许多史学家都惊奇地发现，没有哪个四川人是土生土长的，几乎都是"湖广填四川"从外省迁来的。清代编撰的史料以及野史记录都把大屠杀的责任归于张献忠。

明朝末年，四川发生了大屠杀事件，人口急剧减少。据《明会要·卷50》载：明万历六年（公元1578年），四川省有"户二十六万二千六百九十四，口三百一十万二千七十三"。到清康熙二十四年（公元1685年），陡减至"一万八千零九十丁"（嘉庆《四川通志·卷17》），出现了有史以来四川人口的最低记录。近百年来，许多史学家都惊奇地发现，没有哪个四川人是土生土长的，几乎都是"湖广填四川"从外省迁来的。清代编撰的史料以及野史记录都把大屠杀的责任归于张献忠。由于清朝统治延续了270多年，以至绝大多数人对此都深信不疑，连鲁迅先生也曾批判过张献忠是"为杀人而杀人"。

影响最大的是一本过了近百年后才出的《蜀碧》的书。《蜀碧》的作者彭遵泗是乾隆二年（公元1736年）进士，官为翰林院编修。他在书中详细描述了张献忠是如何杀人不眨眼,很多人都对书中的记述深信不疑。

但是有学者指出,彭遵泗是清朝官员,是一个御用文人,他的书究竟有多少可信度很值得怀疑。他们认为,明末清初时,张献忠没有像李自成那样善待中小地主和知识分子,反倒把他们当作敌人看待,所以清军入川时,支持张献忠的人不多,因此引起张献忠愤怒的可能不是没有。而且张献忠在看到大明王朝被李自成推翻,清兵又乘机入关并很快占了大半个中国,他明白了天下已属于清朝,再也轮不到他自己,因此自暴自弃的可能性也不是没有。但如果把四川大屠杀都归罪于张献忠,这是不公正的。因为这并非张献忠所为,而是清军所为,并赖到早已死去的张献忠头上。这些学者认为,只要分析一下清军攻入四川的那段历史,真相不难知晓。1646 年,清军入关后第三年,清廷就宣布张献忠已被战死,四川已经平定。然而事实并非如此。清军攻陷渝城(重庆)是在 13 年后的 1659 年,对四川人民的抵抗,清军采取彻底屠杀作为报复,不论是“张贼”还是无辜的平民,一律斩杀。1649 年,清军贴出公告,“民、贼相混,玉石难分。或屠全城,或屠男而留女。”这种残忍的镇压方式,在四川持续了很长时间。为了隐瞒真相,欺骗世人,清军居然把大屠杀全部栽赃给张献忠。假如张献忠真如宣传的那样,“是一个疯狂的杀人魔王,四川交通可达的人烟稠密之处,差不多被他杀绝”,那么,几乎没有人烟的四川,何以能抵抗十多年?四川人民的反清活动被镇压后,的确到了“弥望千里,绝无人烟”的地步,清廷不得不迁移湖广人口至四川。清朝统治中国两百多年,战败一方的记录早被毁灭或被篡改,留下的只是有利于自己的记录和宣传,这样的“历史”代代相传,人们很自然地相信了。

也有一些学者坚持认为,张献忠屠蜀是确凿可信的事实,依据有这么几条:

其一,张献忠在入川前就以残暴好杀好色闻名。明彭孙贻所著《平寇志》中说:崇祯八年,张献忠焚毁凤阳,“士民被杀者数万,刨孕妇,注婴儿于槊,焚公私庐舍2 650余间”。同年12月,八大王(即张献忠)攻克和州,“是时杀戮惨毒,有缚人夫淫其妻杀之者;有趋人父淫其女而杀之者;有裸孕妇共卜腹中婴儿男女刨验以为戏者;有以大锅沸油掷婴孩于内观其跳跃啼好以为乐者……所虏子女万千,临行不能多带,尽杀儿趋,暴残恒古未有”。

其二,与张献忠同时代的作者所著《荒书》、《蜀乱》等野史,也记载张献忠杀人的事实。“除城尽剿”,“凡居四野均叛逆,悉行剿灭,城内俱良民免死”。屠杀方法是,张的军队“前一日布兵环围,次日开剿,四下齐向中央搜杀,如围场合龙口之状”。彭县一带城野的分界线是离城五里,“搜各州县山野,不分男女老少,逢人则杀”。

其三,残杀知识分子。张献忠在四川所建立的“大西”政权,开过六次科举,两次以大屠杀告终,只有四次是成功的,出状元4名。据《纪事略》等史书记载,有个叫龚济民的儒生,在应试策内肉麻地吹捧张献忠品德超过尧舜,武功盖过汤武,张献忠看了心花怒放,更觉得他的名字好,是济世安民的好兆头,便将他第一个“抓举”为状元及第。有个老童生熊炳中了探花,自然是欣喜若狂,但在廷试策中,他好心劝张献忠不要局限于蜀中,做井底之蛙,要放眼全国,放眼四海。张献忠认为这是讽刺自己,将熊炳凌迟处死,将家中女眷打入娼门。张献忠曾经发诏举办“特科”,征集各地举人、贡士、监生、民间才俊、医卜僧道、隐士应试。“军法严催上路,不至者杀,比坐邻里教官”。曾在大西政权任职的欧阳直,在《蜀乱》中记载,“献忠调远近乡绅赴成都尽杀之。调各学生员听考,到则禁之大慈寺。齐集之日,自寺门两旁各站甲士三层。至南城献忠坐南城验发。如发过,前一人执高竿悬白纸旗一付,上书‘某府某州县生员’,教官在前,士子各领仆从行李在后,鱼贯而行。至城门口,打落行李,剥去衣服,出一人,甲士即拿一人,牵至南门桥上斫入水中。师生主仆悉赴清流,河水尽赤,尸积流阻,十余日方飘荡散去”。

其四,两屠成都。第一次在1645年11月22日,据《四川通志》

记载，张献忠决意杀全城居民，先暗遣一人伪报某路敌军将到，将赴战。军人大队出城，分布各处把守要路，以防百姓逃走，城内之兵遍搜各家铺户，驱逐百姓出城。由东南二门出，齐集沙坝桥边……残杀之后，成都为之一空，除少数官员外别无居民。荒凉惨象，不忍瞩目。献忠剿灭成都后，命令各乡镇村民移居成都。第二次是张献忠撤离成都时，焚毁全城，再将诏劝进城者全部屠尽，“成都地区千里无烟”、“举城尽为瓦砾”。虎豹白日出没，清军入成都时为防野兽，只好夜宿城墙之上。

其五，屠州县。野史笔记中关于“张屠城”的记载比比皆是，三屠保宁，屠绵州、巩州、顺庆、广元、潼川等不胜枚举。其中极大规模的有 1 645 年秋，马元利、艾能奇屠成、龙两府；刘文秀屠巩州，巩蒲二百里为血肉之汤，接屠丹陵；10 月屠蛾眉。1645 年，令孙可望等四将军分道出屠，穷乡僻壤，深崖僻谷，无不搜及，得男手足二百双者升把总。正月出，五月回。《蜀乱》中记载，“每官兵回营，以所剁手掌验功。凡有军官衙门掌如山积，而成都城内，几如假山之千叠万峰”。

其六，杀戮士卒。屠杀开始以杀军中收服的四川籍降军和新兵为主，正月初十，张献忠传令“年十五以上杀之，各路汇集所杀卫军 75 万，新军 23 万 6 千，家口 32 万”。“献忠欲北行，恶其同党太多，多置谍者以伺查营伍，有偶语者及小过，俱置之法，并连坐……是日即杀十余万人。”(《蜀乱》)

其七，杀大臣。张献忠性情暴虐，每日均杀人。大西官员本有 900 人，张献忠离开成都时还有 700 人，到他临死时只有 25 人。大多被他杀死，或令鞭死，或令将头皮截去，或凌迟碎剐，种种非刑，一言难尽。

那么，张献忠为什么要进行这样规模的大屠杀？对此，史界评论甚少，有学者认为，当年张献忠在成都立过一块七杀碑，上边刻着他的理由：天生万物以养人，人无一德以报天，杀杀杀杀杀杀杀！张献忠以所谓天道为根据，对自己的暴行作了似乎合理的解释。但是对这块碑的来历有人提出疑问，这块碑不可能是张献忠自己立的，而是清政府为把大屠杀的罪名归于张献忠而伪造的。

看来，张献忠是否屠蜀，还有待史界拿出更多的证据来考证、判断。

权势熏天

马士英起用阉党之谜

1644 年，李自成攻克北京，推翻明王朝。时任凤阳总督的马士英等人在南京拥立福王为帝，改年号为弘光。弘光帝立后，加封马士英东阁大学士、太保，而执掌政权的马士英立即起用魏忠贤阉党阮大铖为兵部尚书，排挤打击史可法等正直大臣。

说起南明弘光政权的覆亡，不能不提到权臣马士英。马士英的一生，正如《明史·奸臣传》所说的那样，是“庸琐鄙夫，饕残恣恶”。他之所以能成为当时呼风唤雨的显赫人物，首先归因于明末朝政萎靡，纲纪崩坏的混乱政治局面。

据记载，马士英是贵州贵阳人，出生于明万历十九年(公元 1591 年)。据说，他原本姓陈，家居广西藤县，和明末抗清名将袁崇焕是同乡。5 岁那年，他被一个姓马的槟榔贩子收为养子，从此改为马姓。马士英自幼家境贫寒，备受富家子弟歧视凌辱。因此，年轻时他发奋读书，立誓要当大官，挣大钱，改变自己的穷酸地位。

万历四十七年(公元 1619 年)，28 岁的马士英中进士，授南京户部主事，其后他一直官运亨通，升迁至右佥都御史。但马士英仍嫌官小权轻，上任不到一个月，便多次挪用府库公款贿赂朝贵，结果被镇守太监王坤告发。马士英鸡飞蛋打，不但未见升迁，反而丢官削职。崇祯十七年即1644年，李自成攻克北京，推翻明王朝，聚集在南京的一班明朝大臣，不甘政权就此灭亡，时任凤阳总督的马士英等人决定拥立福王为帝，改年号为弘光。弘光帝立后，加封马士英东阁大学士、太保，而执掌政权的马士英立即起用魏忠贤阉党阮大铖为兵部尚书，排挤打击史可法等正直大臣，史可法只得离开南京督师扬州。马士英起用阮大铖遭到东林党人以及复社人士的强烈反对，于是，朝中党争又起。

马士英为何起用阉党？他与东林党以及复社人士为何势不两立？对此，不少学者各有各的看法。

有学者认为，马士英重用阮大铖等阉党人物，当然是政治观点接近，同时还有报恩的思想。当年马士英削职为民寓居南京时，结识了阮大铖。因为阮大铖是魏忠贤的干儿子，是逆党，无人理会他，只有马士英与他往来，两人相交甚欢。周延儒当上首辅大臣后，阮大铖找到周，送给他很多银子，希望自己能出仕。周对阮说，我是被东林推荐出来的，你的名字在逆党名单里，不好办啊。阮大铖说，那让马士英出来做官吧，周同意帮忙。崇祯十五年六月，经周延儒相助，马士英当上了兵部右侍郎兼右佥都御史，总督庐、凤等处军务。因此，马士英一生都感激阮大铖，所以独掌大权以后，第一件事就是极力举荐阮大铖。马士英明白，阮大铖作为阉党成员，名声很臭，要想保举他，就得师出有名。他大肆吹捧阮大铖知兵善战，提出要让他出任兵部侍郎。马士英刚把问题提出来，便立即遭到许多大臣尤其是东林党官员的强烈反对。于是，马士英指使阮大铖等人四出游说，散布当年东林党官员如何危害郑贵妃、祸及福王的种种“劣迹”，并为逆案中的太监翻案。那些一直处于舆论谴责下的宫廷太监见有人为自己说话，一下子把阮大铖奉若神明，在皇帝面前交口称赞他才德兼备，当委以重任。而姜日广、吕大器及刘宗周等东林党官员一致认定，阮大铖是“逆案巨魁”，不可加以任用。

马士英背着皇帝，私自撰拟圣旨，赐阮大铖“冠带陛见”，阮大铖于是得以面见皇帝。他抛出一套早已炮制好的所谓“守江策”,提出联络、控扼、进攻、接应等一整套攻防策略,对于弘光帝来说,这无疑具有很大吸引力,阮大铖宏论滔滔,弘光帝高兴得连连击掌叫好,当即命人起草诏书,授阮大铖江防兵部尚书,很快又擢升为兵部侍郎。阮大铖出任要职,犹如一石击起千重浪,举朝为之哗然,许多官员纷纷告退,吕大器、姜日广先后辞官罢归。马士英则乘机安插心腹,填补空缺。他听从阮大铖计谋,全部起用逆案官员,甚至对死者也给予赠恤。这样阉党势力再度得势,朝政更加腐败黑暗。

也有一些学者认为,马士英在与东林党人作对时很有手段,在筹划建立南明政权时,东林党人拥立潞王,并说福王有“七不可立”。而马士英等坚决立福王,他表面上虚张声势,继续与东林党人争执辩论,暗中已在采取行动。他联络总兵高杰、刘泽清、黄得功、刘良佐等实力派,派兵把朱由崧接到南京,声称“以序以贤,无如福王,已传谕将士为三军主,请奉为帝”。事已至此,史可法等人也无可奈何。不过东林党人虽然在择立君王问题上受挫,但却掌握着内阁权力,史可法为内阁首辅,掌握了朝中大权。

史可法掌权引起马士英极度不满和恐慌,他连续召集心腹死党在家中密谋,商讨如何排挤史可法。有人提出应从东林党与福王关系上寻找突破口,这可提醒了马士英,他立即翻出一封史可法写给马士英的关于拥立福王“七不可”的亲笔信,连夜交给福王。福王看了信后当然很不满,遂有意要调离史可法。马士英则趁机指使高杰、刘泽清等连连上疏,催逼史可法离开南京,督师淮扬。掌握内阁大权的东林党一致加以抵制,弘光帝决定召开御前会议,商量谁留在京师辅政,谁领命督师淮扬。史可法为了顾全大局,同意出镇淮扬,这样马士英得以留朝辅政,独揽大权。在以后很短的时间内,朝廷连续追加马士英锦衣卫指挥佥事、建极殿大学士等要职,马士英权势如日中天。

有学者指出,当时,南京弘光政权拥兵 50 万,控制着淮河下游和长江以南地区，明朝大将左良玉统兵号称 80 万，驻扎武昌。如果这两大集团能够整合起来，实力相当可观。单从军事实力来看，清军在人数上不占优势，明军占据长江天堑，再加上江南经济繁荣，财力充足，南明起码还能划江而治，等待时机东山再起。可是，国难当头，马士英、阮大铖之流继续闹分裂，打内战，还借口筹集兵饷大肆搜刮民脂民膏，他们在南京为弘光帝和自己大修宫殿、府邸。马士英任人惟亲，公开卖官受贿，当时民谣说："都督多似狗，职方（兵部的官员）满地走，相公只爱钱，皇帝但吃酒。""扫尽江南钱，填塞马家口。"

大权在握的马士英、阮大铖向东林、复社人士疯狂报复，周镳、雷缜祚等人下狱，后被杀害。阮大铖还要为魏忠贤翻案，重颁《三朝要典》，兴起大狱，罗织清流。反对马士英的东林党人多荫庇于左良玉军中，更为马士英嫉恨。但他不敢与左良玉公开翻脸，暗里却经常克扣左军粮饷军需，并筑板矶城暗防之。左良玉对此很是不满，起兵发难，矛头直指马士英。马士英令史可法移师西进，堵击左军，这时，多铎率清军已由泗州渡过淮河，直扑扬州。面对两路交急局势，镇守淮扬的史可法主张重点对付清兵。马士英却顽固地坚持："宁可君臣都死在清兵铁蹄之下，也不能死在左良玉手中！"这样，江北、淮扬防备更加空虚，南京完全暴露在清军面前。此时，左良玉突患急病而死，左军遂停顿不前，史可法迅速率军赶往扬州，但为时已晚。不久扬州被攻陷，清军很快攻入南京，弘光政权就此灭亡。马士英仓皇出逃，不得善终。关于他的死，史书上说法不一，一说他在方国安军队被击败后，与阮大铖一起投降清军，被斩于延平（今福建南平）城；一说他逃到台州（今浙江临海），躲进四明山削发为僧，终为清军俘获。清军剥掉他的皮，装上草，树立在路旁，供路人谴责、唾骂，这个内斗行家终于落得个遗臭万年的下场。

奸诈多变

阮大铖官场沉浮之谜

阮大铖是南明弘光政权里臭名昭著的奸佞权臣，此人一生见风使舵，先后投靠左光斗、魏忠贤和马士英等人，以多变的面孔出现。左光斗和魏忠贤、马士英是完全不同的两类人，阮大铖为何与他们都发生关系？

南明弘光政权里，有两个臭名昭著的奸佞权臣，一个是马士英，另一个就是阮大铖。

阮大铖（约公元1587—1646年）字集之，号圆海、石巢，又号百子山樵，怀宁（今属安徽安庆）人。明万历四十四年（公元1616年）进士，天启初，擢给事中，因坐权阉党魏忠贤案，落职为民，避居南京。福王朱由崧即位，由马士英举荐，累迁兵部尚书兼右副都御史。他还是明末剧作家，著有《燕子笺》、《春灯谜》、《牟尼合》、《双金榜》等，另有诗文《咏怀堂全集》。此人一生见风使舵，先后投靠左光斗、魏忠贤和马士英等人，以多变的面孔出现。左光斗和魏忠贤、马士英是完全不同的两类人，阮大铖为何与他们都发生关系？

万历末年是明代党争最残酷的时期，在那个年代，想当官而不卷入派系斗争，是万不可能的。当年，这位皖籍小才子初入仕途，混入东林党一派，由于他的同乡左光斗是有名的东林骨干，他对左光斗溜须拍马，博得青睐，不仅使他成为东林的一员，在仕途上也是一再提携。但是，正当阮大铖在左光斗的推举下，即将就任吏部一个较重要的位置时，由于东林内部人物的反对，左光斗改变了主意。阮大铖一怒之下投向左光斗的对立面魏忠贤的门下。第二年，左光斗便在党争中入狱身亡。阮大铖投在魏忠贤门下后，认魏忠贤为“干爹”，积极参与制造了“封疆案”、“六君子案”等一系列冤案。尽管他对魏忠贤的恶行一再附和，但暗地里却为自己留了后路，每次去魏忠贤府上拜访后，他都用重金向魏氏家人索回自己的进门条。崇祯初年清算阉党的时候，竟找不到这位阉党重量级人物觐见魏逆的证据！更令人不可思议的是，就在魏逆垮台前一年，阮大铖又一次辞官还乡。而且在魏忠贤被诛杀后，他赶写了两封上疏，一封专门弹劾崔呈秀、魏忠贤；另一封是对天启皇帝执政七年的政事进行“合算”：天启四年以后乱政者是魏忠贤，同党崔呈秀，天启四年以前乱政者是王安，以东林党为羽翼。他把两封上疏同时火速寄给杨淮垣，指示他说，如果时局发生重大变化，则呈递弹劾崔、魏的上疏；如果情况未定，则上“合算疏”。可见阮大铖是一个极善见风使舵、左右逢源的奸猾政客，《明史·奸臣传》中称其“机敏狡猾”，实不为过。至于阮大铖与马士英的关系，据《明史·奸臣传》载：“时阮大铖名挂逆案，失职久废，以避流贼至（南京），与（马）士英相结甚欢。”正因为如此，南明弘光小朝廷立，阮大铖便经马士英的推荐，官至兵部侍郎。

有学者认为，评价阮大铖时，应该全面考察他一生的实践活动，即把他每个时期的言行（包括文学作品），放在他一生的总链条（包括所处的社会环境和直接有关的事件、人物等）中加以研究，才能发现其内在的联系，得出比较实事求是的结论。从这个角度说，如果阮大铖生在一个明君贤臣的太平盛世，他是否会在30岁进士以后，仕途坎坷，数度沉浮而沦为奸佞呢？

许多学者不同意这种看法，阮大铖是一个奸诈多变、惟利是图的政客，一个丧失人格而求富贵的无耻文人。无论是“生在明君贤臣的太平盛世”，还是生在昏君庸臣的衰败末世，阮大铖都是一个奸佞小人。那么，在他的作品《燕子笺》中，通过书生霍都梁与青楼女子华行，官府千金金飞云的爱情故事，表达了追求爱情自由，个性解放，重视人的价值和尊严的思想，通过贾南仲、郦安道的故事，表达了忠君忧民，渴望建功立业的政治理想，这又该作何解释呢？其实，文章里是人，乃至满口“仁义道德”、“忠君忧民”，现实生活中却是鬼，惟利是图、谗害忠良之人，历史上屡见不鲜。正如魏忠贤平日里杀人如麻，却礼佛拜僧一样。在阮大铖的文学作品里，“忠君忧民”不过是他在官场上的心醉游弋和多面人生、多种滋味的体验，或是借以掩盖其真实人格的一块“遮羞布”而已。

由于东林、复社党人的指控，阮大铖被认定为阉党的次要人物，虽然保住了性命，但被崇祯皇帝削职夺官，永不叙用。一直到南明弘光政权建立后，他与马士英等人勾结，向东林、复社党人进行报复，屡兴大狱，罗织罪名，置东林、复社党人于死地。他恢复了特务机构东厂，处死东林党和复社的许多人士。他编了一本《蝗蝻录》，想把东林和复社人士一网打尽。据《甲申朝事小记》载：“（阮大铖）深为恐慌，日思报复，遂上《王定鼎东南湮复社聚敛》疏，大铖语士英曰：‘孔门弟子三千，而复社聚徒至今，不反何待？’至欲陈兵于江，以为防御，是其意尽杀复社之盟主。”阮大铖置国家安危和清军南下而不顾，却陈兵于江，以为防御，尽杀复社之盟主，实乃南明覆灭之推波助澜者。同时，他与马士英一起卖官鬻爵，培植私党，对百姓横征暴敛，加速了南明政权的灭亡。南京沦陷后，阮大铖不仅乞降清朝，而且“破金华，攻仙霞关”，充当清军南下的开路先锋。

与马士英一样，阮大铖的下场也有几种说法，一说是他和马士英逃往浙江，金华民众拒绝他们进城。二贼走投无路，投降清军。没料到清军多尔衮和多铎也痛恨祸国殃民的奸贼，下令处死，马士英被斩首示众，阮大铖吓得赶快自尽，仍然被清军戮尸示众。还有一种说法是，清军入闽，明朝最后几支武装力量之一的杨文骢领兵设伏于仙霞岭，而清军的领路人就是刚投降不久的阮大铖。由于清军人多势众，仙霞岭一役，清军还是获得胜利，杨文骢重伤被俘，不屈而死，阮大铖于混战中为清军所杀，终年58岁。

大举兴师

左良玉“清君侧”之谜

1645 年 4 月初，宁南侯左良玉以“奉太子传国密诏”、“清君侧”为名，统兵 80 万，从武昌顺江挥师东下，进逼南京。马士英急调江北四镇迎击左军，致使江淮防线陷入空虚。于是，清军乘虚大举南下，抵达扬州城下。10 日，左良玉病死九江，20 天后，清军攻克南京，南明弘光朝覆灭。

1645 年 4 月初(南明弘光元年，清顺治二年)，南明弘光朝马士英、阮大铖弄权朝野，宁南侯左良玉以“奉太子传国密诏”、“清君侧”为名，统兵 80 万，从武昌顺江挥师东下，进逼南京。马士英急调江北四镇迎击左军，致使江淮防线陷入空虚。于是，清军乘虚大举南下，抵达扬州城下。10 日，左良玉病死九江，其余部被黄得功击败。20 天后，清军攻克南京，南明弘光朝覆灭。

当时，南明弘光政权刚刚建立不久，根基未稳，左良玉为何大举兴师？所奉“传国密诏”究竟是真是假？引起了历史学者的争论。

有学者认为，综观整个弘光朝历史可知，左良玉的“清君侧”，乃是南明东林—复社集团与马、阮阉党集团之间政治斗争日益激化的结果，也是促使南明弘光朝灭亡的主要原因之一。早在弘光政权建立之前，以史可法、钱谦益为代表的东林—复社集团和以马、阮为首的阉党集团，在迎立新君问题上就曾展开一次较量，最终以东林—复社集团失败而告结束。而后，东林—复社集团又置清军压境，国家危亡而不顾，联络左良玉，欲与马、阮阉党集团再争高下。左良玉虽不是东林—复社党人，但却与其有着密切的政治利益关系。他早年就是东林党人侯恂一手提拔的，与东林—复社集团关系一直很好，而左良玉对自己被马、阮排斥于南明弘光朝决策圈之外也一直耿耿于怀，公元 1644 年 5 月，福王朱由崧被马士英等推上皇帝宝座，登基诏书下达武昌时，左良玉曾一度拒不接受，后经其部属再三说服才勉强奉诏。

东林—复社集团一直把左良玉视为政治上的同盟和军事上的倚伏，所以，马、阮对左良玉暗中防范。据《明史·左良玉传》载："马士英、阮大铖用事，虑东林倚良玉为难，漫语修好，而阴忌之，筑板矶城为西防，良玉曰：'今西何防，殆防我耳。'"左良玉与马士英的正面冲突，源于其部将黄澍在朝廷面斥马士英，《明史·左良玉传》载："今朝事日非，监军御使黄澍挟良玉势，面触马、阮。即返遣缇骑逮澍，良玉留澍不遣。"由此可见，黄澍敢于在朝廷痛斥马、阮，乃左良玉背后撑腰。从此，左良玉与马士英如水火而不相容。左良玉为泄私愤，率大军东下，导致南明政府内讧，无力外防，因而说南明"亡于左良玉之内乱"实不为过。

也有学者认为，弘光政权的覆亡不能归罪于左良玉，《明季稗史》载：当左良玉以"清君侧"为名挥师东下的消息传到南京后，马士英力请亟御左良玉，弘光帝说："左良玉虽不该举兵以逼南京，然看他本上意见，原不曾反叛，如今守淮阳，不可撤江防兵。"士英曰："臣已调得功，良佐渡江矣，宁可君臣死清，不可死良玉之手。"还瞋目大呼曰："有异议者当斩。"这种宁可亡于清军，也不向左良玉妥协的策略加速了南明政权的覆亡。事实上，弘光朝廷当权者各派之间勾心斗角，加之四镇顽轧，致使朝廷根本无力抵御清军，而左良玉的"清君侧"加速了南明朝廷的分崩离析。这场内乱，最终落得个两败俱伤。

那么，左良玉所奉“传国密诏”究竟是真是假？据《明史·左良玉传》载：“澍与诸将以清君侧为请，良玉踌躇弗应，有北来太子事，澍借此激众以报己怨……良玉反意乃决，传檄马士英，自汉口列舟二百里。”左良玉召集众将时，从“袖中出密谕，云自皇太子，劫诸将盟。”当时就有人认为这密诏不知何人传来，“乃正辞拒之”。有学者指出，如果左良玉手里真有太子密诏，为何不公布于世，那样对他不是更有利吗？而且查遍《明史》、《弘光实录钞》、《明通鉴》、《明史纪事本末》，均不见这“传国密诏”的内容，所以“传国密诏”也许并不存在，不过是左良玉发兵东下，“清君侧”而编造的理由而已。有学者还认为，左良玉当时已经年老有病，精神不济，所谓“太子密诏”是其部属伪造的一封太子求援信，他信以为真了，加上对马、阮集团的厌恶，故贸然出兵。当清军向东穿过河南北部而李自成的溃军在阿济格追击下迫近武昌，南明军队西向阻击他的大军时，他的军队受到夹击，将士已经不听号令，左良玉因此病情恶化，不几天死去，其部属很快被击溃，不久南明朝也覆灭了。

朝廷争斗

南明真伪太子之谜

崇祯十七年三月，李自成攻陷北京，崇祯帝吊死煤山。此时，凤阳总兵马士英拥迎福王在南京监国，五月即帝位。次年二月，有人报告先帝（崇祯）所立太子已在江南。甲申之变，太子及慈照、慈炯被俘，拘于刘宗敏处。李自成兵败撤离北京后，太子及二王遂下落不明。

崇祯十七年三月，李自成攻陷北京，崇祯帝吊死煤山。此时，督师凤阳总兵马士英送信给南京兵部尚书史可法和侍郎吕大器，称“言伦序亲贤，无如福王”，请尊福王朱由崧监理国事。当时，官员们各怀心思，史可法意未决。马士英先下手为强，“自庐、凤拥兵迎福王至江上，诸大臣乃不敢言”。四月，福王正式监国。五月，即帝位，改明年为弘光元年。次年二月，鸿胪寺少卿高梦萁秘密上奏，报告先帝（崇祯）所立太子已在江南。崇祯有七子，老二、老六、老七均夭折，其他四子为太子慈烺、定王慈炯、永王慈照、灵王慈焕。甲申之变后，太监栗宗周、王之俊将太子及二王（永王慈照、定王慈炯）献给李自成，李自成还算客气，给这个末代太子封了个宋王的头衔，拘于刘宗敏处。到李自成兵败撤离北京之后，太子及二王遂下落不明。

如今江南的这位“太子”究竟是真还是假？

有学者认为,这是一位假"太子"。福王即位后,寻访太子及二王是弘光朝很多官员上书的内容,所以朱由崧不敢过于怠慢。三月初一,福王命太监李继周前往浙江召"太子"至南京,令宫廷内官员识认,宫内官员认为此人不是太子。上报后,又令移居锦衣卫都督冯可宗家,传令文武百官识认。大学士王铎指着明前任讲官方拱乾问:"此何人?"回答说:"是方先生。"而另一讲官刘正宗趋前说,"此人我不识,非太子也。"王铎又问:"先帝亲审吴昌时,太子立于何地?""太子"不能回答。经反复审讯,此人招供,他确实不是太子,乃高阳人王之明,驸马都尉王昺之孙,因战乱逃至南方,遇高梦其家人穆虎,受其唆使遂假冒太子。三日后在午门外进行审讯,高梦其、穆虎招认诈伪,下交刑狱。"伪太子案"成为铁案。

但一些历史记载却说,这个鉴定是伪造的,说这个年轻人虽然受到屈辱,但始终坚持他是真太子。他们认为,明王朝崩溃前夕,崇祯立下传国密诏交给太子朱慈烺,嘱咐他逃往南京,希望旧臣保他登基。太监王承恩托侄子王之明保太子连夜逃出皇宫,来到南京。然而,弘光帝担心自己的宝座被他夺去,便说他是假太子,投入监狱。

《弘光实录钞》中说:1644 年 12 月,鸿胪寺少卿高梦其的仆人穆虎从北方南下,途中遇见一少年,结伴而行。晚上就寝时发现少年内衣织有龙纹,惊问其身份,少年自称是皇太子。抵达南京后,高梦其密奏朝廷,弘光帝乃派内宫宣召,下谕查明其真实身份。曾担任东宫教官的大学士王铎却在奏疏中说:"此假人假事,太子岂其然乎?"当时就有人认为,此事牵涉弘光帝的合法性,故王铎的证词缺乏可靠性。大学士钱谦益说:"宁可信其有,而毋信其无。"又据《明通鉴》记载:左良玉也疏请"保全东宫以安臣民之心"。于是,围绕着太子的真伪,南明小朝廷展开了激烈的争斗。

有学者指出,使"真伪太子案"变得复杂的还有一件事:几乎是同时,另一个自称太子的人在北方出现,这在清廷引起震动,清廷最后处死了那个自称太子的人,但是在南方,尽管缺乏证据,朝野上下很多人却相信“太子”是真的，因而反对朝廷处死这个“太子”。

按常理，“真伪太子案”并不复杂，然而执掌中枢的马士英却不肯罢休，他想借此机会整倒政敌，让人继续深挖此案背后的主使人及附和者，意欲大兴冤狱，遭到众臣抵制。当时朝中颇有权势的大臣，如左良玉、黄得功、刘良佐、何腾蛟等人接连上书，劝福王对此案要慎重处理，而朱由崧只信马士英，执意不听。

太子案的升级正是在此背景下的政治斗争和派系倾轧，此案风云再起后，“南京士民哗然不平。继咸及刘良佐、黄得功辈皆上疏争，左良玉起兵亦以救太子为名，一时真伪莫能知也”。到后来，朱由崧亲自出面澄清，但为时已晚。“王亟出狱词，遍示中外，众论益籍籍，谓士英等朋奸，导王灭绝伦理。”

本来，无论太子是真是伪，都可以妥善地加以解决的，但是大规模的清洗使人心涣散，终于引起左良玉军兵变东征。当时，南明诸将以镇守荆楚的左良玉实力最强，“兵八十万，号百万，前曾为左良玉监军的御史黄澍回京后，因弹劾马士英被陷害，逃回左良玉处。澍在良玉军中，日夜言太子冤状，请引兵除君侧恶”。于是，左良玉打起“请全太子”旗号，率领大军沿江东下，马士英急调江北前线兵马堵击，致使江淮防线空虚。清军看准了这个机会，乘虚而入，渡淮南下，尚有半壁江南的南明小朝廷顷刻沦丧。

青史留名

史可法固守扬州之谜

在明末清初兵荒马乱的年代，史可法是反抗异族入侵的一面旗帜。在史可法就义130年之后，乾隆皇帝赐谥“公正”，为他建祀立碑。但是，史可法又是一位颇有争议的人物，尤其是他在扬州保卫战中是否存在战略错误，这些疑问当时已经有人提出。

史可法是受人敬仰的民族英雄，在明末清初兵荒马乱的年代，史可法是反抗异族入侵的一面旗帜和忠贞不渝的义士榜样，他对国家的忠贞，甚至连他的敌人清廷也表示出充分的尊重，就在史可法就义130年之后，清政府亦对其有了正式认可。清乾隆四十一年，皇帝赐谥“公正”，赞史可法“砥行能坚，秉诚克裕，遭时坎坷，恒仗节以无挠；殉义从容，竟捐生而不悔”。还为史可法建祀立碑，题像赋诗，赞辞颇佳。乾隆敕修《历代通鉴辑览》，将史可法复多尔衮书编入，御批称：“夫可法，明里也，其不屈，正也，不载其语，不有失忠臣之心乎？且其语不载，则后世之人将不知其何所谓，必有疑恶其语而去之者，是大不可也！”《明史》亦采民间传说，称其母“梦文天祥入其舍，生可法”。从此，史可法成为与文天祥齐名的忠君爱国楷模。

但是，史可法又是一位颇有争议的民族英雄，争议主要集中在对其实际功业的评价上，尤其是他在策立新君和扬州保卫战中，是否存在战略错误？这些疑问当时已经有人提出，如李天根认为，史可法在拥立福王一事上未能坚持原则，一争到底。张岱认为南明军事上的失败史可法负有责任，“江淮是为南北要道也，虽其殉难何以当之？”昔日的幕僚阎尔梅更责其一意退保扬州，战略上保守，军事上无所建树，曾作诗讽曰：“左右有言使公惧，拔营退走扬州去。两河义士雄心灰，号泣攀辕公不驻。”

当代较为权威的史学著作对史可法也提出了一些看法，如顾诚的《南明史》中说：“作为政治家，他在策立新君上犯了致命的错误，导致武将窃取‘定策’之功，大权旁落；作为军事家，他以堂堂督师阁部的身份经营江北将近一年，耗费大量的人力、物力、财力却一筹莫展，毫无作为。直到清军主力南下，他所节制的将领绝大多数倒戈投降，变成清朝征服南明的劲旅，史可法驭将无能由此可见。即以扬州战役而言，史可法也没有组织有效的抵抗……至于他的整个政治生涯并不值得过分夸张。明清易代之际激于义而死焉者多如牛毛，把史可法捧为巨星，无非是因为他官大，孰不知官高任重，身系社稷安危，史可法在军国重务上决策几乎全部错误，对于弘光朝廷的土崩瓦解负有不可推卸的责任。”有人甚至尖锐地指出，史可法本质上不是一个政治家，也不是一个军事家，他不过是南明士大夫(东林)集团的代表而已。这表现在他与马士英、阮大铖为代表的权贵集团的斗争中，一味退让且斤斤计较个人得失，甚至主动放弃了特殊时期的中央集权，尤其是对兵权的控制。而在抗清问题上，采取以守为攻，以退为进，仅保根基，不拘让地的策略，显示了他缺乏政治家和军事家的远见与胆略。此外，他一直坚持报李自成逼死崇祯帝的“君父之仇”，认为这是南明政权的首要任务。他在《复多尔衮书》中说：“今逆贼未服天诛，谍知卷土西秦，方图报复，此不独本朝不共戴天之恨，仰亦贵国除恶未尽之忧。”在当时情况下，自顾南保半壁尚不足，却还要欲图合师进讨，问罪秦中，讨伐李自成军。史可法原打算用“同仇之谊”来感动清廷,幻想连同清兵一起消灭李自成,然后想与清廷划江而治。这使长江北岸的清兵赢得了时间和精力,由此可见,史可法缺乏战略远见。前期战略失误,最后却要作困兽斗,在扬州之战中,南明本来就缺兵少粮,史可法明明知道敌军强大不可胜,而自己又无外援,城破是迟早的事情,还要作近乎自杀的抵抗。

但是许多学者不同意这种看法,他们认为,按照当时的政治和军事形势,无论史可法怎么做,实际上都无法回天。前人李天根也看清了这一点,“古之亡国之君者,无若刘禅之昏庸者,其有诸葛武侯之才亦不足以救之。何论才不如武侯、君昏过刘禅,不识其将败者乎?然则,可法知其不可而为之。此之谓‘任重而道远,人死而道尽’乎?细思之,我等当勿以成败论史阁部也。”明末如黄宗羲所言,是一个“天崩地裂”的时代,是物欲横流,公德沦丧,充斥着争名夺利,惟利是图的末世。京城两度易手,甘愿为国牺牲的官员不过20多人,庞大的食禄阶层无不随风转向,先献媚李自成,后取悦多尔衮。这个末世选择了史可法成为英雄,并非因为他有多么大的军事或政治作为,而是因为他的人品气节更能激起灾难中的民族奋发激昂的精神,从这个意义说,不论他为个人操守付出怎样的政治代价,他的死难却为国人所敬仰。史可法守卫扬州的战略当然可以商讨,但其守直不屈的人格和民族气节理应受到世人赞誉。

生死疑惑

史可法下落之谜

清顺治二年，清军大举南下围攻扬州，史可法与军民固守扬州孤城。四月二十五日，清兵破城，史可法被俘遇害。清军灭绝人性地屠杀扬州百姓，延续十天才结束，史称“扬州十日”。大屠杀之后，因为尸体太多，天热又都腐烂了，人们没有找到史可法的遗体。

明朝末年，在抗击清军的斗争中，有一位不屈不挠的英雄人物史可法。史可法生于1602年，河南祥符(今开封)人，字宪之，崇祯进士。历任西安府推官、户部主事、员外郎、郎中等官。崇祯八年(1635年)，迁右参议，分守池州、太平，监江北诸军以堵截民变队伍。十年，擢右佥都御史，巡抚安庆、光州等府县，提督军务。后由漕运总督、凤阳巡抚升任南京兵部尚书。1644年，北京失陷。初欲立潞王，马士英、阮大铖合谋立福王于南京。加东阁大学士，入阁参政。受马士英排挤，以兵部尚书大学士督师扬州。

清顺治二年(公元1645年)清军大举南下，明将刘泽清投降。清军统帅多尔衮致书史可法诱降，史可法不为所动，与军民固守扬州孤城，甚至亲守西门险要。四月二十五日，清兵破城，大批清兵蜂拥进城。眼看城已经没法再守，史可法拔出佩刀往自己脖子上抹，随从将领抢上前去抱住史可法，把他手里的刀夺了下来。史可法还不愿走，部将们连拉带劝把他保护出小东门。这时候，一批清兵过来，见史可法是明朝官员的装束，就喝问他是谁。史可法怕伤害别人，便高声说："我就是可法，你们快杀我吧！"

扬州城陷落后，史可法被害。清军主帅多铎因为攻城清军伤亡很大，心里恼恨，竟灭绝人性地下令屠杀扬州百姓。大屠杀延续十天才结束，历史上把这件惨案称作"扬州十日"。

大屠杀之后，史可法的养子史德威进城寻找史可法遗体，因为尸体太多，天热又都腐烂了，怎么也认不出来，只好把史可法生前穿过的袍子和用过的笏板，埋葬在扬州城外梅花岭上，这就是至今还保存的史可法"衣冠墓"。

由于没有找到史可法的遗体，他究竟有没有就义，就成了一大疑案。此后关于史可法下落的记载、传说颇多。

有的说史可法于城破时出城逃生，但具体出逃过程又有异辞。一为缒城出走，计六奇《明季南略》说：四月二十五日，清兵诈称明总兵黄蜚的援兵到，史可法令开西门放行，清兵进城，即攻击明军。史可法于城上见此状况，知无可挽回，即拔剑自刎，左右相救，遂与总兵刘肇基缒城潜去。二是跨骡出城，乾隆《江都志》载扬州故老言，城破时，史可法"跨白骡出南门"，有人还就此赋诗："相公誓死犹饮泣，百二十骑城头立。瞬息城摧铁骑奔，青骡一去无踪迹。"

但是很多人并不相信史可法隐遁潜去的说法，按照史可法的性格、志向和做派，他不会亡命江湖，他的被俘遇害是确实的。清代官修史籍大多如此记载，《清实录》云："攻克扬州城，获其阁部史可法，斩于军前。"《明史》说，史可法自刎未遂，被部将拥至小东门，为清军抓获，史可法大呼："我史督师也。"遂遇难。还有史可法嗣子史德威著《维扬殉节纪略》记述，扬州城陷时，史可法自刎未遂，为清军捕获。多铎对史可法"相待如宾，口呼先生"，并劝降说："为我收拾江南,当不惜重任也。"史可法答曰:"我为天朝重臣,岂肯苟且偷生,作万世罪人哉!我头可断,身不可屈……城亡与亡,我意已决,即劈尸万段,甘之如饴。"于是被杀。此外,史可法于四月二十日左右写过五份遗书以及给母亲、夫人的绝笔,其中有"一死以报国家"之语,可见他早就抱定一死之心,说他得以逃生似不可信,且部将刘肇基在扬州城陷前已中流矢而亡,不可能与史可法一同"缒城潜去"。

也有传说认为史可法是沉江而死。史可法出城后,骑马渡河,因马蹶落水溺死。或说他出东门遇清兵堵截,自觉无望,即赴水自尽。康熙年间孔尚任的《桃花扇》就是这样描述的。《桃花扇·沉江》中有一段史可法沉江前的独唱曲:"[普天乐]撇下俺断篷船,丢下俺无家犬;叫天呼地千百遍,归无路,走又难前。那滚滚雪浪拍天,流不尽湘累怨。胜黄土,一丈江鱼腹宽展。摘脱下袍靴冠冕。累死英雄,到此日看江山换主,无可,留恋。"还有一段,侯方域、柳敬亭、陈贞慧、吴应箕自金陵狱中逃出,路遇老赞礼,知史可法沉江,众对史可法衣冠"拜哭"吊唁的五人合唱曲:"[古轮台]走江边,满腔愤恨向谁言。老泪风吹面,孤城一片,望救目穿。使尽残兵血战,跳出重围,故国苦恋,谁知歌罢剩空筵。长江一线,吴头楚尾路三千,尽归别姓。雨翻云变,寒涛东卷,万事付空烟。精魂显,《大招》声逐海天远。"

有人认为,孔尚任的《桃花扇》以"报国无路,愤而沉江"作史可法的结局很不可信,史可法被清军杀害的场面,在清初那种特殊的年代,在舞台上无法正面表现,孔尚任只能修改史实,写他回天乏力,葬身鱼腹。

由于没有找到史可法的遗体,这就为一些在城陷后起义反清的民军提供了借口,他们宣称史可法还活着,以此鼓舞反清斗士的信心,所以当时有关他隐遁的传闻甚多,甚至还说史可法一直领导着反清武装力量。尽管史可法幸存的亲属证实说,那个将领是冒充者,但是这个传说一直存在。史可法的旧日幕僚阎尔梅在一首诗中写道："元戎亲帅五诸侯,不肯西征据上游。今夜庐州灯下见,还疑公未死扬州。"表达了他对史可法生死的疑惑。

为虎作伥

“嘉定三屠”元凶之谜

顺治二年，七月至八月间，清军三次在嘉定大肆劫掠屠戮，宁城民众数万人死亡。但是近年来有学者指出，“嘉定三屠”的主要实施者是投降清军的原明军将士李成栋率领旧部所为。

“嘉定三屠”是清兵入关后实施血腥镇压的一大暴行，被长久地记忆在人们内心深处。

提到“嘉定三屠”，还需从“剃发令”说起。满族人习俗，男子将顶发四周边缘剃去寸余，中间保留长发，分三绺编成长辫垂在脑后，这与汉人全部束发不同。本来，是否让汉人剃头从满俗，清政府是相当谨慎的。南明弘光小朝廷投降，多铎入南京后，曾有这样的公告：“剃头一事，本朝相沿成俗。今大兵所到，剃武不剃文，剃兵不剃民，尔等毋得不遵法度，自行剃之。前有无耻官先剃求见，本国已经唾骂。特示。”清军入南京时传示“不杀人，不剃头，照常乐业”。南京民众各自在家门上大书“风调雨顺国泰民安”、“大清国皇帝万万岁”。五月二十八，多铎到南京报恩寺拈香，南京人民“观者如堵”，甚至挤死了人，汉族民众对清朝似无大恨。非但如此，甚至还抱有希望。六月初，清军入苏州，城内外民众推举代表执黄旗线香到清军大营纳款，表示归顺。嘉定民众对清廷委派来的接收官员“结彩于路，出城迎之”，太仓亦“民香花迎之”。但是，六月中、下旬，剃头令全面颁布后，形势大变，汉族民众对清廷的态度从欢迎、顺从转变为愤恨、抗争，从个体逃匿、自杀到群体性的武装起义遍及江南。

这项政策为什么会发生180度转变？有学者认为，这里面有两个原因：一是战事出人意料地进展迅速，江南半壁臣服，除了东南、西南，清朝基本控制了整个中原；二是汉人官员的推波助澜，一些换了主子的官员不甘寂寞，或自动剃发以示忠心不二，或上书建议以媚上谋取赏识。清政府感觉名正言顺入主中国的时机已成熟，同年六月，多尔衮颁发“留发不留头”的严厉剃头令，称“遵依者为我国之民，迟疑者向逆命之寇，必责重罪”。

然而剃发对汉人而言心理上是难以承受的。“身体发肤受之父母，不可损伤”，这是千百年来的伦理，也是根深蒂固的观念。剃发不仅有违传统，也是一种侮辱，因此不仅遭到传统知识分子的抵制，也激怒了下层民众，于是本已逐渐平静的江南又骚动起来了，江南民众的反抗怒火很快蔓延开来，地方官和乡绅侯峒曾、黄淳耀等率领民众纷纷反清而起，逐走清政府派来的县令。清政府决定武力镇压，集中火炮齐轰东、西二门，守城民众伤亡惨重，但仍顽强不屈。七月初四，嘉定城破，清军大肆劫掠屠戮，持续一日，约三万人遇害。清军一走，民众再度聚集，控制嘉定。清军闻讯又来镇压，因嘉定居民闻风逃亡，这次的目标主要是城郊，“数十里内，草木尽毁。时城中无主，积尸成丘……民间炊烟断绝”。此为嘉定第二屠。八月二十六日，由明将吴之蕃造反，此人本是吴淞守军将领冯献猷部下，随冯投降清军。起义很快就被平息，嘉定也再遭浩劫，连平息吴军加屠戮平民，嘉定城内外又有两万多人被杀，这是嘉定第三屠。

血腥的镇压终于压制了反抗的余波，“嘉定三屠”是汉族抵抗清军最壮烈的记载。有些历史学者指出，清军为什么如此愤恨而要对嘉定屠城三日方解恨呢？这是因为嘉定这么一个小小地方，包括百姓、妇女区区数千兵力，竟然能抵抗十万清军铁骑达数月之久，并损清军两名亲王、主将数员方才弹尽粮绝，落入清军手中，这使清军恼羞成怒，下令对嘉定军民进行惨绝人寰的报复。

但是近年来有学者指出，“嘉定三屠”固然是清军入关后一大暴行，但是其主要实施者却是刚投降清军的原明军将士，攻打嘉定的主将叫李成栋，他曾是南明朝廷兵部尚书史可法的部下。清军逼近徐州城时，守城总兵官李成栋望风而逃，不久降清。清军南征时，李成栋和部下甘当马前卒，在屠杀汉族同胞时心狠手辣，毫不留情，嘉定三次血腥大屠杀，都是李成栋率领旧部所为。

也有人提出疑问，为什么这些汉奸军从前与清军对阵时怯如鸡鼠，而降清剃头后攻打大明义民却凶如虎狼？如李成栋降清后，作为多铎的先头部队，充当过攻打扬州的前驱，积极参与“扬州十日”和江阴围城，据说江阴围城时20多万清军中，李成栋一系的汉军达14万多。而“嘉定三屠”则全部是李成栋部所为。在嘉定第一次大屠杀后，有一名叫浦嶂的汉奸向李成栋献计：“若不剿绝，后必有变。”于是，清军在第二次屠城时，许多居民凌晨尚未起床，“遂于屋中被猝然杀之”。“积尸成丘，惟三四僧人撤取屋木，聚尸焚之”。浦嶂还一马当先，甚至将好友娄某全家斩尽杀绝。因而有些历史学者分析说，当时清军不过区区几万兵马入关，沿途总有消耗，留守燕京、中原，西征大顺、大西，又分去许多兵力，多铎所率南征之师不足一万，纵横江南大地实在是捉襟见肘，故每逢战事便驱汉人军队打头阵。如李成栋降清后，作为多铎的先头部队，在攻打江南时冲锋陷阵，大肆屠杀抗击的江南民众。对于清朝统治者来说，这些汉人军队可谓战功累累。因此有人指出，明朝灭亡，尤其南明的灭亡，与其说亡于清军，还不如说亡于汉军。从李成栋、浦嶂等人的所作所为人们可以看到，每当社会大变动时，总会有一些人置民族、国家利益于不顾，甚至丧尽天良，屠杀同胞。李成栋在“嘉定三屠”惨案中，实为不可饶恕的罪人，后来他又投明反清，无非是感觉欲望得不到满足，而永历的许诺更有诱惑力而已，事实上，他归降永历之后，也一度把持过南明军政。此等反复小人，降清后又反清，叛弘光又投永历，忽而“汉奸”忽而“义士”，竟然还会被信任，这实在是历史的讽刺。

少年英雄

夏完淳参与“松江兵变”之谜

1647 年 9 月，年仅 17 岁的少年英雄夏完淳在南京被害，他的朋友把尸体运回松江。至今在他的家乡松江城西，还保存着夏允彝、夏完淳父子的合墓。夏完淳为什么被捕遇害？他是否卷入到“松江兵变”中？对此学术界存在着不同的看法。

南明弘光政权瓦解后，东南沿海一带抗清力量还在继续战斗。为了对付这些抗清力量，清廷派在松山战役中投降清军的洪承畴总督军事，招抚江南。这时，在松江(今上海市)有一批读书人也在酝酿抗清，领头的是夏允彝和陈子龙。夏允彝有个 15 岁的儿子叫夏完淳，也是陈子龙的学生。夏完淳自小读了不少书籍，能诗善文，在父亲、老师的影响下，也参加了抗清斗争。夏允彝、陈子龙等人组织义军在苏州起事，结果失败，夏允彝不愿落在清兵手里，投河自杀。他留下遗嘱，要夏完淳继承他的抗清遗志。这时，太湖长白荡有一支由吴易领导的抗清义军正在重整旗鼓，夏完淳把家产全变卖了，捐献给义军做军饷，自己在吴易军中当了参谋。

吴易的水军在太湖边出没，把清军打得晕头转向。但是由于叛徒出卖，义军失败，吴易也牺牲了。过了一年，陈子龙又秘密策动清政府松江提督吴胜兆反清，这就是震惊朝野的“松江兵变”。但是兵变不幸失败了，吴胜兆被杀，陈子龙也被逮捕。在押解到南京的船上，陈子龙挣脱绳索，跳河自杀。

由于叛徒告密，夏完淳也被捕押到南京，他指着审讯他的洪承畴骂个不停，令洪承畴不敢再审问下去，让人把夏完淳拉出去。1647年9月，这位年才17岁的少年英雄在南京西市被害，他的朋友把尸体运回松江，葬在他父亲的墓旁，至今在松江城西，还保存着夏允彝、夏完淳父子的合墓。

夏完淳是否卷入到“松江兵变”中？他为什么被捕遇害？对此学术界存在着不同的看法。

一说夏完淳没有参与“松江兵变”，他可能因为与当时以舟山为根据地的鲁王政权有联系而被人告发。也有人说他因“陈子龙狱词连及”而被株连。有人从清内阁档案中查找有关记录，发现清政府对吴胜兆的判决中，并无夏完淳的名字。相反，他的名字只出现在谢尧文通海案中，而“松江兵变”与谢尧文通海分属两案。

一些学者不同意“档案说”，认为历史遗留的档案固然珍贵，可是如果立案者面对的是死而无悔的英雄，他们能把所有的秘密都弄清楚？加上完淳小小年纪，恐怕一开始未必受到重视，从有些记载来看，倒是夏完淳本人的大义凛然，才使汉奸洪承畴恼羞成怒，决意杀之。根据当时的情况，一个“通海罪”足以将夏完淳置于死地，又何必细究罪证确凿与否？因此，即使是官方档案，也未必没有差错与漏洞。还有学者认为，夏完淳与“松江兵变”的关系不仅史料记载不详，就是他所作的诗文中也没有明确写到，认为夏完淳积极参与了“松江兵变”不过是一些推测，很难令人信服。

不少学者坚持认为，夏完淳确实与陈子龙一起参与了“松江兵变”。这可以从夏完淳就义前与其岳丈的一席话中看出，夏完淳说：“当日者，公与督师陈公子龙及完淳三人，同时歃血，上启国主，为江南举义之倡，江南人莫不踊跃。今与公慷慨同死，以见陈公于地下，岂不亦奇伟大丈夫乎哉!”这番话不会是后人空穴来风的杜撰。再看谢尧文在海边被捕后夏完淳的作为：事情发生才几天，嘉定方面正不知所措，远在松江的夏完淳却立即让姐姐夏淑吉匆匆赶回嘉定，并传去“吴督近有交情，两家可望无恙”的口信。他凭什么心里如此踏实？是不是已获悉此案已被吴胜兆制止？既然他对吴胜兆方面“近有交情”且如此非同寻常，而此时的吴胜兆又正急于谋求更多抗清志士的支持，以便早日发动兵变，如此看来，能说夏完淳没有卷入“兵变”筹划之中？

看来，夏完淳与“松江兵变”的关系至今仍难定论。

亡臣东行

黄宗羲东渡日本之谜

黄宗羲曾经在南明鲁王监国政权中任左副都御史，积极参与抗清复明活动，遭清廷通缉。在鲁王政权临近覆亡时，黄宗羲曾经东渡日本，其中的原因是什么？由于黄宗羲在其著作中对此事罕有涉及，因此引起后人猜测甚至争议，迄今悬而未决。

黄宗羲（公元1610—1695年），字太冲，一字德冰，号南雷，别号梨洲老人、梨洲山人等。万历三十八年（公元1610年）八月初八生于余姚通德乡黄竹浦村。由于其代表作《留书》、《明夷待访录》均署梨洲老人，故时人尊称他梨洲先生，而他本人用得最多的是南雷。南雷在余姚是唐代谢遗尘隐居之地，宗羲用作别号，既代指故乡，又借以表明自己不仕清朝的素志。

黄宗羲一生经历颇为曲折，用他自己的话说，早年为党人，壮年为游侠，老年为学者。

天启六年，黄宗羲父亲黄尊素被魏忠贤杀害，祖父书"尔忘句践杀尔父乎"八字于墙，励其为父报仇。崇祯元年（公元1628年）正月，黄宗羲怀疏袖锥赴京讼冤，至京，魏忠贤、崔呈秀等已被罢斥自尽，天启朝冤案获平反，其父追赠三品。黄上书请诛阉党余孽许显纯、崔应元等，五月刑部会审时出庭对证，出袖中锥刺许显纯，当众痛击崔应元，拔其须归祭父灵，并偕死难诸家子弟祭奠于诏狱中门，哭声惊动宫廷，崇祯帝叹为“忠臣孤子”。

黄宗羲博学多才，名重天下，近代以来，人们把他与顾炎武、王夫之并提，合称为明清之际“三大思想家”。

明清之际，中国社会正处于“天崩地解”的历史时期，身处社会剧变中的思想家，或起兵抗清，或坚守气节，隐居不仕，潜心反思，总结明亡教训。

黄宗羲曾经在南明鲁王监国政权中任左副都御史，积极参与抗清复明活动，遭清廷通缉，鲁王政权灭亡后，隐居家乡著书讲学。

在鲁王政权临近覆亡时，黄宗羲曾经东渡日本，其中的原因是什么？由于黄宗羲在其著作中对此事罕有涉及，因此引起后人猜测甚至争议，迄今悬而未决。

不少学者提出，黄宗羲东渡日本是乞师求援。当时，南明鲁王监国政权情势危急，曾数次遣使东渡日本，乞师求援。全祖望在《梨洲先生神道碑文》中记载：“是年（顺治六年），监国（鲁王）……复召公（黄宗羲）副冯公京第乞师日本，抵长崎，不得请，公为赋《式微》之章以感将士。”黄宗羲本人的著作虽无明确记载日本之行是否为乞师，但从他的《避地赋》和《日本乞师记》中可以找到充分证据。《避地赋》叙述他东渡日本的情景、路线和感想，记录了当时日本“销兵忘战”，“粉饰隆平”，“风俗侈汰”，而使东行毫无成果，不得不“返旆西行”。在《日本乞师记》中说，日本“承平久矣”，“多忘武备，岂肯渡海为人复仇”。这说明黄宗羲日本之行是为了“乞师复仇”，而非“避仇亡命”，只是没有达到预定的目的。

除了全祖望，还有不少明清文献记载了黄宗羲参与“乞师”。如与黄同为抗清营垒中密友的浙东人高宇泰《雪交亭正气录》以及周容所撰《浮光杯记》，其中关于乞师日本的某些事，与黄宗羲《行朝录》所记略同。此外，还有被史学界公认具有较高史料价值的《海东逸史》、《鲁之春秋》、《国朝汉学师承记》、《国朝先正事略》等都记载1650年冬,鲁王任命澄波将军阮美出使日本,请求派兵支援。同时任命兵部右侍郎冯京第和左副都御史黄宗羲监军同行。他们渡海抵达日本长崎岛和萨师玛岛,但乞师未成,失望而归。不久,黄宗羲隐居家乡避难,仍与四明山及海上抗清武装秘密往来。

有的学者认为,黄宗羲一生,一直把清朝说成"伪朝",把清帝骂作"虏酋",与清朝统治者不共戴天。正因为如此,加上他在庭堂之上锥击仇人,发布讨阮《公揭》那样敢作敢为的性格以及亡朝大臣的身份,是完全可能应召或主动请求东行乞师的。

但是,一些学者不同意"乞师说",如梁启超曾考证,黄宗羲东渡日本的时间是顺治元年,这一年,南明弘光政权在南京建立,阮大铖重新得势,便重修旧怨,大肆报复复社人士发布《南都防乱公揭》一事。由于黄宗羲在《公揭》上名列第二,必然要遭阮大铖迫害,所以因"避仇"亡命日本。不少学者认同梁启超的分析,指出全祖望的考辨有不少难圆其说的地方。如全祖望据以判定黄宗羲东渡时间的"冯京第两度乞师日本",虽屡见于他的《梨洲先生神道碑文》、《冯京第墓碑》及《浮光杯诗注》等文,但始终未见他的史料来源。而较为可信的正是黄宗羲本人的《避地赋》,因为赋中所记东渡日本的文字,是黄宗羲遗著中惟一涉及自己的地方,对"避仇"的时间(被阮大铖斥为党人之时)和原因(避党祸)的交待是比较明确的。如赋中云:"遂狺狺骂为党人兮,祸复从夫俊及……我亦何罪何辜兮,窃独罹此横流。"此赋大致写于康熙十三至十四年间(公元1674至1675年),当时正值三藩乱起,波及浙江,为避兵祸,黄宗羲奉母转徙四方,抚今追昔而作此赋,对清入关以来30余年间自己的避地生涯作了如实书写。昔之避党祸,此时避干戈,今昔之事相联系,正说明当年东行日本"避仇"是肯定无疑的。

一些学者还指出,当时鲁王监国政权为武将把持,黄宗羲感到抗清之志难伸,遂于顺治六年秋以清廷要"录其家口"为由,愤然潜归故里。黄宗羲既然已经作出这样的决定，何以事隔不足两月，又返回舟山奉使日本？这在情理上讲不通。如此轻于去就，也全然不符黄氏一生行事。因此，“乞师”日本之行是不可信的。

那么，为什么黄宗羲著作中没有参与“乞师”的记载呢？对此，黄宗羲裔孙黄炳垕猜测：这是在清初残酷统治下，为避免文字狱的一种措施，“抑其时忌讳甚严，欲使起军、从亡、乞师诸大案泯没其迹，以避无妄之灾耶？”

两朝“领袖”

钱谦益变节之谜

据史载，当多铎率领清军兵临南京城下时，南明权臣钱谦益等人连夜起草《降清文》，次日一早，这些人下令打开城门“冒雨匍匐道弯，以迎北兵”。但是清廷对钱谦益并不器重，给他一个礼部右侍郎闲职，不久又借口把他投入狱中，甚至在他死后也不放过，将其归入《明史·贰臣传》。

据史载，当多铎率领清军兵临南京城下时，南明弘光帝朱由崧、大学士马士英等仓皇出逃，南京城内人心惶惶。南明权臣钱谦益、赵之龙和王铎等人连夜起草《降清文》，次日一早，这些人下令打开城门“冒雨匍匐道弯，以迎北兵”，而南明士人递给清军首领的名帖“堆积如山”。在这一大批“归顺”的南明士大夫中，名声最为显赫的当数钱谦益了。

钱谦益，字受之，号牧斋。江苏常熟人，明万历三十八年(公元 1610 年)进士，授编修，不久为父服丧归里，参与过东林党的活动。天启中，任经筵日讲官、詹事府少詹事。崇祯元年(公元 1628 年)任礼部侍郎、翰林侍读学士，与温体仁、周延儒争为阁臣，被革职。南明弘光朝，任礼部尚书，为南明东林—复社集团领袖。仕清后，以礼部侍郎官秘书院事，充《明史》馆副总裁，顺治三年(公元 1646 年)辞归，四年，因黄毓祺反清案被捕入狱，顺治六年获赦归里，居家著述至终。家有绛云楼，以藏书丰富著称，在东南一带被奉为“文宗”。

很多学者认为，钱谦益虽有文才，但气节有亏，南京陷落之前，钱谦益的爱妾柳如是曾劝他殉国，钱佯为应允，率家人故旧载酒常熟尚湖，声言欲效法屈原投水自尽。可是直到夕阳西下，钱谦益凝视着西山风景，探手摸了摸湖水，说：“水太冷了，怎么办呢？”终于没有投湖。史惇《恸余杂记》记：“豫王（多铎）下江南，下令剃头，众皆汹汹。钱牧斋忽曰：‘头皮痒甚。’遽起。人犹谓其篦头也。须臾，刚髡辫而入矣。”当时流传着这样一首讽刺钱谦益的诗：“钱公出处好胸襟，山斗才名天下闻。国破从新朝北阙，官高依旧老东林。”钱泳《履园丛话》评论说：“虞山钱受翁，才名满天下，而所欠惟一死，遂至骂名千载。”

清廷对钱谦益并不器重，给他一个礼部右侍郎闲职来装饰“门面”，不久又借口把他投入狱中，甚至在钱谦益死后也不放过，将其归入《明史·贰臣传》。乾隆皇帝对钱谦益的评价为“其人实不足齿，其书岂可复存，自应仔细查明，概行毁弃”，下令撤毁钱氏所著《楞严经疏解蒙抄》等书。

在民间，钱谦益也受到人们鄙夷，传说他在北上就任新职之前，到苏州城外虎丘一游。一天，他身穿一件小领大袖的外套，一位江南学者见了，追根刨底问他这件衣服代表哪朝风格。钱谦益故作戏语道：“小领示我尊重当朝之制，大袖则不忘前朝之意。”学者便讽刺地说：“大人确为两朝‘领袖’！”另外一则佚闻说，钱谦益暮年时在南京莫愁湖置酒会，呼朋引类吟诗论文。席间，大家扶乩作戏，钱谦益问自己“享寿几何”？乩盘毫不含糊答“六十三岁”。钱谦益拈须笑了，说：“我今年已经八十二岁了，这乩语说谎。”乩盘动了一下，又说：“君不死，吾可奈何？”屈指算来，钱谦益 63 岁那年，正是明亡的甲申年。还有一说是，众人正酣歌吃酒兴头间，一个 20 岁上下的年轻人长揖而入，对着钱谦益连声寒暄：“老兄康泰，小弟来迟，恕罪恕罪！”钱谦益已是皓首老翁，自然不受用，问年轻人：“后生今年青春几何？”那人笑道：“20 岁。”钱谦益掀髯笑说：“老夫犬马齿八十又二矣！”年轻人却说："不是这样算法。甲申年您就死了，您现在过的再生之年，其实才19岁，称您老兄是客气礼貌。"钱闻言"大惭"，就此一病不起，一年后寿终正寝。

有学者认为，钱谦益虽在官场上滚爬几十年，但真正为官时间不过七八年，他本质上乃一介文人而已。但是，他最终选择了"归清"的道路，未免显得"才大而识黯，志锐而守馁"，这种以"变节求荣"来保全自己的功名富贵是钱谦益人生中最大的污点，为人们所不齿。

有人不同意这种观点，认为用简单的"划线"来评判钱谦益是不公允的。也许，从国家政治观出发，他是"背叛者"，而从汉文化的继承光大角度说，他在其中所起到的积极作用又岂能抹杀？其实，每当社会动荡之时，每一个知识分子都会面临这样的命运选择。从中国数千年的历史看，士人的个人命运在历史洪流中，往往是自己不能左右的。知识分子本应是一个自由的有着独立精神的思想者，但他们却偏偏要讲什么"忠义"，于是，"选择"既是士人的自由，也是痛苦之源。实际上，士人既管不了天下之事，也成就不了天下之事，他们不过是当权者手中的一个小小的棋子罢了。

也有的学者认为，钱谦益是个思想和性格都比较复杂的人，他的身上不乏晚明文人纵诞的习气，但又时时表现出维护传统道德的严肃面貌。他本以"清流"自居，却为热衷于功名而屡次陷入政治漩涡，留下谄事阉党、降清失节的污名；他其实对忠君观念并不执着，却又在降清后与反清势力保持联系，力图在传统道德观上重建自己的形象。这种进退维谷、反复无常的尴尬，不仅给自己造成心理的苦涩，而且既为明朝遗民斥责，又为清朝皇帝憎厌。在他身上，反映了明清之际一些士大夫人生态度的矛盾。

那么，像钱谦益这样的知识分子降清后，为何又被清朝统治者所憎厌呢？

有学者认为，钱谦益卖身投靠清廷，当时已是臭名昭著。这样一个变节者北上京城，将会重新引起晚明政治中堕落与腐化的问题。

甚至就在南京陷落的时候，清廷中对于一些投降的南明大臣暧昧的品节颇有一些议论。吏部主事熊文举反对起用这些投靠者，他称这些人为“市井冒滥”。他的话提醒了多尔衮，多尔衮可以宽恕单纯的官僚投机，却不能容忍朋党政治。熊文举的谏言使他想到，南明的臣僚比之北方的投靠者，更多地沾有旧日晚明党争的恶习，而钱谦益曾经是南明东林—复社集团的领袖，不能不引起多尔衮的警惕。钱谦益在失望之余，借口年老多病乞归乡里，在此后长达18年的隐居生活中忍辱偷生，一直生活在惶惧、耻辱和不幸中。

才女玉碎

柳如是自缢之谜

1666 年,83 岁的钱谦益去世,没过几天,柳如是用缕帛结项自尽,一代才女就这样结束了一生。柳如是为什么自缢?一直是个未解之谜,后人对她的死因有着不同的看法。

柳如是是活动于明清易代之际的著名才女,她个性坚强,正直聪慧,魄力奇伟,声名不亚于李香君、卞玉京和顾眉生。柳如是原姓杨名爱,小字影怜,后改姓柳,因读辛弃疾词“我见青山多妩媚,料青山见我应如是”,故自号如是,后又称“河东君”、“蘼芜君”。她是嘉兴人,生于明万历年间,自幼聪慧好学。由于家贫,从小被卖到吴江为婢,妙龄时坠入章台,易名柳隐,在乱世风尘中往来于江浙金陵之间。由于她美艳绝代,才气过人,遂成秦淮名姬,留下了不少值得传颂的轶事佳话和颇有文采的诗稿《湖上草》及尺牍等。

柳如是曾与南明复社领袖陈子龙交好,情投意合,但陈在抗清起义中不幸战败而死。柳氏择婿要求很高,许多名士求婚她都看不中,崇祯十四年,她 20 余岁时,嫁给了年过半百的东林领袖、文名颇著的大官僚钱谦益。钱氏为她在虞山盖了华丽的“绛云楼”和“红豆馆”,金屋藏娇。柳氏后生有一女。

当崇祯帝自缢，清军占领北京后，南京成立了弘光小朝廷，柳如是支持钱谦益当了南明的礼部尚书。不久清军南下，当兵临城下时，柳劝钱一起投水殉国，钱谦益沉思无语，最后走下水池试了试水，说：“水太冷，不能下。”柳氏“奋身欲沉池水中”，却被钱氏拖住了。不久，钱谦益降清去了北京，做清朝的礼部侍郎兼翰林学士，柳氏留在南京不去。由于受柳氏影响，半年后，钱谦益便称病辞归。后来因案件株连，吃了两次官司。柳如是在病中代他贿赂营救出狱，并鼓励他与尚在抵抗的郑成功、张煌言、瞿式耜、魏耕等联系，柳氏尽全力资助，慰劳抗清义军，表现出她强烈的爱国气节。钱谦益降清本应为后世所诟病，但由于柳如是的义行，冲淡了人们对他的反感。

1666 年，83 岁的钱谦益去世，没过几天，柳如是用缕帛结项自尽，一代才女这样结束了一生。柳如是为什么自缢？一直是个未解之谜，后人对她的死因有着不同的看法。

有人认为，柳如是自缢是为钱谦益殉节。和所有风尘女子一样，柳如是的身世浸满了痛苦，年仅 10 岁就被卖入娼寮，她在这里学会了很多东西，不仅仅是琴棋书画，更主要的是反抗。所以，14 岁时被卖给一个老翁做妾后，她很快同这家的一个男仆私相阅悦，结果当然是一顿羞辱，被逐回娼门。在柳如是的眼中，从良做妾并不比青楼生涯更为体面，生活在豪宅之中也不过是别人的性奴隶而已。她性情刚烈，为人豪爽，敢做敢当，颇有男子风范。她在花柳丛中佯狂出世，时常穿儒服戴儒巾，招摇过市，见到相识则抱拳施礼，称兄道弟。她天生聪颖，凭自学积累了很深的文学素养，“分题步韵，顷刻立就；使事谐对，老宿不如”。她酒量颇丰，和男人比诗斗酒，经常让男人甘拜下风，自己却若无其事。不过，浪荡漂流并不是她的本意，一半是欣赏“文坛领袖”的才情风雅，一半为了寻找一个归宿，23 岁的她开始主动追求年过半百的钱谦益。她的追求方式是那样大胆直接，崇祯十三年十一月，她轻舟简装突然出现在钱谦益的半野堂，使钱大吃一惊。只见眼前这位女子"幅巾(儒巾)弓鞋,著男子服,神情洒落,有林下风"。老名士钱谦益在"文坛领袖"之外还有一个别号,叫"风流教主",年轻时便是"脂粉堆中的英雄,风流阵中的魁首",如今虽然"廉颇老矣",为人却通达旷放,因此对柳如是的突然出现并不以为鲁莽,反而非常欣赏。

几天之后,柳如是便成了半野堂的女主人。半野堂风景清幽,松涛满耳,杂花满目,山泉激湍,在堂外挟花片而过。一老一小一对恋人,在堂内"湘帘檀几,煮沉水,斗旗枪,写青山,临墨妙,考异订伪,间以调谑",这无疑是数千年来中国人家庭生活中为数不多的完满的幸福片断。柳如是的幸福也归功于钱谦益的通达,这位老名士对人生、世界有着与众不同的看法,其中包括不为明朝殉节。钱谦益以致仕大员、社会名流身份与柳如是结婚时,居然按迎娶良家女子的礼仪"行结郦礼于芙蓉舫中,箫鼓遏云,兰麝袭岸,齐牢合卺,九十其礼"。这种做法引起一些"卫道士"的公愤,认为他"亵朝廷之名器,伤士大夫之传统",招来物议沸腾,甚至看热闹的老百姓纷纷拣砖取瓦掷打彩船,而钱谦益在舱中"吮毫濡墨,笑对镜台,赋催妆诗自若"。柳如是既嫁,却并没有"改弦易辙"收拾个性,扮演贤妇角色,她依旧狂放不羁,和钱谦益的一班朋友比酒作乐,往往酩酊大醉,"咳吐千钟倒玉舟",颇有太白遗风,实无闺阁风范。钱谦益居然毫不介意,反而称赞她"佳人那得兼才子,艺苑蓬山第一流"。更为世人诧异的是,这位老儒有时厌倦应酬,竟让柳如是穿上男装外出,代他拜访客人,"竟日盘桓,牧翁(钱谦益号)殊不芥蒂。尝曰:此吾高弟,亦良记室也。"说明钱谦益对柳如是完全是平等的态度,充分尊重,充分信任,才使柳如是真正感受到幸福,因而她为钱谦益殉节是可以理解的。

也有学者不同意这种观点。明亡之际,柳如是劝钱谦益殉国而钱不能,柳奋身入水企图自尽又为钱所阻拦。钱氏降清后,外忧清议,内惭神明,烦躁时常绕屋彷徨,自言自语"要死要死"。一次,柳如是听了,在旁冷冷说道:"你不死于乙酉(南京陷落之日)而死于今日，不已晚乎？”钱谦益哑口无言。一个女子能如此刚烈，而一位大臣却这样畏葸，实在是一个强烈的对比。实际上，从这时候起，柳如是已经看穿了钱谦益的为人，她已经很难说有什么幸福了。柳如是刚烈的性格决定了她最终会以一种极端的方式来结束生命，但决不是为钱谦益殉节，相反，她是被逼自尽的。钱谦益死后，钱氏家族中迅即爆发了一场争夺家产的斗争，在钱氏族人看来，柳如是只不过是钱谦益的一名妾，以妾的身份来掌管家政大权，这是对钱氏家族莫大的侮辱，他们早已不满，碍于钱谦益的面子不能发作。钱死后，柳如是没有了依靠，于是众人蜂拥而至，豪绅钱朝鼎、族人钱曾、钱谦光等人威逼她交出财产，甚至夺田600亩、仆役十多人，这些人大声呼喝，用污言秽语辱骂柳如是，并扬言要把柳如是惟一的女儿以及女婿赶出家门。柳如是来钱家20余年，从不曾受过这样的欺负，在进退无门，忍无可忍的情况下，她独自登楼悬梁自尽，结束了自己的一生。她在遗嘱中写道：“我来汝家二十五年，从不曾受人之气，今竟当面凌辱。”

也有一种观点认为，柳如是是以自杀的方式表明她的反抗，事实上，柳如是与钱谦益的婚姻并非十分美满，随着时间的推移，柳如是对钱谦益越来越不满，尤其是钱谦益在南明朝中谄事马士英，被起用为礼部尚书。弘光朝覆亡后，钱谦益又和一批南明大臣一起向清军迎降，她对钱谦益由不满发展到憎恶，对钱谦益多有讥讽之言。她始终在追求人的尊严，在与恶势力抗争时宁为玉碎而不为瓦全，清军围困南京城和攻打常熟时，她曾经两次自尽，都被钱谦益死死拖住，可见她对恶势力的抗争采用自杀方式是早有思想准备的，而族人的凌辱威逼只是一个导火线而已。总之，柳如是的气节、叛逆和特立独行是非常突出的，这也是她死后三百多年，人们对她一直不能忘记的原因。

水火难容

鲁王与隆武政权并存之谜

南明弘光政权覆亡后，唐王朱聿键退到钱塘江上游，于1645年7月10日在衢州宣布即监国位。8月18日，唐王在福州登基，成了隆武皇帝。与此同时，在浙东的鲁王朱以海于8月下旬在绍兴正式成为监国。由于种种原因，鲁王与隆武政权并没有联手，反而互相猜忌，水火不容，终至两败俱伤。

南明弘光政权覆亡后，唐王朱聿键在部将郑鸿逵的保护下，退到钱塘江上游。在连续接到礼部尚书黄道周的三封劝说信后，他于1645年7月10日在衢州宣布即监国位。然后，他继续沿浙江、福建之间的陆路南行，在7月26日到达福州郊外，三天后进城，正式即监国位。8月18日，唐王在福州登基，成了隆武皇帝。

与此同时，清军先遣部队和新派的地方官员已经进入浙东地区，遭到当地民众的反抗。7月31日，余姚爆发起义。在乡绅领袖的领导下，邻近地区均起而响应，建立起各种民军，将清军赶至钱塘江以西。这些起义领袖们要求在浙东的鲁王朱以海就监国位以鼓舞士气，朱以海是鲁王朱寿镛第五子，明太祖朱元璋十世孙，崇祯十七年二月嗣王位。鲁王接受这个要求，于8月下旬在绍兴正式成为监国。

从理想的角度来看,这个时候鲁王与隆武政权联起手来,共同对付南下的清军,南明政权再度崛起仍然有很大的希望,与清廷形成半壁而治的局面也未可知。但是由于种种原因,鲁王与隆武政权并没有联手,反而互相猜忌,水火不容,终至两败俱伤。

同是朱家王室的后代,为什么国难当头还不能携手共患难呢?

有学者认为,鲁王与隆武政权两方面都有责任,鲁王政权建立后,控制浙东绍兴、宁波、温州、台州等地,拥有浙中义师及原明总兵方国安、王之仁部,他的政权主要人物实际上全是浙东本地人,熟悉本地情况,虽然他们努力与浙江北部、西部和长江三角洲河湖地区的抵抗活动取得联系,但总的来说,他们很少考虑扩大朝廷的影响,使其超出这个小小的地区。

隆武政权的管辖范围比鲁王政权大,这是隆武皇帝优势所在。朝廷中最著名的人物大学士黄道周是福建人,在天启和崇祯朝,他作为"正义"事业直言不讳的辩护者远近闻名。此外,隆武皇帝特别注重从福建以外招徕人才,他很想同浙江、江西、湖广以及大别山区几百个据点的抗清领袖取得联系并授予他们头衔。但是,福建在经济和地理上的限制,加上大多数隆武朝的官员只图自保,阻挠了对其他省份的实际控制;持自保观点的代表人物是当地的实权人物郑鸿逵和郑芝龙兄弟,他们的利益仅限于福建省。

鲁王与隆武政权起先是有合作机会的,1645 年 10 月,隆武朝廷知道浙江建立了另一个政权,立即派出使臣带着隆武皇帝的诏书去绍兴。使臣在 10 月下旬到达,他的到来在鲁王的大臣中引起了争论。起初,鲁王愿意退位,支持福建的"皇叔父",但大学士兼兵部尚书张国维激烈反对,说福州"鞭长莫及",如果监国退位,浙东脆弱的抵抗运动就会瓦解,在这个时候改换朝廷,将使君臣失去信任。鲁王听信了这些话,于是遣回使臣,不与隆武朝廷合作。

1646 年 2 月,隆武皇帝给他的"皇侄"送去一封令人感动的信,恳求他为了中兴事业进行合作,并发誓不同室操戈。不知道这封信是否送到绍兴的鲁王手中。那年春末,隆武皇帝派一个御史带了许多银两去犒劳驻守在钱塘江的军队,结果被不受约束的士兵杀害。夏初,鲁王派一个使臣去福建,也被隆武皇帝监禁并处死。从此,两个朝廷"水火不相容"。

有学者从两位藩王的性格来分析鲁王与隆武政权"水火不相容"的原因。他们认为,福建和浙江之间绵亘着几座大山,使福州与绍兴间不可能有迅速的交通。交通不便,增加了鲁王与隆武政权沟通和联系的困难。其次,唐王和鲁王以相反的性格特点保持他们的统治地位。鲁王监国仁慈温厚,而唐王饱经忧患,在囚禁中度过半生,他的童年和部分成年时期都与被他祖父不公正地囚禁的父亲作伴。1636 年,当北京受到清军的威胁时,他带兵勤王,违犯了明朝律令,被废为庶人,此后一直在囚禁犯罪宗室的凤阳高墙内苟活。1644 年,弘光帝登极大赦,他才从禁锢中解放出来并恢复了王位。此刻,他相信时机已经到来,自己是惟一能中兴明朝的藩王,所以他具有一种强烈的、不欲与别人分享的领导欲。

由于鲁王政权和隆武政权的不合作,对清军的南下只能都采取防御手段。两位藩王不同的统治方法以及福建、浙江发生的各种社会动乱,使两个政权都变得越来越弱。就在鲁王政权与隆武政权处于风雨飘摇之际,浙江的清军逐渐巩固了他们在钱塘江以西的地位,1646 年 4 月,清廷命贝勒博洛为征南大将军,6 月 14 日率师进驻杭州,7 月 10 日,当清军骑兵在桐庐渡过钱塘江时,鲁王政权的防守军队立即向绍兴溃逃,清军骑兵在后面追赶,并与另一支从杭州渡过钱塘江口的清军在绍兴地区会合。鲁王很快逃往台州,从海门出海,在水师提督张名振的保护下,转移至舟山,鲁王政权实际上已经灭亡。

此时,在延平的隆武朝廷听到清军渡过钱塘江的消息,郑芝龙借口对付海盗袭击,离开了延平。9 月底,清军占领延平,隆武皇帝带着少数侍卫向汀州急行,最后在汀州被一小队清军赶上。10 月 6 日,隆武帝与皇后一起被杀,隆武朝廷灭亡。

魂断广州

南明绍武政权被灭之谜

1646年十一月初二，隆武朝廷灭亡后不久，隆武帝之弟朱聿粤在广州匆忙登基，改元绍武。同年十二月十五日，清军李成栋部攻入广州，朱聿粤死，绍武政权仅存41天。南明绍武政权为何旋生即灭？这个短短的政权在抗清复明的斗争中起过什么作用？

1646年十一月初二，隆武朝廷灭亡后不久，隆武朝大学士苏观生、辅臣何吾驺等在广州扶立隆武帝之弟朱聿粤为帝，改元绍武。同年十二月十五日，清军李成栋部攻入广州，朱聿粤死，绍武政权仅存41天。

绍武帝在广州匆忙登基，当时的条件极为困苦，甚至绍武帝及手下诸大臣"冠服皆假之优伶"，由于缺乏具有雄才大略的文武大臣，再加上政权诞生到覆灭极为迅速，几乎成为可以忽略不计的过眼烟云。南明绍武政权为何旋生即灭？这个短短的政权在抗清复明的斗争中起过什么作用？这在南明史上也是一个令人感兴趣的话题。

有学者认为，绍武皇帝和绍武政权的诞生，起因于明朝根深蒂固的党争传统。南京的弘光帝继位时，就有"阉党余孽"和东林党的纷争，这也直接导致弘光政权内部不团结，以至虽然拥有江南半壁，却没有像样抵抗而迅速覆亡。到了隆武政权时，又是郑氏集团和传统士大夫集团的针锋相对。如果说，弘光朝廷的东林、阉党之争很有些不顾大局只争利害的话，那么隆武政权的党争就可算作是“抗战派”和“投降派”的斗争。以家族利益为“至高利益”的郑芝龙因此而拥立隆武帝，也因此要拿隆武帝为“奇货”投向清廷。隆武帝的文臣们为了摆脱郑芝龙集团的控制，不停地要隆武帝亲征出闽，可手握重兵的郑芝龙决不会受一帮书生的左右，隆武帝也无可奈何。于是，隆武政权出现了“将在内，相在外”的奇怪现象。先是首辅大学士黄道周在无兵无饷的情况下，自行招募乡勇9 000人出关，最后兵败被执，年已六旬的老英雄拒不投降，被关押两个月后殉难。之后，又有左都御史张肯堂的“北伐”，也因郑芝龙的掣肘以及隆武政权覆亡而告失败。

绍武政权的创始人苏观生就是在这种武将治国，文臣出征的氛围中，无意间逃脱了隆武政权灭亡的危机，得以创立绍武政权。苏观生，字宇霖，广东东莞人，诸生出身，崇祯时任户部主事，为官清廉，在户部八年“囊金不满百”。隆武政权建立时，他也有拥戴之功，被封为吏部侍郎兼东阁大学士。与隆武朝其他大臣一样，他也看出郑芝龙“智不出海盗，非有复仇雪耻之心”，力劝隆武帝亲征江西，摆脱郑芝龙，但未能采纳。又受隆武帝之命到江西招募甲兵，受到郑氏集团的打压，缺粮少饷，难以成事。不久，隆武政权灭亡，他率军到了广州。隆武帝殉难，丁魁楚、吕大器等人便商议拥立永明王朱由榔为监国，苏观生主动派人前往联络，表示愿意参与拥戴。可是，丁魁楚自己想做头号功臣，拒绝了苏观生的请求。1646 年 10 月 14 日，永明王朱由榔在广东肇庆宣布监国，丁魁楚、吕大器、瞿式耜等拜为阁老，苏观生备受冷落。

摆在苏观生面前有三条路：或投奔鲁监国，或遣散兵马，回乡隐居，或干脆降清。可是，这三条路都不是好主意：一，就在隆武帝死难的前两个月，鲁监国丢失了绍兴根据地，处于漂泊海上无处容身的窘境，前去投奔，希望渺茫；二，苏观生虽然有些私心，但忠于明朝，抗击清朝的意志是极为坚决的，隐居和投降，他都不会选择。

就在他困惑彷徨的时候，机遇到来了，隆武帝的四弟、承袭唐王爵位的朱聿粤正好逃难来到广州。隆武帝是弘光帝死后被明朝臣子普遍接受的正统，按礼法，兄死弟继，合情合理，虽然隆武帝生前曾说过："永明神宗嫡孙，正统所系。朕无子，后当属诸永明。"可毕竟没有正式的诏书，于是，苏观生有了拥戴唐王的心思：你们可以拥立永明王，我为什么不可以拥立唐王？若说正统，我还比你们更有说服力。

苏观生拥立朱聿粤就等于公然和永明王政权分庭抗礼，这对于已经颇为危急的抗清大业来说，实在是一种危机。俗话说，"天无二日，国无二主"，此时的南明出现了两个自称正统的政府，双方还有什么心思考虑抗清大业。就在朱由榔宣布监国18天后，苏观生拥戴朱聿粤为监国，仅3天之后，又宣布继皇帝位，改元绍武。可是，13天后，朱由榔也继皇帝位，改元永历。两个大明天子同在广东，这在历史上是极为罕见的一件怪事。

永历朝廷迅即派出使者彭耀、陈嘉谟来到广州，向绍武帝宣布永历的诏书，要求绍武帝削号归藩，谨遵臣节。彭耀更是在朝堂上指责苏观生说："永明王乃神宗之孙，论序即正，监国名号已定，布告四方。公不砺戈锻刀，志切同仇，而置王自擅。强敌日逼，百里之内，二君抗拒，使敌坐收渔人之利，此谭、尚所以卒于曹瞒也。公受国厚恩，乃贪一时之利，不顾天下大计。后世其以公为何如人？"说得义正词严，无可辩驳。但是，势已骑虎，让苏观生如何下得来？苏观生明知错了，也得坚持到底，于是"大怒"，将彭、陈二人杀害。

接下来苏观生先声夺人派兵攻打肇庆，被杀了使者的永历政权自然要兴兵报复，兵部右侍郎林佳鼎、原官同佥事夏四敷率兵数万出征。11月28日，两军在广东三水遭遇，一场混战，绍武军败，损兵800人。林佳鼎乘胜追击，12月2日在三山口又与绍武朝广州总兵林察数万兵马遭遇，林察所率之兵均是海盗出身，熟悉水战，加上风向突变，林察乘风放火，烧毁永历军战船，永历军纷纷跳水逃生，"人马均陷，全军皆没”，林佳鼎、夏四敷战死，绍武军大获全胜。

捷报传来，绍武朝君臣欣喜若狂，原本担心兵力不足的绍武帝终于相信了大臣们欺骗他的谎言，认为朝廷已经固若金汤了。

但是，内战毕竟是内战，打得再辉煌也救不了国。就在双方鏖战于三山口的时候，清廷命孔有德为平南大将军，进攻湖广和两广。命佟养甲、李成栋由闽南攻广东。佟、李在没遇到抵抗的情况下占领了潮州、惠州，并用两府印文送假情报至广州，“报无警”。绍武帝和苏观生都蒙在鼓里，“泰然不为备”。12 月 14 日，李成栋精选清兵 300 人进入广州城北花山，又派十余人混入广州城，在熙熙攘攘的紫薇牌坊下突然露出清军辫发，挥刀大呼“清军来了”，广州“满城奔溃”，紧接着，大队清兵从东门冲入。

此时，正在国子监幸学阅射，进行参拜之礼的绍武帝和苏观生，先是不相信清兵已经进城，后来发现“红笠载道”才知道大祸降临。此时，所有精兵都在与永历朝交战，不及返回。而守城官兵虽有万人，可“仓促不及集”，一片混乱中，广州陷落，绍武帝易服缒城出逃，被清军追兵捕获。苏观生手书“大明忠臣义士固当死”后自缢殉国。

李成栋给绍武帝送去食物，绍武帝拒不接受，说：“我若饮汝一勺水，何以见先人于地下？”也自缢而死。宗室周、益、辽等二十四王同时殉难。绍武帝虽然胸无大志，庸懦无能，却如兄长隆武帝一样从容遇难，这也是绍武政权虽然只有一个月时间，而且挑起自相残杀，但仍被人们同情的原因。

出尔反尔

李成栋反清归明之谜

李成栋曾经参加明末农民起义，后随李自成的部将高杰投降明政府。1645 年，清兵南下时，李成栋投降清朝，在清军第一次进攻广东和广西的战役中，起了关键作用，可谓立下汗马功劳。但是，1648 年 4 月，李成栋又在广州起兵，宣布反清复明。李成栋为何出尔反尔，先是叛明，继而叛清呢？

1648 年（顺治五年，永历二年）4 月，清两广提督李成栋在广州起兵，反清复明，这是继金声桓、王得仁在江西反清之后又一件震动全国的大事。李成栋曾经参加明末农民起义，长期跟随李自成的部将高杰，后随高杰投降明政府，弘光时任徐州总兵。1645 年，高杰在睢州被许定国刺杀，清兵南下时，李成栋奉高杰的妻子邢氏投降清朝。在清廷进兵江南的过程中，李成栋奉命沿江苏、浙江、福建、广东、广西一线进攻，为清朝夺取了大片疆土。特别是在清军第一次进攻广东和广西的战役中，李成栋起了关键作用，可谓立下汗马功劳。那么，李成栋为何出尔反尔，先是叛明，继而叛清呢？

有学者认为，清廷在任用汉人官职上采用不同的标准，使李成栋感到心寒，促使他反清归明。李成栋自以为功勋卓著，两广总督一职非己莫属。不料，清廷在任用汉人官职时优先选用辽人，同李成栋一道从福建入广的汉军总兵佟养甲属于辽阳世家，这个家族自明初以来不少人担任过卫所军职，努尔哈赤进攻抚顺时，他的同族兄弟佟养正叛变投降，佟氏家族因此遭到明政府的迫害，一部分在辽阳被杀，一部分押进山海关内拘禁。佟养甲为避祸改名董源，投入左良玉幕下，谋得一个督理盐饷的差使。1645 年清军南下，他投靠清朝，恢复姓名，立即受到满族贵族的信任。尽管他没有多少军队，也没有多大战功，占领广州后却被任命为两广总督兼广东巡抚，李成栋只被任命为两广提督，不仅无权过问地方政务，而且在军事上还要受佟养甲的调度和节制，原先的同僚变成了上下级关系。这种不公平的待遇，使野心勃勃的李成栋难以忍受。1648 年正月，江西提督金声桓、副将王得仁反清归明的消息传来，李成栋认为时机成熟，决定反正易帜。4 月 15 日，他在广州发动兵变，剪辫改装，用永历年号发布告示，宣布反清归明。总督佟养甲仓皇失措，被迫剪辫，违心地附和反正，各州县官员望风归附，广东全省都在李成栋的控制之下。当时，永历朝廷正处于艰难窘迫之中，反正的消息简直是喜从天降，起初都不敢相信，经过几天的探听，永历帝才解除了疑虑，顿时一片欢腾。

也有学者认为，除了清廷歧视政策以外，李成栋反清归明还有其他原因。当时，在广东的一部分原明朝官绅，如大学士何吾驺、给事中袁彭年等人心不忘明，当他们察觉李成栋与佟养甲（实际上是与清廷）有矛盾时，立即抓住机会，暗中策动李成栋反正。清军入广以后，何吾驺虽然没有起兵抗清，但他并没有出仕清朝，而是暗中展开策反工作。李成栋反正前夕，他和另一位原明朝大学士黄士俊应李成栋的邀请“就议密室”，当李成栋说出自己决心反正的意向时，何吾驺等人相率下拜，曰：“公言及此，我太祖高皇帝之灵、宗庙社稷之福也！”可见何吾驺作为两朝元老，在策动和赞决李成栋反正上是起了重要作用的。袁彭年曾在崇祯、弘光朝任职推官、给事中，隆武时任吏科都给事中。清兵入闽后投降，任清广东学道，顺治四年五月因广东布政使耿献忠升任广西巡抚，袁彭年由佟养甲题请，补授广东布政使。明清定制，布政使掌管一省行政、财政，袁彭年利用这一权力，成为李成栋密谋反正的核心人物之一。

李成栋反清归明还有一个原因，他的爱妾赵氏以死相激成为反正的导火线。关于这一说法，在南明史研究中争议颇大，有的学者不同意这种说法，认为李成栋是一个杀人如麻的武将，不会因为一个爱妾的话而作儿女情态。但是也有学者认为此事可信，李成栋任两广提督后，派人前往松江迎接家属，取道长江、赣江入粤，途经南昌时，金声桓、王得仁已经反清，李成栋家属目睹了江西反清势力的高扬，金声桓可能还写信交给其家属，策反李成栋。李成栋的爱妾赵氏到达广州时，他正在密谋策划反清归明，赵氏不知内情，私下怂恿李成栋举兵响应江西。李成栋惟恐走漏消息，厉声斥责她不得胡言乱语。于是，演出了一场死谏的悲壮剧。李成栋反正十天之后，就有何吾驺为赵夫人作传，可见确有其事。

广东反正后，永历帝下诏封李成栋为广昌侯，佟养甲为襄平伯，不久，又晋封李成栋为惠国公。李成栋派使者迎请永历帝移跸广东，他的初意是以广州为行在，大学士瞿式耜等认为，朝廷若迁至广州，势必为反正官员操纵，于是强烈反对，最后决定以永历帝即位的肇庆为行在。1648年(永历二年、顺治五年)六月初十日，朱由榔由广西南宁起程，前往肇庆。李成栋先派养子李元胤到梧州迎接。八月初一日，朱由榔乘船到达肇庆，李成栋郊迎朝见，在行宫中预先准备白银一万两，供永历帝赏赐之用。

李成栋反正不久，发现永历朝廷从上到下窃权弄私，几无功过是非可言。拿封爵来说，朝廷因他反正功高，封为公爵，据守广西一隅的思恩侯陈邦傅立即攀比，自称“扈驾”有功，要挟朝廷加封，永历帝竟然同意，封为庆国公。权臣文安侯马吉翔为了显示自己可以左右朝政，对成栋说：“上念贵标诸镇将从公反正，功不可泯，尚未颁爵赏。烦疏姓名，以便上闻。”李成栋开了个名单给他，马吉翔当着他的面缮写奏疏封进，不一会儿，永历帝就依吉翔所拟诏封名单中的人员。李成栋对马吉翔威福自操深感不满，回到住所叹息道："人言马皇帝，岂不信哉……我弃老母、幼子为此举，惟望中兴有成，庶不虚负，今见权奸如此，宁有济哉！"从此与马吉翔等人在用人行政、兵马钱粮等问题上产生了矛盾，为永历政权的灭亡埋下了祸根。

英年早逝

郑成功死因之谜

1662 年 6 月，年仅 38 岁的郑成功在台南去世。关于他的死，同时代人的笔记都很简单，一般是说“偶伤寒”、“感冒风寒”，也有人说他是积劳成疾而死，还有人推测他是被人投毒致死。那么，郑成功究竟是因何而死？

郑成功是中国家喻户晓的民族英雄，他于 1662 年 6 月在台南去世，年仅 38 岁。关于郑成功的死，同时代人如李光地、林时对、夏琳等人的笔记都很简单，一般是说“偶伤寒”、“感冒风寒”。除此，也有人说是患肺结核病而死，或得了恶性疟疾，甚至还有人认为，郑成功得了“疯狂病”等。

那么，郑成功究竟是因何而死？

有学者认为，郑成功是积劳成疾而死，在收复台湾的过程中，既要率部抗清，又要筹划收复台湾，连年征战，殚精积虑，超负荷的工作严重损害了他的身心健康。台湾收复后，百废待兴，政务繁杂，最后导致他“积劳成疾，一病不起”。李光地等人的记载虽然简单，但还是提到了他生病时的情形：“马信（清将，后降郑，是郑成功的亲信）荐一医生以为中暑，投以凉剂，是晚而殂。”林时对、夏琳等人提到郑成功死前的一些异常情状，林时对《荷锸丛谈》中说，成功“骤发颠狂","咬尽手指死";夏琳《闽海纪要》中载,成功"顿足抚膺,大呼而殂"。

台湾学者李腾岳在《郑成功死因考》一文中认为,当时接连发生了几件痛心的国事家事:除郑经的事外,粮食接济由于清廷的海禁和迁界大成问题。吕宋华侨受到西班牙殖民者的残害,永历皇帝蒙难,祖坟被掘等等,这些事对郑成功的打击很大,而直接的死因则是感冒引起的一种急性热病,本来身体已处在疲乏虚弱状态的郑成功,终因此病而去世。

有人根据郑成功临终前后异常情状和当时郑氏集团内部斗争的背景,推测郑成功是被人投毒致死。依据有这么几点:

首先,郑成功死状极似中毒后毒性发作的症状,而且夏琳《闽海纪闻》中记载,郑成功临终前,都督洪秉诚调药以进,郑成功投之于地,然后成功"顿足扶膺,大呼而殂"。这也许说明成功对有人谋害已有所察觉,但为时已晚。其次,郑氏集团内部暗藏着一些危险因素。郑成功性情暴烈,用法严峻,其部下,包括他的长辈亲族因过被处以极刑者不在少数,众将心常惶惶,不少人在清廷高官厚禄诱惑下叛逃,郑氏集团内部关系是紧张的。伍远资所编《郑成功传说》一书中,有记述清廷收买内奸刺杀郑成功的传说。因此,如果说有人企图谋害郑成功,甚至可能还有清廷作为背景,这也是可能的。另外,马信神秘地死去也是一个重大疑点。马信是郑成功的亲信,但他原是清军将领,后投降郑成功,以精明干练而获得郑成功信任。郑成功去世当天,是他荐一名医师投药一帖,是夜郑成功死去,之后他本人也突然无病而死。按李光地的记载,马信在郑成功去世的第二天就死了。因此,马信可能直接参与谋害郑成功的活动,之后又被人杀害以灭口。

那么,谁是这起谋杀案的主谋呢?疑点落到了郑成功兄弟辈的郑泰、郑鸣骏、郑袭等人身上,其中以郑泰为首。郑泰长期掌管郑氏集团的东西洋贸易,握着财政大权,但对郑成功早存异心,曾反对郑成功出兵收复台湾。复台初期，郑氏政权财政极为困难，郑泰却在日本暗地里存银30多万以备他用。郑成功去世，郑泰等人迫不及待地伪造郑成功的遗命诛讨郑经，并抬出有野心但无甚才干、易于操纵的郑袭来承兄续统。最后，他们的阴谋被郑经挫败，郑泰入狱死去，郑鸣骏率部众投清。根据这一情况，策划谋害郑成功的很可能就是郑泰等人，他们乘郑成功患感冒并为郑经的丑闻恼怒时开始实施他们的计划。根据夏琳和江日升的记载，郑成功病情开始并不严重，常常登台观望、看书，有时还饮酒，而且不肯服药。由于郑成功拒不服药，他们可能在酒中下毒，但这期间饮酒也较少，因此七八天后毒性才骤然发作。他们又在医生所开的凉剂中下毒，郑成功终于被害。郑成功死后，郑经先是忙于对付郑泰的叛乱活动，及郑泰事败，他发现郑泰在日本银行的巨款，注意力又集中于追回这笔款子，他本人因犯奸险些被郑成功杀死，所以对郑成功的死也许不无庆幸之心，因此郑成功死因在当时没有得到认真的追究。随着时间的推移，就成了越来越难解开的谜。

但是也有人认为，郑成功不是被人下毒致死，而是“家族不睦，其子乱伦”，“气绝而亡”。依据清人江日升《台湾外志》记载，郑成功在收复台湾过程中，虽然战事频仍，但其自幼身健，临终前五天还“登将台，持千里镜”，巡视海域，得疾而终似不可能。近代著名学者王芸生在《台湾史话》写道，郑成功于1661年初攻打台湾时，盘踞在台湾的荷兰侵略者拒降，郑成功“率部围城七日”，仍“面无倦色，指挥如常”。台湾收复后，郑成功立即着手台湾的建设和开发，短短一年中，台湾军民足食，从此日益兴旺。倘若没有健康的体魄、过人的精力，是不可能有这样的建树的。至于奸佞之徒投毒，江日升在书中说，当时，一名清军奉上司密令，携带一枝孔雀胆入郑军，用重金买通了郑成功的厨师，让他乘郑成功会诸将议事用点心时，毒死郑成功和他的将领。这个厨师虽然贪财，但权衡再三不敢下手，遂把这件事转托其弟办理。其弟允诺，但真到了下毒时，又“浑身寒战”，恐怖之余，便把这件事告诉其父，其父“闻言大惊”，怒斥曰：“事主而害之，不忠也；受托而背之，不信也。宁可背信，不可不忠。覆宗灭嗣岂可为之？宜速首无罪。”说完便拉着他，来到郑成功处自首。郑成功非但没有降罪，而且重赏他们，十分自信地说道：“吾乃天生，岂人能害？”此后，众将领、幕宾采取种种保卫措施，虽有奸人“欲施毒，奈何不得其近身也”。

那么，为什么说是缘出于“家族不睦，其子乱伦”，“气绝而亡”呢？江日升说，郑成功的父亲郑芝龙原是个“流民”、“海寇”，1628 年（明崇祯元年）受明王朝招抚，维持沿海治安，官至都督同知。1644 年，清军入关，1645 年，明唐王朱聿键在福州称帝，改元隆武，封郑芝龙为建安伯。这时，郑芝龙携郑成功引见，受到唐王赞赏，赐姓“朱”名“成功”，民间称为“国姓爷”。如此浩荡皇恩，郑成功镂骨铭心，永志不忘。1646 年，清军擒朱聿键，郑芝龙见势已去，叛明降清，遭到郑成功的反对，他坚不投降，乘船到南澳，募兵反攻，并以厦门为根据地，继续奉明反清，从此与郑芝龙分道扬镳。父子间政治上的分裂，并不等于郑成功摆脱了“父为子纲”封建礼教桎梏，其内心痛苦与矛盾相交织。郑成功收复台湾后，郑氏兄弟间出现了裂痕，尤以郑泰、郑鸣骏为最，父亲反叛，兄弟间貌合神离，郑成功痛心疾首。与此同时，郑成功家中也出了件丑事，其子郑经与乳母陈氏私通，郑成功知道后，顿时气塞胸膛，随即下令杀郑经、陈氏等人，郑经得知，与其幕宾相商，不但此事被他一一掩饰搪塞，而且还对郑成功说，若要一意孤行，准备与清军相妥协。遭此打击，性格刚毅、崇尚礼教的郑成功终于在 1662 年五月初八日（旧历）大呼“吾有何面见先帝于地下也”，“以两手抓其面而逝”。

不过《台湾外志》毕竟是一部以小说体裁写成的作品，一些记载带有夸张成分。郑成功的死因，还有待于专家进一步考证。

弘扬儒教

朱舜水寓居日本之谜

1659 年，张煌言于东南沿海登陆，郑成功率领水师沿江而下，水陆两路并发，锋芒直指南京。这是南明灭亡后，明朝残余武装力量对清朝最大的一次军事行动，朱舜水也参与了这次战役。然而，行动最终失败，张煌言被俘，郑成功败走台湾，朱舜水则来到日本。

在中国明清知识阶层中，朱舜水的知名度并不是最高的，人们对顾亭林、黄宗羲，以及文学家张岱、袁宏道，甚至钱谦益、李渔等人耳熟能详，而对朱舜水却相对比较陌生。但是研究中日文化交流史，在涉及徐福、鉴真、晁衡（阿倍仲麻吕）等人时，就不能不提及这位明朝末期的中国人。

朱舜水，名之瑜，字鲁屿，晚年号舜水，浙江余姚人，生于明万历二十八年，（公元 1600 年）。浙江余姚山川秀丽，大儒辈出。朱舜水之前，有明代心学大师王阳明，朱舜水同时代，有著名学者黄宗羲。朱舜水比黄宗羲年长 11 岁，与黄宗羲、顾炎武学名相仿佛。但由于其为人少年时深藏若虚，不好交际，年长后流亡海外，因此毕其一生，与黄、顾二位大师交往不多，与其他东南学者也少有交往。

朱舜水生于没落官宦人家，少时就学于大儒朱永佑，为学精研六经，为文宗法唐代陆贽，喜读史，亦擅兵法，然而由于晚明政坛腐败黑暗,因此慨然绝仕进之路。

1644年李自成入北京,明亡。旋即清兵入关,平定北方后,武力南下,力图统一中国。时南明朝廷马士英把持朝政,慕朱舜水学名,征召其入仕,被朱舜水断然拒绝。清兵南下后,烧杀掳掠,制造了“扬州十日”、“嘉定三屠”等一系列屠城血案,江南百姓奋起抵抗。当此国家危难之际,他毅然出山。当时,朱舜水只是一个普通贡生,与南明兵部侍郎王翊结为知己,以舟山为基地,共谋反清大计。朱舜水奔走日本、安南,经营海外十余年,对南明反清武装力量帮助很大。1659年,张煌言于东南沿海登陆,同时郑成功率领水师沿江而下,水陆两路并发,锋芒直指南京。这是南明灭亡后,明朝残余武装力量对清朝最大的一次军事行动,朱舜水也参与了这次战役。然而,由于郑成功轻信了敌人的缓兵之计,盲目率部屯兵南京城下,贻误战机,导致行动最终失败,张煌言被俘,郑成功败走台湾,朱舜水则来到日本。

对于朱舜水日本之行的原因,学术界一直有不同看法。

有学者认为,朱舜水远渡日本,决非简单的流亡,而是想向日本借兵复国,但是没有达到目的,清兵攻克舟山后,朱舜水断绝了归路。当时,清政府力行“留发不留头”,朱舜水誓死不剃发,最后终老于日本。日本的一些历史学者也主张“乞师救国”说,并且认为朱舜水为此曾经多次去过日本。

也有学者持不同看法,朱舜水去日本是不得已的选择,国破家亡后,他亡命日本,但由于日本海禁未被接纳,继而又避往越南。直到1660年(明永历十四年,清顺治十七年),花甲之年的朱舜水,在复明无望的情况下,决定浮海流寓日本。这当然是政治流亡,他的想法是,“暂借一枝,栖息贵邦……所冀天下稍宁,遄归敝邑”。然而,他的“故园东望”的想法却无法实现,清王朝在康熙的治理下,逐渐认同汉文化,社会日渐稳定,因此他在异国他乡一住就是22年,直到老死也不能了却夙愿。

在流亡日本的日子里,朱舜水一直不忘复国大业,常常于海边西望故国，遥拜痛哭流涕。然而，一直到他去世，朱舜水再也没有机会回归故里。

有学者认为，朱舜水流亡日本，于他自己是饱尝亡国之痛的20多年，然而，这20多年对于日本却有着重要的意义。它不仅改变了朱舜水漂泊海外的命运，更改变了日本的历史，进而对整个人类的历史有着莫大的却鲜为人知的影响。朱舜水流亡日本，最先到达的是长崎，当时日本禁止唐人留居，长崎大儒安东守约仰慕朱氏学名，更钦佩其孤傲忠贞的人格，他亲自将朱舜水接来家中，以师长事之，并联合长崎各方人物，联名请求政府的优待政策，使朱舜水安居日本，弘扬学说。安东守约还将自己的俸禄分一半供养朱舜水，作讲学的资本。在安东守约的帮助下，朱舜水的学说在日本发扬光大，学生遍布日本岛内，最著名的除安东守约之外，还有历史学家伊藤仁斋，德川家康之孙、著名政治家源光国，江户时代著名经学家山鹿素行、木下顺斋等。

朱舜水弘扬春秋大义，伸君臣之礼，明华夷之辨。其学说的重心是大义名分，忠君爱国，为日本民族的凝聚提供了思想基础。其门生源光国、安积觉主编的《大日本史》，申明忠君大节，反思日本民族的历史和精神传统，被视作日本的《春秋》。正是在朱舜水的学说影响下，日本人开始反思长达数百年的"幕府"制度，开始对儒家学说认真学习和研究。以忠君爱国思想为核心的国家意识形态，也是在《大日本史》的影响下逐步形成的。后来日本明治维新之际，日本思想界提出"尊皇攘夷"、"尊皇捣藩"的口号，就是来自于朱舜水的学说。梁启超曾经对朱舜水有过很高的评价："舜水以极光明俊伟的人格，极平实渊博的学问，极诚挚和蔼的感情，给日本全国人以莫大感化。德川二百年，日本整个变成儒教的国民，最大的功劳实在舜水，后来德川光国著一部《大日本史》，专标'尊王一统'之义。五十年前，德川庆喜归政，废藩置县，成明治维新之大业，光国这部书功劳最多，而光国之学全受自舜水。所以舜水不特是德川朝的恩人，也对日本维新致强有很大的影响。”朱舜水弘扬孔子尊周、克己复礼的儒教思想，并将理学、心学与日本的禅学结合起来，强调“诚”的概念。而日本学界却由“尊王”思想慢慢的酝酿，提出“尊王攘夷”的观念和下层武士“灭心贼”的武士道精神。到19世纪，面对西方武力威胁，日本的“尊王攘夷”思想变为一场倒幕府、恢复天皇地位的运动，武士阶层从此登上历史舞台。

在日本期间，朱舜水与他的学生经常在一起探讨明朝何以亡于几十万人的满洲女真部落的问题。朱舜水的结论是，亡国之辱有很大一部分是“中国士大夫之自取”的，这些败类“饰功掩败，鬻爵欺君，种种罪恶，罄竹难尽”，他不得不仰面长叹：“天作孽，犹可违；自作孽，不可逭。”以悲愤的心情写下了著名的《中原阳九述略》，充满了对腐朽明王朝及其官僚士大夫的激烈批判。他一直在焦虑中等待，希望将来有朝一日能回到故国，就是死了，也要将遗骸运回国，因而要求把棺木做得格外结实。几十年来，他对故国故乡执着的向往，没有丝毫的动摇。而他的一些日本学生却由此产生对中国大陆的非分之想，这恐怕是朱舜水始料不及的。

逼死故主

吴三桂杀害永历帝之谜

1659年,在清兵三路追逼下,永历帝朱由榔逃入缅甸境内。此时,吴三桂率数十万大军尾随而来,陈兵缅甸边境,威逼缅王交出永历帝,带回昆明。永历帝父子被押回昆明后,不久被吴三桂所杀。吴三桂是如何威逼缅王交出永历帝的?他为何不将永历帝押解北京?又是如何杀害永历帝的?

永历帝朱由榔(公元1623—1662年),是明神宗朱翊钧的孙子,桂王朱常瀛之子,袭封桂王,崇祯年间受封永明王。清兵入关后,他流徙广西,居于梧州。1646年1月,受丁楚魁、吕大器、陈子壮等人拥为监国,接着称帝于广东肇庆,年号永历。在位15年,被清兵追逼逃入缅甸,后为吴三桂索回绞杀于昆明,终年40岁,葬处不明。

永历政权建立后,先和李自成的大顺军余部合作,协同抗清。李自成死后,大顺军分为两支,分别由郝摇旗、刘体纯和李过、高一功率领,先后进入湖南,与明湖广总督何腾蛟、湖北巡抚堵胤锡联合抗清。1647年,郝摇旗部护卫逃来广西的桂王居柳州,并出击桂林。年底,大败清军于全州,进入湖南。次年,大顺军余部又同何腾蛟、瞿式耜的部队一起,在湖南连连取得胜利,几乎收复了湖南全境。这时,在江西的降清将领金声桓和在广州的降清将领李成栋先后反正，一时间，永历政权控制的区域扩大到云南、贵州、广东、广西、湖南、江西、四川七省，出现了南明时期又一次抗清斗争的高潮。

但永历政权内部矛盾重重，各派政治势力互相攻讦，农民军也备受排挤打击，这就给了清军以喘息之机。1649—1650年，何腾蛟、瞿式耜先后在湘潭、桂林被俘牺牲，清军重新占领湖南、广西。1652年，走投无路的朱由榔接受张献忠的大西军余部孙可望、李定国联合抗清建议，在贵州安隆所投靠了农民军。这时，孙可望、李定国已据有云南全境，这年，李定国率军8万东出广西，下桂林，又攻入湖南、广东，使驻守桂林的清定南王孔有德战败自杀。

不幸的是，孙可望同李定国之间矛盾爆发，破坏了大好形势。孙可望妒忌李定国功高势大，阴谋杀李。李定国避往广东，希望与郑成功会师，收复广州，但战斗失利，实力大损。他撤到贵州，接走了被孙可望劫持的永历帝。1657年，孙可望率军征讨李定国，大西军内部同室操戈，结果孙可望被李定国所败。1658年，孙可望部降清，贵州、广西均为清军进占，使朱由榔失尽了地盘。

1659年，清兵三路追逼，朱由榔无奈，于12月逃入缅甸境内，被缅甸人解除武装后安置于草房中。李定国曾多次交涉，欲迎回云南，均为缅甸国王拒绝。此时，吴三桂率数十万大军尾随而来，陈兵缅甸边境，威逼缅王交出永历帝，带回昆明。永历帝父子被押回昆明后，关在篦子坡头金禅寺内，不久被吴三桂所杀。

吴三桂是如何威逼缅王交出永历帝的？他为何不将永历帝押解北京？又是如何杀害永历帝的？

据说，当时吴三桂进兵缅甸，向缅王索回永历帝朱由榔，此时缅甸国王刚弑兄自立，内部不稳，无力与吴三桂对抗，只得答应吴三桂的要求，发兵三千，围住朱由榔的住所，假称要与朱由榔盟誓，要他的随从出屋饮咒水。他的随从次第而出，一个个被杀。朱由榔自知难以脱身，哭着写信给吴三桂，斥责他叛明助清，忘恩负义。最后他又说，我如今兵衰力弱，命运悬在你的手中，倘若能留我一条活命，我什么东西都愿意给你。吴三桂不允，于是缅甸国王派人把朱由榔连人带座抬到吴三桂营中，眷属25人哭着相随。吴三桂将他押回云南，拘禁于昆明。据说吴三桂担心如将他押送北京，中途有被劫夺的危险，经清廷批准，于4月14日，将朱由榔及其眷属25人押到昆明篦子坡绞死。

关于永历帝之死，有几种说法。吴三桂得到清廷处死永历帝的圣旨后，决定将其斩首，清将爱星阿听了，觉得“未免太惨”，但吴三桂坚持一宰了之。贝子卓罗认为，这样处理太过分，于心不忍，厉声道：“彼亦曾为君，全其首领可也！此事我自当之。”吴三桂这才令人将永历帝以缢绞了结。可是，怎样“缢”死，说法不同。《云南府志·卷5》说，用弓弦将永历等勒死于篦子坡。而邓凯《求野录》则谓：“吴三桂以帛进帝所，帝遂崩。”黄宗羲《永历纪年》又谓：在云南草萍驿，永历帝被“吴三桂夜杀之”。

比较多的记载都认同永历帝是被勒死于篦子坡的，史载行刑那天正午晴明，忽转阴晦雷雨，两道黑云直冲云霄。滇人为之饮泣，吴三桂恨甚，令人火焚帝尸，扬灰于九龙池中。云南人民同情永历帝的遭遇，鄙夷、愤恨汉奸吴三桂的为人，将篦子坡改为“逼死坡”，一来不忍说永历帝是被勒死的，二来鄙视吴三桂逼死“故主”的行为。后来清廷为回避这段历史，又将“逼死坡”改为“升平坡”。

顺应潮流

施琅投奔清军之谜

明末清初，福建泉州地区出了两个著名人物：一个是郑成功（南安人），一个是施琅（晋江人）。对于郑成功，因为他驱逐荷兰殖民主义者，收复宝岛台湾，一直被人们称为爱国将领、民族英雄；而施琅却被人说成“叛将”、“汉奸”。这到底是怎么一回事？

明末清初，福建泉州地区出了两个著名人物：一个是郑成功（南安人），一个是施琅（晋江人）。对于郑成功，因为他驱逐荷兰殖民主义者，收复宝岛台湾，一直被人们称为爱国将领、民族英雄；而施琅却被人说成“叛将”、“汉奸”。这到底是怎么一回事？

说施琅是“叛将”，是因为他原追随郑芝龙，后来参加郑成功“抗清复明”活动，成为郑成功的一员战将，然而不久又与郑成功不和。一次，施琅有一个叫曾德的部下因为犯了法，逃到郑成功处，要求庇护，施琅派人把他抓了回来，并“立杀之”。这下得罪了大权在握的郑成功，他立即把施琅和他的父亲、弟弟拘留起来。施琅在别人帮助下逃出，隐匿在晋江安平郑成功族叔郑芝豹和施福处，并请他们去向郑成功疏通和解。可是郑成功不答应，居然杀了施琅的父亲和弟弟，还派人到安平去行刺施琅。施琅得到这个消息，别无选择，只好投奔清军。因为有这么一段故事，人们便说施琅是郑成功的“叛将”。

也正因为施琅投奔了清军，历来一直受到非议，称他是“汉奸”。施琅背叛了郑成功，郑成功奉的是明朝正朔，明朝皇帝赐他姓朱，他起兵的宗旨是“反清复明”，也就是说，要恢复汉人的天下。施琅投奔清朝，帮助清朝征服郑氏家族建立起来的台湾郑氏政权，不是汉奸又是什么？

20 世纪 80 年代以后，学术界又开始了“百家争鸣”，福建先后举行了多次有关施琅的学术研讨会，对施琅进行重新评价。许多学者认为，清军入关以后，明王朝已经处于风雨飘摇之中，施琅投清的时候，清朝基本上已经统一了中国。所以他的投清举动是顺应历史潮流的；尤其是后来施琅奉康熙皇帝之命，平定台湾，力主保留台湾，使台湾成为大清版图的一部分，实现了中国的统一。所以，施琅是一位爱国将领、杰出的政治家和军事家。

有人说施琅平定台湾、收复台湾是为了靖海安边济民，他实现了祖国的统一大业，功不可没。也有人不同意这一看法，他们认为，施琅平定台湾的出发点是维护大清王朝的利益，巩固大清王朝的统治。他所追求的是使台湾“纳入大清版图”、实现“四海归一”、“天下一统”，这与今天的祖国统一大业不可同日而语。

不过，学者们一致认为，在对台湾问题的认识上，施琅确实比他同时代的人高出一筹。台湾收复以后，朝廷中许多大臣都主张“弃之”，连康熙皇帝也认为“台湾属海外地方，无甚关系”，“台湾仅弹丸之地，得之无所加，不得无所损”。那年，施琅已经 63 岁，平定台湾后，康熙加授他“靖海将军，封靖海侯，世袭罔替”，还赐给他“御衣”、“御诗”，照说他可以不问朝事，颐养天年，安度晚年了。但是，当他听说许多大臣视台湾为“化外之地”，提出放弃时，便挺身而出，力排众议，不顾冒犯圣上，据理力争，上奏《恭陈台湾弃留疏》。疏中阐述台湾地位的重要性：“台湾地方，北连吴会，南接粤峤，延袤千里，山川峻峭，港道纡回，乃江、浙、闽、粤四省之左护。”指出台湾土地肥沃，物产丰富，风景优美，人烟稠密，是一个宝岛。纳入清朝版图，可“资皇上东南之保障，永绝边海之祸患”。施琅的家乡在沿海，他小时候就听说沿海父老兄弟遭受倭寇的糟蹋蹂躏，他也亲眼看到为了割断郑氏政权和沿海人民的联系，沿海人民饱受“迁界”之苦。如今，“台湾平，则边疆宁靖。防兵可减，百姓得享升平，国家获增饷税，沿边文武将吏得安心供职，可无意外罪累”。台湾“地方既入版图，土番人民均属赤子。善后之计，尤宜周详”。怎么能够放弃呢？尤其令人钦佩的是，施琅高瞻远瞩，注意荷兰殖民主义者的动向。当时，曾经占据台湾的荷兰殖民者虽然已被郑成功驱逐，仍然对台湾宝岛虎视眈眈，伺机卷土重来。他指出：“此地原为红毛住处，无时不在涎贪，亦必乘隙以图。一为红毛所有，则彼性狡黠，所到之处，善能蛊惑人心……此乃种祸后来，沿海诸省，断难晏然无虞。”他大声疾呼：台湾“断断乎其不可弃！”“弃之必酿成大祸，留之诚永固边圉”。施琅披肝沥胆，慷慨陈词，康熙皇帝终于下旨，使台湾成为大清王朝版图的一部分。

图书在版编目(CIP)数据

大明王朝之谜/蒋建平编著. 一上海:文汇出版社,2004.11
ISBN 7-80676-483-6

Ⅰ.大... Ⅱ.蒋... Ⅲ.中国-古代史-史料-明代
Ⅳ.K248.06

中国版本图书馆 CIP 数据核字(2004)第 099205 号

大明王朝之谜

编　　著/蒋建平
策　　划/施宣圆
责任编辑/闻　之
特约编辑/胥智芬
封面装帧/陶雪华

出版发行/文匯出版社
　　　　　上海市威海路 755 号
　　　　　(邮政编码 200041)
经　　销/全国新华书店
照　　排/南京展望文化发展有限公司
印刷装订/昆山市亭林印刷有限责任公司
版　　次/2004 年 11 月第 1 版
印　　次/2007 年 2 月第 2 次印刷
开　　本/890×1240　1/32
字　　数/260 千
印　　张/11
印　　数/8 001－14 000

ISBN 7-80676-483-6/G·265
定价:18.00 元